COSTURAS

Andréa Fortes

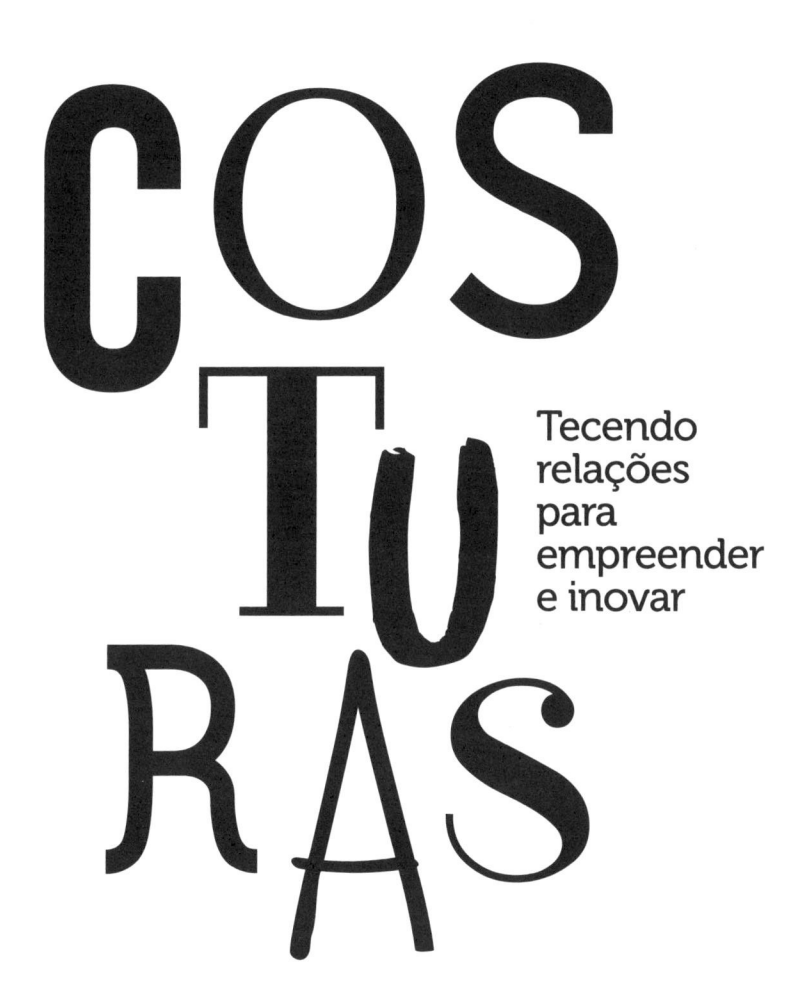

COSTURAS

Tecendo relações para empreender e inovar

editora Evora.

Publisher
Henrique José Branco Brazão Farinha

Editora
Cláudia Elissa Rondelli Ramos

Revisão
Vitória Doretto
Gabriele Fernandes

Projeto gráfico de miolo e editoração
Abordagem Editorial

Foto da autora na capa
Nilani Goettems

Capa
Alessandra Lago

Impressão
BMF Gráfica

Copyright © 2019 by Andréa Fortes
Todos os direitos reservados à Editora Évora.

Rua Sergipe, 401 – Cj. 1.310 – Consolação
São Paulo – SP – Cep 01243-906
Telefone: (11) 3562-7814/3562-7815
Site: www.evora.com.br
E-mail: contato@editoraevora.com.br

DADOS INTERNACIONAIS DE CATALOGAÇÃO NA PUBLICAÇÃO (CIP)
DE ACORDO COM ISBD

F738c

Fortes, Andréa
    Costuras: tecendo relações para empreender e inovar / Andréa Fortes. – São Paulo : Évora, 2019.
    288 p. ; 16cm x 23cm.

    Inclui bibliografia e anexo.
    ISBN: 978-85-8461-207-9

    1. Relações interpessoais. 2. Comunicação. 3. Empreendedorismo. 4. Inovação. 5. Costuras. I. Título.

2019-1609

CDD 658.421
CDU 65.016

Elaborado por Odilio Hilario Moreira Junior – CRB-8/9949

Índice para catálogo sistemático:
1. Empreendedorismo 658.421
2. Empreendedorismo 65.016

Agradecimentos

Ao meu pai, Jerônimo, e à minha mãe, Irma. Através deles, honro, agradeço e amplio cada um dos meus antepassados. À minha infância, em Cachoeira do Sul, Rio Grande do Sul, e à biblioteca pública da cidade, que acolheu a Andréa menina em boa parte da infância e que, com isto, ampliou as minhas narrativas de vida.

À Carolina, minha filha, meu amor mais fundo e avassalador, uma alma antiga que tive a sorte de trazer ao mundo; Ao Paulo Bittencourt, meu sócio, pela parceria de jornada e pelas inúmeras reinvenções que fizemos juntos.

Ao meu querido "padrinho", José Carlos Teixeira Moreira, por ter me/nos provocado a desbravar São Paulo e a ampliar possibilidades na vida. A todos os autores que me inspiraram, aos amigos e guardiões (verdadeiros irmãos de alma – não ouso citar porque são muitos), aos livros, cafés e às prosas da vida. À Bete, minha terapeuta, representando tantos outros anjos que sempre me ancoraram e provocaram na vida.

À Edilene (Didi), que, ao longo de quase um setênio, cuidou da minha filha e de mim (não necessariamente nesta ordem), me dando suporte e estrutura para seguir meus sonhos. Através dela, agradeço a todas as mulheres com amorosidade e sabedoria ancestral que me apoiaram, nutriram e me seguraram em momentos com menos poesia e mais desafios.

A todos os homens fortes de alma que me protegeram, valorizaram, incentivaram e que vibraram e seguem vibrando com as minhas conquistas e espaços desbravados. Tenho muita sorte na vida e grandes homens por perto. À Alessandra Lago, amiga, parceira, artista que admiro e que desenhou com amor a capa deste livro (que honra!). Ao Henrique Farinha, meu editor, um empreendedor incansável e inquieto que acreditou no meu potencial e bancou meu sonho com alegria e entusiasmo.

Para começo de conversa

É um livro. Tem muito da minha biografia, sim, algo que pensei ser impublicável há bem pouco tempo (por vergonha, medo de me expor e mil outros fantasmas). Mas é, principalmente, um convite para que possas olhar para a tua jornada. Aprendi, não faz muito, que cada vez que falamos de nós, com alguma dose de vulnerabilidade, abrimos brechas na alma do outro para que possa "olhar para" e "falar de" si. Cada palavra, cada trecho são desculpas, gatilhos, propostas de novos olhares. Ele pode ser lido de trás para frente, do meio para o fim ou abrindo uma folha de forma aleatória. Pode tudo. Só não pode ser levado tão a sério. Sugiro que anotes *insights*, que pares quando tua alma pedir pausa ou café e que, ao final, te divirtas.

O caminho
das pedras

Este livro vem sendo gestado faz tempo. Finalmente foi parido. São contos e causos de uma Andréa Fortes que também é consultora, palestrante, mediadora de grupos, mãe da Carolina, mas que deseja, desta vez, de um jeito menos *business* e mais Andréa, compartilhar fontes, autores e experiências que viveu. Me emocionei ao reler pedaços de mim e, também, ao escrever os textos. É bacana enxergar, anos depois, o quanto nos transformamos, e que, ao que parece, hoje somos melhores que ontem (assim espero). Tomara que sejamos melhores amanhã também. Nos anos destes textos, principalmente neste miolo de setênio, dos 35 aos meus atuais 42 anos, muita coisa aconteceu. Teve um divisor de águas logo antes, quando vim morar em São Paulo e abrir uma nova empresa por aqui, e tiveram tantas outras provações. Aqui eu me casei, tive uma filha, me separei. Aqui eu vivi a crise de 2007 e segui reinventando minha empresa e a mim mesma. Fiz cursos, viagens, tomei cafés, conheci gente e me conheci melhor. Saber quem sou e para que sou são respostas que já representam boa parte do caminho. É o que busco. Não verdades, mas fazer o melhor de mim, "experenciar", sentir sem esperar nada, porque nada, que não isto, faz muito sentido. Parte disto está embarcada nas páginas a seguir. O que eu desejo com estes escritos, além, claro, de relembrar e reviver, é que eles possam te inspirar a navegares também pela tua biografia. E isso só tu podes fazê-lo. A maior parte dos textos que separei já foi publicada. Fiz uma curadoria fina e mínimas edições. Me permiti não seguir "a cartilha" de um livro e acrescentei a alguns dos textos comentários e outros "anexos" que achei necessários. A essência toda está aí. Espero que possas, através das palavras que seguem, costurares "frios na barriga" e chegares a novas possibilidades na tua vida. Um abraço.

Costuras

Me chamo Andréa Fortes de Oliveira. Assino Andréa Fortes e passei a força deste nome para minha filha, Carolina, que também recebeu o sobrenome materno do pai. Nenhuma desonra ao meu, Jerônimo Félix de Oliveira, que me teve aos 54 anos (segundo uma releitura mais atual da antroposofia, que hoje já fala em nonênios, ou seja, ciclos de vida de nove anos, 54 seria o novo "meio da vida" – vai ver meu pai sabia disto quando me teve). Era maduro já quando deu o segundo fruto de uma árvore de três. O quarto, que seria o meu irmão caçula, não chegou a nascer. Sou, portanto, a filha do meio de uma família classe média gaúcha, com sobrenome e história, destas com "H". Dos dois lados, paterno e materno, meus antepassados chegaram ao Rio Grande do Sul em meados de 1700. Descobri isto faz pouco, numa pesquisa demorada na minha árvore genealógica. Foram os primeiros, pioneiros e tiveram que desbravar para que eu, uns dois séculos depois, pudesse "vingar". Sigo com este sangue pioneiro e, hoje, moro em São Paulo, uma estrada e tanto para quem nasceu em Cachoeira do Sul, interior gaúcho. Com dezessete anos, fui morar em Porto Alegre para estudar. Fiz publicidade e propaganda na Federal porque gostava de escrever. Sigo escrevendo, porque, quando o faço, me sinto viva. Os primeiros textos foram publicados no jornal de Cachoeira quando eu tinha doze anos. Eram poesias.

A escrita vem sendo uma companheira leal nas releituras da minha jornada. Ainda que tenha dado algumas pausas nos meus textos, eles sempre estiveram comigo. Dito isto, posso me autodeclarar escritora. Mas escritora sem livro não existe... Escrever um livro é uma grande responsabilidade! Grande demais para o senso crítico de quem, ao escrever, não relê. Estou no meio da vida do "ciclo normal" da antroposofia. Tenho 42 anos completos, ou seis ciclos de sete anos (os tais setênios). Talvez tenha chegado a hora. Porque se não for agora, não sei se devo esperar até os 54. Doze anos é uma vida! É por isto que decidi fazer este livro. Um livro de costuras. Não vou ensinar técnicas de fazer roupas, mas compartilhar, aos poucos, como fui juntando os pedaços da minha alma ao longo, principalmente, dos últimos anos. Faz pouco menos de uma década que me dedico a escrever com mais disciplina, não porque me era esperado, mas porque precisava fazê-lo para conseguir respirar. Não sou eu que escrevo. São os textos que me tomam. Se eu não lhes der vida, nem sei. Escrevo, publico e, umas horas ou dias depois, espio, curiosa, o que eu mesma quis dizer. Nestes últimos anos, passei por experiências incríveis, amorosas, dolorosas e, com elas, cresci. Me tornei costureira. Costureira de relações, como estou me apresentando, aos poucos, no mundo de negócios (para alguns, sigo dizendo que sou consultora, palestrante, porque são palavras que "ornam" mais com o meio corporativo) e costureira de mim mesma. Faz tempo que ensaio colocar esta colcha para fora. Não achava o fio. Aí eu entendi que não precisava de um fio, mas de uma meada, uma rede meio assim sem ponta e que vai sendo desvelada à medida que minha coragem chegue e eu consiga organizar as ideias que há tempos me acompanham. Para quem é este livro? Para mim (para que minhas ideias tomem forma, se reencontrem, se acalmem), para homens, mulheres, executivos, donos de casa, empresárias, cuidadoras, curiosos, desbravadores (de si e de possibilidades na vida), engenheiros (tenho muitos clientes e amigos engenheiros, digo que eles me perseguem e têm, no fundo, corações enormes) e, principalmente, para pessoas donas de si. Não sei em que prateleira de uma biblioteca ele vai caber, nem se estará noutra biblioteca, que não na minha. Talvez seja um livro "sem cabimento" neste mundo que, hoje, mal cabe em si. Não chega a ser ficção, mas também não tem grandes obrigações de ser literalmente "real". É apenas uma conversa minha com meus botões, um dedo de prosa, um jeito de voltar a sentir, aos goles, momentos vividos. Prefiro dizer que escrevo para seres humanos, no sentido plural, mas também no sentido do verbo: ser humano. Se este livro chegou a ti, espero, deve ter um fio que nos une nesta vida. Que ele te apresente possibilidades, que te amplie ou, na pior das hipóteses, que ao menos faça com que as horas que passes com ele sejam uma boa companhia. Leia sem ordem, sem hora, sem nenhuma obrigação, que não a de ser algo leve e bom. Boa costura. É bem bom te ter nesta história.

Como eu "costurei" este livro?

Além de alguns textos inéditos, resolvi abrir o baú de memórias de textos já publicados e que seguem reverberando em mim (no meu blog, em revistas, e, recentemente, no Medium: https://medium.com/@AndreaaFortes). Para que fiquem ainda mais atuais, comentei alguns. Têm tamanhos e "pesos" diferentes. Este livro é para ser rascunhado, mexido, carregado. Não pode ficar parado. Como gosto de escrever sobre coisas atuais, seguirei atualizando meu Medium, colocando para fora minhas ideias à medida que elas me tomam. Mesmo os que parecerem assim "meio fora de época", lhes garanto, seguem atuais. Porque tem coisas na vida que não têm tempo nem regra. Apenas são.

Escolhi *Costuras* como título e resolvi "costurar", por dentro, jeitos de conduzir a leitura, em macrotemas que defini ao longo de protótipos de aulas/conversas/palestras na vida. Elegi, pois, os seguintes pontos:

- Costuras biográficas (eu ontem); **3**
- Costuras cotidianas; **11**
- Costuras de papel de pão; **137**
- Costuras de inquietações femininas; **159**
- Costuras ancestrais; **171**
- Costuras de novo mundo; **211**
- Costuras do bem comum; **217**
- Costuras de teorias e biografias; **231**
- Costuras biográficas (eu hoje); **259**

Calma, eu explico

No primeiro capítulo, eu "apresento" a Andréa que ainda engatinhava/rascunhava neste mundo mais "oficial" da escrita e, principalmente, que fala de si de forma bem biográfica (morria de medo deste lugar e fui provocada a fazê-lo). Eu era alguém que ainda não sabia quem era, mas já tinha grande noção de quem tinha deixado de ser, um bom primeiro passo – **costuras biográficas (eu ontem)**. Engato uma "primeira" e parto para cenas cotidianas quaisquer (**costuras cotidianas**) que sempre me inspiraram. Não há nenhuma obrigação formal de eu chegar a uma grande teoria. Apenas compartilho fatos e vivências que me inquietaram e que, ao longo da leitura, dão pistas de por onde naveguei. Como disse, não há uma ordem nem um jeito certo de navegar. Apenas vá. Do *day by day* de fatos bobos e observações triviais, parto para "papéis de pão" passados a limpo (**costuras de papel de pão**). Quando conheci meu "padrinho" em São Paulo, o José Carlos Teixeira Moreira, em meados de 2006, ele provocou meu sócio e eu a desenharmos num "papel de pão" o que viria a ser a nossa nova empresa. Pediu que rascunhássemos de um jeito simples o que sonhávamos e nós assim o fizemos. Foi mais que um simples papel, claro, e deu vida, meses depois, à nossa Sarau. Adotei carinhosamente o termo "papel de pão" e criei o hábito de compartilhar cada evento, curso ou vivência pelos quais passei a partir de então, a princípio por e-mail, com um monte de gente bacana e que, agora, já espera pelo meu "papel passado a limpo" cada vez que participo de uma jornada. Escolhi duas ou três para dar o tom e também para contar que cada vez que escrevo depois de viver algo fundo, eu revivo e me renovo. Uma espécie de "ata da alma". Ou seja, "passar a limpo" me faz bem. Sem contar que tenho acesso a tanta coisa incrível que me sinto na obrigação de compartilhar e ampliar para que outras pessoas também possam usufruir. Na sequência, e para quebrar uma suposta lógica, trago goles de vivências, estudos e trocas sobre o feminino (**costuras de inquietações femininas**). Não é de hoje que o tema me provoca. Como vais ver nos textos, amo os homens, amo as mulheres, gosto da polaridade (a luz só acende quando positivo e negativo se encontram) e sinto que quando as mulheres voltarem a se apoiar (estamos quase lá) o mundo vai se curar. Convido especialmente os homens a espiarem este pedaço, tão delicado e cheio de profundidade porque tenho o máximo desejo de que nossos mundos, masculino e feminino (e isto não tem só a ver com gênero), se permeiem e complementem. No embalo, e não tão fora do tema, já que no assunto do feminino trago temas bem antigos, criei umas "**costuras ancestrais**", onde abordo viagens transformadoras na minha vida e que me fizeram acessar conhecimentos e histórias bem antigas. Escolhi Índia e Butão, Schumacher College, no sul da Inglaterra (fiz uma formação em liderança para a transição) e, mais recentemente, Egito. Em todas elas, voltei transformada e com sede de novos saberes, já que, descobri, tem muito da história que não nos foi contada. Do passado, um salto para o "novo mundo" e um convite para que olhes as transformações que estamos vivendo e como elas podem vir a impactar as nossas vidas (**costuras do novo mundo**). Dou pistas, cheiros e percepções do que este "novo/velho", como chamo, pode nos trazer logo ali no virar da esquina. Não é para ser paralisante. É para gerar tração e tesão de se estar vivo. Na sequência, uma "**costura de bem**

comum", onde abordo, essencialmente, o conceito de prosperidade. Um texto longo, fundo, que escrevi durante muitas semanas, que teria sido publicado e que esperou mais uns dias porque o lugar dele era aqui, neste livro. Encaminhando para o final, a "**costura de teorias e biografias**" foi um divisor de águas na minha vida, em um processo que "deu muito errado" e que virou a minha vida do avesso, no melhor sentido da palavra. Esta "costura" virou aula, conversa, um texto publicado com alta repercussão e mudanças na vida de muita gente, além de mil possibilidades. Nele, conto, em formato meio "série", as teorias que estudei e que me transformaram e apresento os *makers*/autores por trás de cada uma delas, num convite/provocação para que olhes tua própria biografia. Daqui a uns anos, quanto tudo isto tiver passado, terás sido pioneiro ou seguidor? Serás lembrado? No finzinho, a volta da "**costura biográfica**" com um "**eu hoje**", onde me reapresento num texto bem atual do fechar das portas dos meus 42 anos. Na sequência, umas perguntinhas para responderes com vinho e papel de pão. Não tenha pressa. Mas não percas tempo. Como dizia o querido Mario Quintana: "Não faças da tua vida um rascunho. Poderás não ter tempo de passar a limpo".

COSTURAS

COSTURAS BIOGRÁFICAS

(Eu ontem)

**Por que eu me tornei uma publicitária.
E por que eu deixei de ser uma publicitária**

Publicado na plataforma Draft, em 19 de setembro de 2014 (www.projetodraft.com).

Publiquei este texto em setembro de 2014 e ele segue me representando. Quando o Adriano Silva pediu que contasse minha trajetória profissional, com suas redescobertas, eu entreguei a ele este rascunho umas duas horas depois. Me perguntou se era inédito, porque eu teria respondido muito rápido. É que estava fresco. Tinha terminado, dias antes, a formação baseada no livro *The Artist's Way* e sabia mais de mim do que eu mesma podia acreditar (vou colocar aqui no livro um texto sobre isto, logo ali na frente). Acredite, mexer nas gavetas da alma sempre pode surpreender. Hoje, alguns anos depois, ele segue "dizendo de mim", ainda que tenha acrescentado um ou outro fio de história nesta minha própria história. No meio do texto, conto das "tias" da biblioteca pública da cidade. Um dia destes, com Carolina já grande, no colo, encontrei uma delas caminhando por Cachoeira, minha cidade natal. Tem nome Rosane e o mesmo sorriso da época em que lia contos para mim. Foi um espanto e uma alegria para nós duas. Conversamos, nos emocionamos e renovamos os votos que temos com a leitura e as memórias daquele tempo que não volta mais, mas que segue vivo em nós.

Cresci no interior do Rio Grande do Sul. Os primeiros anos de vida foram em uma fazenda, com direito a café da manhã dos deuses, leite tirado da vaca, galopes a cavalo por campos abertos, morros altos para serem descobertos com um graveto na mão e o peito aberto às aventuras. Minha infância não tem preço. Foi simplesmente espetacular. O pão quentinho que a minha mãe fazia, as guerras de lanterna à noite, jogos de xadrez na mesa da sala à luz de velas. Não sei se foi tudo isto mesmo ou se boa parte disto teve muito a ver com os livros que eu li. Foram centenas. Meu pai, que se casou bem tarde, depois dos cinquenta, com a moça bonita da cidade, comprava desde muito cedo livros e enciclopédias. "Para os filhos que um dia viriam", ele dizia. E vieram. Meu pai era viciado em leitura. Não de livros, necessariamente. Mas de jornais. Era um ritual toda manhã esperar cada um dos jornais que adentravam por baixo da porta. Antes de sabermos ler, já disputávamos, eu e meus irmãos, a parte do jornal que nos cabia: a das histórias em quadrinho. Eram duas folhas dobradas ao meio e a divisão era bem colaborativa: uma vez, um "levava" a folha dupla e os demais dividiam a outra. Íamos revezando.

Aprendemos, assim, o tal do *share economy* de que tanto se fala hoje. Mas não foi só desse jeito que os jornais transformaram minha vida. Tenho a dizer que a minha veia empreendedora também teve a ver com eles. Como tinha muito jornal em casa e eu tinha muita liberdade de circular pela cidade (depois dos meus cinco anos fomos morar na cidade, Cachoeira do Sul, para estudar), eu era figura conhecida na fruteira da esquina, a Bete, que segue por lá até hoje, ainda que tenha deixado de vender verduras e frutas. Hoje, ela vende flores. Na época, "a japonesa", como era conhecida, usava jornal para embalar os produtos. Precisava de muito jornal. E tínhamos muito jornal em casa. Claro, eu os vendia para ela. E fazia, desde muito cedo, o meu dinheirinho. A Andréa "economista" nasceu ali.

Tínhamos também nas enciclopédias uma fonte de fantasias. Não havia site de busca, mas era bem divertido. A *Thesouro da juventude*, uma bem antiga, era muito completa. Tinha história, ciências e as tais Fábulas de Esopo, que seguem no meu imaginário até hoje.

Das enciclopédias, migramos rapidamente para os livros. Tínhamos uma tia bem velhinha, a tia Dudu, que, além de fazer bonecas de pano, trabalhava na biblioteca pública da cidade. Era um barato passar as tardes lá. De manhã, colégio. À tarde, biblioteca. Todos os dias, religiosamente. Com uns dez anos eu tinha lido toda a seção infantil. Lembro como se fosse hoje das aventuras da Coleção Vagalume. Eu não convivia tanto com os colegas de aula, convivia mais com os meus irmãos e com os livros. E com as "tias" da biblioteca, que organizavam rodas de leituras e pequenos eventos para nós. Os meus irmãos devoravam livros comigo, quase em uma competição. E assim, desde muito cedo, meu imaginário se ampliou. Hoje, olhando para trás, não sei direito se as coisas que enxergo são reais ou se foram parte da minha fantasia de criança leitora. Não importa.

Graças aos livros – e ao professor Antônio Carlos –, na sexta série passei também a escrever. Desde sempre, contava histórias no colégio. Adorava recontar um texto, viajar de novo na história, com umas pitadas autorais, claro. O professor Antônio Carlos percebeu que meus textos eram bacanas, me incentivou e dali saiu um primeiro livrinho, em "cocriação" com a turma toda. A vizinha do lado de casa, a Dalila, era editora literária do jornal da cidade, o *Jornal do Povo*. Rapidinho, descobriu a "pupila" mirim e me provocou a escrever para o jornal. Com doze anos, tive várias poesias publicadas. As primeiras, "Mulher" e "Homem", seguem comigo até hoje, como temas que me causam verdadeiro frisson. Depois veio a "Mãe coragem", que marcou muito minha trajetória. Eu me moldei muito naquela personagem sobre a qual escrevi. Era, sim, a minha mãe, uma baita guerreira, mas também muito do que eu queria ser quando crescesse.

Minha mãe incentivou muito a literatura em mim. Ela nos contava uma história da geleia de jabuticaba roubada durante a noite por um menino arteiro. Recontou-nos algumas dezenas de vezes. Nunca cansamos de ouvi-la. Meu pai, meu herói, intelectual, mais velho, inteligente, botava lenha na fogueira. Carregava os recortes de jornal das minhas poesias na carteira. E mostrava para todo mundo. Foi assim que eu cresci. Foi assim que descobri o meu espaço no mundo. Foi assim que fui reconhecida como filha, que encontrei minha brecha de identidade, como a irmã sanduíche. Não era a mais velha e linda, nem o caçula querido da mamãe. Mas era uma guria que escrevia coisas bacanas. E isto orgulhava os meus pais.

Na adolescência, não sabia o que queria ser. Pensei em virar maquiadora. Minha mãe me demoveu da ideia porque "não dava dinheiro". Pensei em ser juíza porque "é alguém que manda". Mas também não era por ali. Eu gostava de histórias. De história. De literatura. Tinha que fazer algo ligado a isso. Ser escritora não era uma opção. Mas podia escolher algo que tivesse a ver com textos. Jornalista? "Hum, parece bom". Aí decidi pela publicidade. Pensei seriamente em fazer PP (como se chama publicidade e propaganda no Rio Grande do Sul), RP (relações públicas) e jornalismo. As três. Seria fácil ter os três títulos. Era só dedicar mais uns três anos depois da primeira formação e aí eu seria uma "comunicadora" completa. Na verdade, nunca fez sentido para mim esta divisão das "comunicações". Comunicar, para mim, sempre foi algo bem amplo. Eu sempre fui comunicadora. Ao mesmo tempo que nunca me senti publicitária.

Meu primeiro estágio foi na TV Educativa. O presidente era um cachoeirense bem famoso e muito bacana. Por causa dele, entrei no processo de seleção de estágio. E entrei na minha primeira e única carreira "com chefe". Depois disto, só empreendi. Minha primeira experiência profissional, como estagiária, teve pouco de estágio e muito de comunicação integrada. Fiquei um ano e meio por lá e ganhei uma bagagem e tanto. Fazia jornais, escrevia textos, editorava revistas, preparava eventos e, de brinde, ganhei a amizade e a curadoria de um grande jornalista, o Danilo Ucha, um dos meus primeiros padrinhos nesta vida, com quem aprendi demais.

O Vieira, presidente da TV, também foi um grande mentor. Sempre tive caras grandes e generosos por perto. De lá, fui para uma grande agência, também fazer um estágio. Sonho de consumo. E aí a ficha começou a cair. Era grande demais e as pessoas não se falavam. A agência era "criativa" demais e integrava as coisas de menos. Eu não entendia direito como tudo funcionava, mas sabia que aquilo me incomodava. Fiquei seis meses lá e aproveitei cada segundo. Fominha que sou (sigo sendo), fazia muito mais que as minhas horas protocolares. Porque eu queria aprender, queria entender aquele mundo.

Eis que um dia conheci um colega de faculdade que me convidou para ser estagiária na agência dele. Pequena. Eu tinha tudo para dizer não. Mas meu coração falou mais alto e topei. Até hoje não sei o que me levou para a Mais Comunicação – nome da agência naquele tempo. Só sei que era para eu ter ido. A Mais, na época, eram sete meninos e eu. Rapidamente, menina sozinha, dominei o campinho, dei uma geral na casa e comecei a colocar o meu jeitinho autoral nos projetos. Havia espaço para eu ser eu. Virei redatora, diretora de criação e, em dois anos, sócia. A Mais, por ser pequena, me deu uma oportunidade enorme de crescer. Foi lá que eu me descobri como profissional. Não exatamente como publicitária. Nós nunca gostamos de vender "coisas". A questão, para nós, sempre foi outra. Gostávamos de gente, de entender o produto, de fazer evento, encontro, de comunicar de um jeito mais largo.

Na faculdade, eu sofria *bullying* porque não tinha cara de publicitária. Fazia estágio desde o segundo semestre. Eu me vestia toda certinha, usava maquiagem e terninho para parecer mais velha. Tinha "cara de RP", diziam os colegas descolados e tatuados. De fato, nunca fui uma publicitária. Nunca achei que essa palavra me representasse integralmente. E as palavras são perigosas. Quando pronunciadas, já embutem um monte de coisas. E fecham, na mesma medida, um mar de possibilidades.

Alguns anos depois da Mais, ainda em Porto Alegre, criamos a Sarau. Na época, o nome soou bonito, mas não fazia tanto sentido assim. Mudei minha vida, vim pra São Paulo e, por necessidade, virei ponte entre pessoas. Conheci muita gente e resgatei o meu dom antigo de contar e escutar histórias. Voltei a reunir gente, como fazia em torno dos livros na biblioteca de Cachoeira e nas rodas do galpão da fazenda.

Eu gosto de gente, gosto de histórias, gosto de palavras e isto tem tudo a ver com comunicação. No sentido de comunicar, colocar junto, resgatar a arte do encontro. Tem a ver com sarau também. Eita palavra bem linda!

Faz pouco mais de sete anos que eu cheguei em São Paulo. E minha vida agora desabrocha. Precisei sair do meu chão para encontrar... meu chão. Aqui eu me casei, tive minha filha. Aqui, descobri que os nomes e rótulos podem ser pequenos diante da amplitude de quem somos de fato. A Sarau deixou de ser "agência". E eu deixei, de vez, de ser publicitária. Honro a faculdade que fiz e todas as minhas escolhas. Mas sou outra coisa agora. Ponte, escritora, comunicadora, construtora de marcas, não importa. Eu não vivo mais de fazer campanhas. Vou mudar de endereço – de um escritório num prédio comercial num bairro cheio de empresas para um com cara de casa e perto de casa. Eu não sou mais a mesma. E nunca fui tão eu.

COSTURAS COTIDIANAS

Assuntos "quaisquer" que me atropelaram pelo caminho e me fizeram parar para pensar.

José e Pilar

Publicado em 20 de novembro de 2010.

Achei bem bom que o primeiro texto tenha pouco mais de oito anos e que siga tão atual. Saramago, como outros tantos autores que admiro, começou sua carreira tardiamente, mas a tempo de deixar sua marca. Ele me inquieta, provoca e inspira de forma atemporal.

Eu tinha escutado pouco sobre a tal Pilar na vida do Saramago. Na verdade, eu também tinha interagido pouco com ele e sua obra até outro dia. Mas quando fui apresentada àquela linguagem, muita coisa mudou. Hoje, depois de assistir ao documentário *José e Pilar*, mais coisas mudaram. Segundo o Saramago, ele era uma pessoa desassossegada com a missão de desassossegar as pessoas. *Bueno*. Conseguiu. O filme mostra basicamente a relação dos dois nos últimos anos de vida dele. Nada de roteiros elaborados, cenas mirabolantes. Retrata uma rotina de um casal apaixonado, idealista, inquieto. Existiu um Saramago antes e depois da Pilar. E isto ele deixa claro o tempo todo. Ela, uma mulher forte, jornalista, sabia o que queria quando o abordou e disse que desejava conhecê-lo melhor. Ela o admirava e, a partir daquele dia, ele passou a admirá-la. Tiveram vinte e poucos anos intensos juntos. Ele começou a escrever comercialmente depois dos sessenta e tinha uma consciência absurda da urgência em colocar para fora suas palavras. E Pilar representou, durante esse tempo todo, a energia vital que o fez viver e se expressar com tanta intensidade. Saramago tinha senso de humor, convicções, mas era sereno e paciente. Pilar, por sua vez, transpirava força e garra. Segundo ela, é preciso "desdramatizar" a vida. E foi assim que a mistura destes ingredientes tão intrigantes deu origem a obras tão notáveis. *A viagem do elefante* foi a última delas, escrita com muitas pausas (Saramago adoeceu durante o "percurso"). Na verdade, Pilar e o elefante foram fundamentais para que Saramago vivesse mais algum tempo, período este em que ele pôde amadurecer e curtir boa parte do que criou. Saramago morreu, mas não se foi. Ele não teve filhos, mas teve Pilar e uma história de amor que não está nos livros. E que se perpetua em todas as dedicatórias que fez em cada uma de suas obras. E na fundação que leva seu nome e que hoje, claro, é tocada por esta mulher vibrante que mudou sua vida. Sem Pilar, Saramago teria sido outro. Assim como somos novas pessoas quando encontramos pelo caminho alguns que têm a coragem de nos desassossegar.

Impermanência

Publicado em 21 de dezembro de 2010.

Mal sabia eu que quase nove anos depois de ter publicado este texto, *A alma imoral* seguiria reverberando com tanta força na minha vida. Assisti inúmeras vezes à peça, levei a Clarice Niskier em processos de empresas clientes e ouso dizer que me tornei, mais que uma admiradora, uma amiga. Costuramos possibilidades (e encontros inesperados em diferentes lugares) e seguimos "traindo a tradição" em sonhos e projetos que, esperamos, ampliem as falas e as almas das pessoas. A peça está em cartaz há mais de uma década e sigo dizendo que é necessária.

Eu fui a uma peça de teatro no ano passado que me marcou muito. Chamava-se *A alma imoral* e retratava, por meio de um monólogo, o livro do rabino Nilton Bonder. Na peça, a atriz se dizia uma judia budista, ou algo assim. Eu tenho cada vez menos convicção de qual religião eu sou de fato. Talvez eu não seja de nenhuma, ou um pouco de todas. Tendo, fortemente, a simpatizar com alguns conceitos budistas. Li alguns livros, conheci pessoas bacanas e visitei alguns templos. Estou até provocada a fazer viagens mais distantes neste mundo desconhecido, no sentido literal da frase. Um dos conceitos budistas que mais me chama a atenção é a questão da impermanência. Fomos "talhados" para acreditar que as coisas duram para sempre. O amor, os amigos, a vida. Se eu descubro quem escreveu a frase "e foram felizes para sempre", juro que eu pego. Ou a pessoa vivia em um mundo cor-de-rosa ou estava sendo bem irônica. Pois bem. Não duram. Na verdade, não nasceram para durar. Estamos aqui para cumprir um ciclo e, de preferência, para sairmos melhores do que entramos ao fim dele. Não só na vida, mas em cada uma de nossas relações. É óbvio que amores maduros, que resistem ao tempo com respeito e companheirismo são lindos, mas são verdadeiros achados.

Amigos, idem. Eu tenho muitos conhecidos e poucos amigos de verdade. E tenho conseguido, felizmente, fazer novos diante da impermanência da minha vida nos últimos tempos. Tendo a achar que nos disseram que as coisas eram para sempre para que não sofrêssemos, para que pudéssemos acreditar que se ficássemos assim, quietinhos, embaixo da cama, não seríamos descobertos e continuaríamos em uma mesma frequência. Nem mais nem menos. Aliás, eu conheço muita gente que tenta viver assim. Mas não adianta. O mundo ao redor do "debaixo da cama" muda, não é permanente. Agora que o fim de ano está chegando (chegou?) eu tenho questionado uma série de coisas. A origem dos rituais natalinos, a impermanência do tempo – que se esvai cada vez mais rápido –, e o quanto desperdiçamos nossas vidas. Com bobagens, medos, minhocas da cabeça e sabotando nossa felicidade quando ela está ali, batendo na porta. Podia ser mais fácil. Eu continuo tentando. Alguém me acompanha?

Vida de presente

Publicado em 7 de fevereiro de 2011.

O Jean Bartoli, filósofo francês e amigo querido que a vida me deu, conta, de um jeito muito único, que mudamos tanto todo dia que ele acha que seria bacana um casal se "reapresentar" toda vez que chegar em casa à noite. Concordo com ele que a única coisa que temos, de fato, é o presente. E que ele se transforma o tempo todo. Dá um certo medo, mas pode ser absolutamente libertador viver com tamanha entrega e clareza.

Meu pai foi um cara bacana que me ensinou a apreciar as boas coisas da vida: a literatura, as artes, a história. Ele também apreciava antiguidades. Na verdade, tínhamos um verdadeiro museu nas nossas casas (na cidade e no campo). Muito doido conviver desde pequena com aqueles objetos todos como se fosse normal ter em casa tanta coisa rara (e frágil) ao nosso alcance. Eu e meus irmãos aprendemos desde sempre que não era para mexer. Convivemos com eles com a normalidade de quem cresceu assim. E com aquela "coisa" de que não podiam quebrar porque eram importantes e tinham história. De alguma forma, ter estes exemplares em casa era como viver de passado. Cada um deles trazia energias (boas e ruins) e uma importância acima do normal, especialmente para pessoas como o meu pai. A palavra desapego, totalmente budista, passava longe da sua personalidade. E aprendi, com isto, a respeitar e valorizar as coisas, a entender o que era belo e devia ser cuidado. Concordo com isto e me orgulho de ter sido uma criança super educada e, mesmo saudável e "criativa", bem cuidadosa com a casa (a nossa e a dos outros) e as pessoas. Tudo de bom isto. Mas esta coisa de viver de passado também me incomodava. Na verdade, me incomodava e eu não percebia. Fui me dando conta aos poucos, principalmente nos últimos tempos em que aprendi a importância de me desapegar do passado. Esta coisa de esperar das pessoas que elas se comportem da mesma forma, que não mudem, que não quebrem de vez em quando, é meio injusta e, a meu ver, é pedir demais e esperar de menos de cada uma delas. Tive que aprender a me desapegar do passado, de algumas pessoas e fui capaz de construir uma nova história, primeiro em Porto Alegre, agora em São Paulo. Aqueles objetos que eu tinha como absolutamente importantes para a minha formação como pessoa, hoje estão no Sul, no meu antigo apartamento, e eu não sinto a menor falta. Trouxe algumas canecas de viagens (adoro canecas), mas pouco do resto que eu tinha por lá. Foi uma delícia descobrir que a Andréa pode recomeçar e que pode ter menos coisas para viver. Menos e mais significativas. Que pode se desprender do passado sem abrir mão das raízes e que sabe que planejar é bom, mas viver de presente é mais importante do que respirar passado ou futuro. Viver o hoje, enfim. A revista *Vida simples* (amo) deste mês trouxe uma proposta interessante. Propõe, baseada em um livro, que nos desapeguemos de cinquenta objetos importantes na nossa vida. Tem a ver com o tal desapego e com a impermanência do budismo. Nossas células mudam, as pessoas mudam. Por que não mudar também? Não fiz o exercício ainda, mas estou bem tentada a experimentar. De repente, junto com o tal ritual de abrir mão de cada uma das cinquenta coisas, posso, simbolicamente, me libertar de algumas máscaras e personagens que estavam incorporados a cada um daqueles momentos. Claro, não abro mão de reviver boas histórias em fotos e objetos de viagens, por exemplo. Mas também não quero/consigo trilhar o caminho de volta ao passado e me apegar a algo que já foi e nunca voltará a ser. Este talvez seja um importante segredo da vida. Nós e os outros nunca seremos os mesmos. Daqui a cinco minutos estaremos diferentes. O desafio é conseguirmos conviver ainda assim e nos redescobrirmos/reapaixonarmos pelas mesmas pessoas a cada segundo. Alguém disse que seria fácil?

Vamos tomar um café?

Publicado em 11 de fevereiro de 2011.

Neste texto, eu contava que tomava pouco café porque eram meados de 2011. Depois de ter parido, o café virou um item de primeiros socorros. Com leite (agora de arroz), ou puro, ele me ajuda a manter a luz dos olhos acesa nos dias de cansaço da alma. É útil também quando não estou cansada, mas preciso daquele cheiro que alimenta o cantinho da memória da fazenda. Os chás seguem no script, mas perderam um pedação da história.

Na minha vida, nos últimos tempos, quando eu quero falar para alguém que eu estou com saudades e que adoraria reencontrar essa pessoa, uso a frase: "Vamos tomar um café?". É meio que prima da "aparece lá em casa", só que faz mais sentido porque é um convite de verdade. Mesmo tomando pouco café na prática, eu simplesmente adoro a ideia/o ritual de ir de verdade a um café gostoso para jogar conversa fora ou até para fazer alguma reunião. Adoro também o cheirinho do café recém-passado ou saído da máquina, as xícaras e o aconchego que estes ambientes geralmente têm. Em São Paulo tem cafés para todos os gostos, em todos os lugares. Locais bem cuidados, simpáticos e cheios de gente bonita que fazem quase tudo, menos preocuparem-se necessariamente com o tal café. Eu fiquei com esta pulga atrás da orelha porque estive em uma reunião com um cliente ligado ao café ontem e falávamos sobre as histórias que estão por trás do grão. Desde a da família do cafeicultor, no interior de Minas, por exemplo, ou aonde for, passando pela cadeia toda, até chegar aos baristas apaixonados e criativos e aos *coffee lovers*, no sentido literal. O tal ritual não para de se ampliar e hoje em dia tem até creme para a pele a base de café. Mais ou menos trilhando o caminho do vinho e, mais recentemente, dos chás, o café tem se tornando cada vez mais sofisticado e mágico na vida das pessoas. Ter uma máquina daquelas bonitonas em casa não é mais nenhum luxo e cria, ao final de um jantar, um delicioso momento de compartilhar/comentar gostos pessoais e alguns minutos de paz para jogar conversa fora. Eu já comentei a minha simpatia pelos rituais. Acho que eles reforçam os laços entre as pessoas e os momentos *high touch* em um mundo tão *high tech*. Não abro mão de abrir minha agenda para encontrar pessoalmente amigos (apesar das dificuldades logísticas da cidade grande) e tenho, cada vez mais, agendado cafés e almoços de negócios. Em um primeiro momento, parecem inúteis. "Desperdício total de tempo", diria a Andréa durona e mão na massa. Mas, olhando com carinho para eles, dá para ver que boa parte dos contratos/acordos que fechei nos últimos tempos tiveram como coparticipantes uma cafeteria e uma xícara de café fumegante para dividir o assunto. Então tá, "vamos tomar um café?".

João que amava Maria

Publicado em 18 de fevereiro de 2011.

Os conectores e os *experts* que eu citava em 2011 seguem por aí. Para mim, com a amplitude do mundo atual, os conectores têm grande potencial de "costura" e um futuro ainda mais promissor pela frente.

Eu não participo de muitos grupos de pessoas. Tenho muitos amigos, boa parte deles ligada ao trabalho ou a algum histórico de estudos (cursos, seminários, o que for). Tem também os amigos dos *hobbies*, pessoas que eu acabei conhecendo e que compartilham alguma paixão comigo. Tá bom. Até que é um número considerável. Sem querer, nos últimos tempos, acabei construindo na minha vida paulistana um novo papel: o de conectar pessoas. Aliás, se eu fizer um balanço da minha vinda para São Paulo, eu diria que esta foi uma das minhas grandes conquistas por aqui. Nada premeditado, puro instinto de sobrevivência. Quando eu cheguei, "com meus mijados[1] embaixo do braço", não conhecia praticamente ninguém. Na verdade, vim meio no susto mesmo. Tinha uma oportunidade e veio bem a calhar a chance de eu mudar de vida e começar uma nova história. Foi o que aconteceu. Chegando aqui, na maior cara de pau, passei a mão no telefone e comecei a buscar pessoas. Muitas delas eram gaúchas que já estavam por aqui e que me acolheram muito bem. Mas, no melhor estilo "João que amava Maria que sonhava com Pedrinho", as pessoas se conectam. E uma liga para outra, que apresenta para um terceiro, que manda um e-mail e agenda um café. Está feita a cone-

---

1   Mijados: expressão bem gaúcha que remete a algo como "trouxinhas", malas, roupas, pertences, paninhos suficientes para cobrir o corpo.

xão. Tem um livro bem legal, que costumamos usar no trabalho, chamado *O ponto de desequilíbrio*, do Malcolm Gladwell. Grosso modo, ele apresenta duas importantes figuras das sociedades: os conectores e os *experts*. Segundo ele, os conectores têm uma capacidade ímpar para mobilizar muitas pessoas em um curto espaço de tempo, geralmente em uma proporção não programada. Tenho encontrado muitos deles em São Paulo. Pessoas bem relacionadas e que, em minutos, conectam-se a outras, que conhecem outras e outras. Talvez uma das habilidades que eu mais tenha aprimorado por aqui foi a de reconhecer e saber acessar alguns deles e usar isto de forma rápida e eficiente. Melhor, eles sentem-se prestigiados quando são lembrados por tais habilidades. Não tinha isto em mente quando vim. Mas bem que estou curtindo esta história de ligar gente que tem a ver com gente. Dei até uma de cupido em umas dessas investidas. No melhor estilo vida pessoal e profissional em sintonia, tenho descoberto novas habilidades nas "Marias" e nos "Joãos" com quem tenho convivido. Muitas vezes, consigo apontar para eles as minhas percepções. Em algumas delas, até provoco uma ou outra mudança. Neles e em mim, claro.

Vida após os trinta

Publicado em 25 de fevereiro de 2011.

Posso escrever com propriedade, oito anos depois desta publicação, que sigo fazendo amigos depois dos quarenta. Pretendo continuar num bom ritmo aos cinquenta, sessenta, setenta...

Neste fim de semana eu vou visitar, junto com uma turma, um dos meus ex-colegas do mestrado. Ele se casou com uma menina da minha geração e da minha cidade, que eu já conhecia há anos. Este mundo é mesmo pequeno. Para os amigos, ele chama-se Renatô, assim, com "o" fechado no final. O apelidamos assim na França, onde passamos duas deliciosas semanas de estudo e diversão. Daí a pronúncia tão chique. Pois bem, passado mais de um ano do fim do mestrado (e da libertação da dissertação), uma boa parte da turma continua unida e ativa. Nos encontramos uma vez por mês em Porto Alegre (ao menos tentamos) e temos feito algumas viagens pelo Brasil para encontrarmos os queridos colegas. A última foi só para meninas, em Curitiba. Claro, a turma de trinta pessoas se dispersou bastante, mas temos uns bons dez guerreiros que não se entregam. Hoje a Lia e o Du estão em São Paulo, na minha casa. Daqui a pouco chega a Cris. E amanhã pegamos a estrada todos juntos.

Todos eles (e mais alguns queridos) foram achados deliciosos pós-trinta. Digo, criaturas que eu conheci depois dos trinta anos e que posso considerar amigos de verdade. Eles participaram e continuam participando da minha vida. Saímos, nos telefonamos, mandamos recados, trocamos experiências boas e ruins.

O Renatô, este que vai nos receber na sua casa amanhã, no dia do casamento, completamente "animado", reuniu o grupo de ex-colegas na recepção. Fez um círculo e, abraçado a todos nós, contou emocionado que nós o surpreendemos. E que ele nunca poderia imaginar que conquistaria novos amigos assim, "tão tarde". Não foi bem assim que ele falou, claro, mas este foi o sentido. Ele estava realmente emocionado ao olhar ao redor e ver pessoas tão próximas e tão novas na sua vida. Na verdade, ele tentou expressar um sentimento que é meio comum nas nossas vidas. Parece que amigo de verdade é aquele que correu com a gente na rua na infância. O colega de colégio, o vizinho de porta. E não é só isto. Eu mesma tenho uma amiga (amigoooona) que tem mais de vinte anos de diferença de idade comigo. Eu a conheci com dezessete anos, chegando em Porto Alegre, em um curso de informática. Hoje, dezessete anos depois, ainda a visito sempre que vou para o Rio Grande do Sul. Ela é quase uma irmã mais velha. Na minha vinda pra São Paulo, outras gratas surpresas. E nem por isso eu deixei de lado as antigas amizades. Algumas sim, por total falta de afinidades. Acontece, coisas da vida.

O bacana disto tudo é conseguir ver, através de histórias como esta do Renatô, que nunca é tarde para várias coisas. Para estudar (a mãe de uma amiga minha, quase se aposentando do trabalho, terminou o segundo grau e está fazendo faculdade. O Marculino, um pedreiro gente boa que trabalhou na obra do meu apartamento aqui em São Paulo, voltou para o colégio há pouco. Mal sabia ler e escrever), para conhecer gente legal, para se apaixonar, viajar, casar, para recomeçar. Existe vida depois dos trinta, e, provavelmente, depois dos oitenta. Só precisa ter vida interior e vontade. Alguns chamam de energia vital. Eu chamo de "estar vivo".

Desaprender é preciso

Publicado em 30 de março de 2011.

Depois de longas andanças pela vida nestes anos, desconfio que o "desaprender" possa também ser "relembrar" de coisas essenciais do passado e que acabaram esquecidas. Independentemente do que for o termo, felizmente, até hoje, sigo uma eterna "desaprendiz".

Hoje eu tomei um café com uma daquelas pessoas maravilhosas que mudam a vida da gente quando dedicam algumas horas de prosa. Ele é um amigo, cliente, e também um cara que eu admiro e com quem eu acabo sempre filosofando. Bom demais para abrir a cabeça, especialmente agora, que eu estou com um pé no avião, rumo ao Butão. Pois bem, dentre os assuntos da "pauta", falávamos em aprendizado, em estarmos abertos para as mudanças e no quanto isto pode ser rico para as pessoas. Eu tenho sentido isto na pele. Minha vida sempre foi bem animada, eu diria, mas está especialmente agitada e cheia de novidades nos últimos tempos. Minha vinda para São Paulo foi meio "truncada" nos primeiros meses (anos?) e eu estava bem fechada para digerir tudo isto. Na verdade, eu vim para cá com muitos "pré-conceitos" e ideias meio formadas sobre a vida e as pessoas e aqui, por bem ou por mal, tive que abrir espaço no HD para observar e entender novos comportamentos e situações. Segundo este cliente/amigo com quem falei hoje, ele recebeu um ensinamento aos 27 anos, em uma multinacional onde trabalhou, que nunca esqueceu. Uma criatura contou para ele a importância de aprendermos a desaprender para liberarmos espaço e a nossa mente para o novo. Ou seja, nos despirmos um pouco do passado (sem abrir mão dos nossos valores, claro) para abrirmos novas frentes no presente e no futuro. Eu mesma tenho questionado muitas coisas, reavaliado outras tantas e mudado meu comportamento em várias frentes. O que aprendi no colégio quase não serve mais e muito do que eu tinha como "certo" nas religiões, por exemplo, tem se transformado bastante. Vale também para meu jeito de vestir, meus hábitos, meus planos. Que bom. Chama-se "evoluir". Pelo menos eu espero que seja por aí o processo. As pessoas têm estranhado, se assustado, reagido um pouco "cabreiras" a algumas das minhas novas "roupagens". Outras, mais doidinhas e empolgadas, estão adorando e até pegam uma carona aqui, outra ali. Não é minha intenção, mas acontece. Estou tentando esvaziar a caixinha e deixá-la bem arejada para novas e reveladoras experiências. Que venham coisas boas e bem leves para rechearem minha ignorância de mundo. :)

Impermanência

Publicado em 2 de maio de 2011.

Enquanto eu revisava o livro, quase oito anos depois deste texto, me dei conta de que a minha vida segue uma eterna "metamorfose ambulante" (me casei, tive uma filha, me separei, me transformei, através de teorias, vivências e pessoas, mudei tudo na empresa, na minha carreira e sigo mudando). Muito mudou desde estes escritos e eu não sou mais a mesma. Me sinto mais inquieta, leve e desapegada, ainda que, claro, siga com alguns fantasmas e insegurança coexistindo em mim. Hoje cedo conversei com um grande amigo português, o Nuno (várias vezes citado ao longo do livro), e ele comentava do quanto a nova geração está mais leve, menos apegada à posse e mais disposta a usufruir dos bens e experimentar coisas bacanas. Sinto que estamos ainda mais perto deste mundo com menos verdades e mais possibilidades.

Como eu já disse outras vezes, sou uma simpatizante do budismo. E agora, na minha volta da Índia, ainda mais do hinduísmo. Também entendo que o espiritismo faz muito sentido e respeito quem é católico, praticante ou não. Eu voltei da Índia/Butão há pouco mais de uma semana. Minhas ideias e meu fuso (con-fuso horário) começam a se organizar agora. É que na minha volta a minha rotina não teve nada de normal. Casa nova, muitas caixas espalhadas, marido, preparativos para a festa de casamento, muuuitas mudanças. Não sei como teria sido se eu tivesse voltado dentro de "condições normais de temperatura e pressão". Mas a minha nova realidade está bem divertida e completamente "fora da rotina". Aí eu me lembrei de um ensinamento budista bem bacana, que fala da impermanência. Grosso modo (como eu disse, sou simpatizante ainda e, portanto, leiga), ele fala que nada na vida é certo. E que nos apegarmos a qualquer coisa (pessoas, objetos, acontecimentos) é uma pena porque elas, cedo ou tarde, passarão. Parece meio duro, meio frio, mas faz muito sentido. Você já parou para pensar como era e no que acreditava vinte anos atrás? E no quanto suas ideias, desejos e visões de mundo se transformaram? Pois é. Não sei quanto a você, mas para mim, tudo mudou muito. E espero que continue mudando, de preferência para melhor. Quando estava no Butão, diante de algumas paisagens simplesmente deslumbrantes, imensas e serenas, eu tive o cuidado de me concentrar algumas tantas vezes para viver aquele momento. Respirava e tentava ter a máxima consciência do que eu estava vivendo. Eu sabia que dali a alguns minutos tudo seria passado. Assim é a nossa vida. Mudamos o tempo todo, mesmo sem querer. Eu sou apegada às pessoas. Gosto delas, gosto de interagir, de saber como elas estão. Mas estou tentando me desprender um pouco desta coisa da "posse" que fomos ensinados a exercitar, para deixá-las bem livres e seguras de si. Se elas mudam o tempo todo (e mudam), temos que mudar também. E reconquistá-las, surpreendê-las, reaprendermos a lidar com elas. Isto vale também para objetos. Estou tentando escrever sobre a viagem, sobre as minhas anotações e os pensamentos que surgiram nesses quase vinte dias de experiências inusitadas. Quanto mais eu penso, menos sai. Muita informação, muita coisa para pouco tempo de vida real. Aí me surgiu a vontade de falar sobre isto, sobre a impermanência das nossas vidas. E sobre o quão libertador é aceitarmos este fato e conseguimos lidar com ele em paz. Simples assim. Mas quem disse que é simples?

O diabo em nós

Publicado em 15 de setembro de 2011.

Saber que Deus e o diabo que habitam em nós são de nossa total responsabilidade é arrebatador e necessário. Desde que escrevi este texto, há oito anos, sinto que as pessoas seguem cada vez mais em busca de "deuses que salvam" e "diabos que punem" e muito distantes de si, com algumas lindas e raras exceções. Deve ser porque não nos ensinaram este tipo de sabedoria nas escolas e nos livros. Adoro quando temas como estes permeiam debates corporativos e, felizmente, começo a ver goles destes e de outros assuntos rondando eventos mais "tradicionais", dentro e fora das empresas. Que chegue a hora!

Nos últimos dois dias eu estive em um encontro de marketing industrial que se mostrou surpreendente. Participo há alguns bons anos e desta vez saí de lá transformada. Não que os outros anos não tenham sido maravilhosos, mas, neste, não pergunte por que, a aura estava diferente. Se falou muito de gente. Não aquela gente como "capital humano", "intelectual". Mas gente de verdade, com carne, osso, alma, medos e limitações. Uma delícia. Eu ali, rodeada de executivos vestidos muito iguais (99% de terno escuro), enxergando de camarote cada um deles se abrir e mostrar um lado bem humano. Falou-se em essência, em confiança, em valor, em meditação e acolhimento. Parece que este jeito feminino de conduzir a vida começa a ser reconhecido. O melhor de tudo foi ver aqueles marmanjos todos no palco, abrindo seus corações, falando, se expondo e, pasmem, sendo acolhidos e aplaudidos pelos demais. Ninguém ficou "exposto", passou por ingênuo ou romântico. Que nada. Parece que todos pensavam a mesma coisa. E alguns tiveram coragem de fazer a leitura do tal pensamento coletivo que estava por lá. Eis que chegou o diabo, digo, o debate sobre o diabo. Mas antes, só para preparar o terreno, um pouquinho de Deus. Eu aprendi algumas coisas com a vida nos últimos anos sobre a tal presença divina em cada um de nós. Segundo uma história que um indiano me contou, Deus se escondeu da gente e nos deu o desafio de O encontrarmos. Saímos como loucos por aí, nessa busca desesperada e... nada. Na igreja, nos mosteiros, nos cantos todos inesperados da vida. Eis que Deus estava lá, bem confortável e sapeca, escondidinho dentro de nós. O problema é ter a consciência de olhar para dentro e enxergá-Lo. Metáfora linda para explicar que Deus está em nós.

Pois bem. Eis que em um determinado momento começou o tal assunto do ser humano com suas incompletudes e fragilidades. Admiti-las e permitir conexões nestas brechas de imperfeições nos faz crescer como pessoas. Pode errar, pode recomeçar. Pena que não nos contaram isto na escola. Só que diferente de errar e aceitar-se imperfeito, o que não pode é dividir a alma. E aí entra o diabo, com ou sem o tridente pontudo na mão. Segundo Jean Bartoli, um francês que muda minha vida cada vez que abre a boca, o diabo é simplesmente "aquele que divide, que separa, que quebra". Ou seja, assim como Deus está em nós (e não é responsabilidade de ninguém, que não nossa, encontrá-Lo), a presença do tal diabo nas nossas vidas também é uma escolha nossa. Se deixarmos nossa alma se dividir, estamos diante dele. Se não enxergarmos que a pior pessoa para nós mesmos somos nós e que temos um potencial destruidor enorme, não há Deus que "salve". O significado de Satanás está também muito próximo disto: "Aquele que acusa". Ou seja, está presente toda vez que perdemos a noção da nossa completude e acusamos os outros, passamos para fora uma responsabilidade que é nossa. O ser satânico é, ainda segundo Bartoli, aquele que diante do problema acusa, vira membro de uma manada e não assume seu papel de indivíduo consciente. Era tão mais fácil quando havia um ser sagrado lá fora pronto para nos salvar de todos os males. Pois é, parece que ele não existe assim. O ser divino e todo o mal estão dentro de nós, em um conflito eterno e inacabado. Fechar os olhos e escutar os sussurros dessas batalhas pode ser o primeiro passo para nos encontrarmos enquanto indivíduos indivisíveis que somos, tão completos e tão imperfeitos, graças a Deus.

O zangão e a borboleta

Publicado em 6 de novembro de 2011.

Polinizar ou borboletear? Sinto que a pergunta segue atual. Agora que sei um pouco mais de constelações sistêmicas, percebo cada vez mais a força do chamado de não ter vindo em vão à vida. Tem gente que segue pairando, sem existir. Passa pela vida. Não quero ser passagem; quero deixar boas sementes, ainda que eu não consiga usufruir em vida dos frutos das árvores que plantei.

Faz mais ou menos um mês que eu participei de um encontro meio mágico, meio lúdico, meio espiritual, e até prático, chamado *The Art of Hosting*. A iniciativa acontece no mundo todo e, desta vez, foi em Porto Alegre, para onde me mandei de mala e cuia e sem muitas expectativas. Fui totalmente no *feeling*, indicada por alguém que confio muito (o Paulo, meu sócio) e que também não sabia bem do que se tratava, mas sentiu que tinha a ver comigo. Foi demais. Talvez um dos grandes marcos da minha vida e deste ano, tão intenso e cheio de significados. Não foi assim tão forte somente pelo encontro, pela "técnica" do que foi passado, mas, principalmente, por quem esteve lá e que, felizmente, começa a fazer parte da minha vida agora. Uma das coisas que foi comentada no tal encontro de quase quatro dias é que, na vida, coisas têm que acontecer, que vão começar na hora exata em que deveriam começar, vão terminar quando tiverem que terminar e que as pessoas que deveriam estar com você nesse momento estarão lá. Nenhuma a mais, nenhuma a menos. Aceitar isto já facilita muita coisa. Este foi um dos ensinamentos, simples e intensos, que vivi por lá e que, espero, consiga compartilhar muito em breve com muitas pessoas bacanas, dessas que passam pela vida da gente. Pois bem, saí do AOH meio tonta, cheia de ideias e de sensações e deixei, de propósito, meio "de molho" aquele monte de tudo que vi e senti por lá. Escondi, literalmente, o caderno de mim mesma e fui, aos poucos, resgatando o que/quem ficou. Reencontrei amigos queridos que fiz por lá (e que parecia que conhecia há décadas) em São Paulo e por aí, na vida. Sim, é possível fazer novos amigos depois dos trinta. E, no feriado agora, o de Finados, reencontrei o Marcello, grande provocador do encontro, um destes seres de luz que esbarram na vida da gente e ficam. Com ele, em um café da manhã que começou às 10h e terminou às 17h, com direito a almoço e muitos amigos na mesa, resgatei alguns outros conceitos do nosso encontro em Porto Alegre. Um deles foi a deliciosa metáfora que ele fez sobre as nossas escolhas na vida. Podemos ser o que quisermos, quando quisermos, do jeito que quisermos. Aí ele resgatou a tal metáfora do zangão (pode ser abelha, se você preferir) e da borboleta, em uma quase releitura da cigarra e a formiga. Podemos, na vida, ser zangões ou abelhas e semear coisas boas por onde passamos. Polinizar, criar, reproduzir. Dá trabalho, mas é produtivo, rico, gera alguma coisa. Ou podemos ser meras borboletas, passeando por aí, sem deixar nada e ainda nos achando lindos de morrer. Agora que nos aproximamos do tal 11/11 e que, segundo pessoas místicas e espiritualizadas, temos uma excelente oportunidade de escolher nossos destinos, acho que vale a reflexão e a escolha. Lembrando, meus queridos, que muitas vezes não escolher também é uma escolha.

Coisas de cigarra

Publicado em 3 de janeiro de 2012.

Vibrar até a casca cair. Quem disse que seria fácil? A bela e doce borboleta um dia foi preta, apertada e quase seca. Não tivesse a força de livrar-se da casca, carregaria para sempre a dor de não ter rompido a barreira rumo ao novo. Hoje, mais "macaca velha" do que no tempo em que escrevi o texto, sigo em busca das minhas asas, "gritando" com a alma para me libertar de cascas e fardos de passado. Como disse um grande amigo certa vez: "Estudou tanto, por que não usa?". Sigo na missão. Que venham asas lindas!

Nestes poucos dias de praia no fim do ano eu me reencontrei com sons e cheiros que não via/sentia fazia tempo. Fui criada no mato e a sinfonia dos bichos, principalmente ao anoitecer, soa como música para mim. Sapos, grilos e passarinhos parecem combinar as notas. Não deve ser por acaso. Justo conversando sobre eles, recebi uma notícia interessante que, confesso, não consegui respaldar cientificamente. Segundo a pessoa que me passou a informação, além da função de aproximar as fêmeas (sim, no mundo animal os machos é que se enfeitam ou cantam para chamar as meninas), parece que o canto da cigarra tem uma outra importante função: a de ajudar a soltar a casca, libertar a cigarra para voar renovada, enfim. A tal vibração que o som produz vai mexendo de tal forma que desprende a casca antiga do corpo. Pensando assim, na sabedoria da natureza, não faz todo o sentido vez ou outra gritarmos bem alto para soltarmos nossas cascas e nos libertarmos dos fantasmas do passado?

Sem controle

Publicado em 4 de janeiro de 2012.

Conversava dias desses com uma amiga sobre o aprendizado dos "processos iniciáticos", ou seja, aqueles acontecimentos que chegam na vida, nos viram do avesso e que depois mostram a que vieram (mais na frente do livro eu dou um certo "nome aos bois" e os chamo de "cisnes negros", do Nassim Taleb, ou *serendipity* — uma longa história). Este pé esmagado, assim como o nervo pinçado uns anos depois, me pararam para eu seguir. Não foram *serendipities*, mas foram grandes aprendizados de quietude forçada. Se a mente não para, o corpo faz o serviço, a serviço de algo. Meu pé misteriosamente não fraturou e eu nem sequer fiquei com cicatriz aparente. Mas até hoje, anos depois, quando está para chover, ele dói. Talvez seja uma forma sutil e delicada da vida me lembrar que parar vez ou outra faz-se necessário.

Este começo de ano está bem engraçado para mim. Para não dizer trágico. Como tenho um lado Pollyanna ainda, consigo rir de mim mesma e da minha "reclusão" forçada atual. Na chegada em casa no domingo à noite, depois de um fim de ano na praia, sofri um acidente doméstico bem inusitado. O extintor de incêndio (gigante e cheio) do meu prédio, mal instalado do lado da porta de fora da cozinha, "se atirou" aos meus pés e esmagou meu pobre pé que passava ali embaixo assim, bem descansado e de chinelo. O resultado? Um roxo bem feio, um corte, tudo inchado e a impossibilidade total de pisar por alguns bons dias. Pelo menos não quebrou. Osso duro esta guria! Fazer o quê? Trabalhar de casa, me recolher. Tem coisas na vida da gente que não têm solução e que, por isso mesmo, estão solucionadas. A morte de pessoas queridas, por exemplo. Neste mesmo fim de ano dois amigos muito queridos perderam os pais em um intervalo de tempo bem pequeno. Primeiro foi o pai do Zé Elias, logo depois do Natal, e, hoje, a Ana, um anjo da minha vida, que perdeu o pai. Coisa triste. Coisas da vida. Eu não estava por perto, mas senti com eles a dor da perda. Como sei que um bando de gente sentiu muito também a morte do jornalista Daniel Piza, cheio de talento e de possibilidades. Felizmente, os ciclos se renovam e temos, com a mesma intensidade da dor, alegrias e emoções com a chegada de novos seres de luz nas nossas vidas. Nunca tive perto de mim tantos bebês. O mais recente chegou ao mundo ontem, todo rechonchudo e grandão, para alegrar um bando de babões como eu. Chama-se Antônio. Aqui, parada com meu pé para cima, ainda impactada pelas estrelinhas que vi com o extintor no pé, consegui parar e dar conta do quanto não temos controle sobre nada. E justo por não termos controle algum em certas horas, nos resta relaxar, aceitar, respirar e deixar a vida nos levar. Assim como as nossas emoções e experiências, ela, a vida, sempre se renova.

Ciranda de roda

Publicado em 9 de abril de 2012.

Já faz tempo que escrevi este texto e sigo com sede ainda maior de cirandas de roda e de encontros presenciais onde possamos nos olhar nos olhos com menos hierarquia e mais empatia. Felizmente, de lá para cá, conduzi muitos processos lindos, dentro e fora das empresas, com círculos como contornos para conversas e processos profundos.

Já faz horas que o círculo vem me perseguindo. Nos encontros mensais das Gestadoras do Futuro (um grupo no qual falamos sobre o resgate do feminino); nas palavras da Isabel Allende, no livro que estou lendo *La suma de los días*; nas conversas do Humberto Maturana, onde ele reforça que conversar nada mais é do que dançar, dar voltas juntos, numa dança recursiva de colaboração; nos aprendizados do *Art of Hosting*, onde nos redescobrimos num grande círculo de quarenta pessoas. Muitas metáforas das nossas vidas são circulares, têm começo, meio e fim e recomeçam, como uma grande dança orquestrada e completamente perfeita. Nós é que "enquadramos" demais, pensamos demais e acabamos por entortar aquilo que estava literalmente "redondo". As tais conversas circulares ancestrais ao redor do fogo e a continuidade delas, hoje, nas nossas mesas de jantar, em família ou com os amigos, nada mais são do que um resgate e uma lembrança daquilo que nos move de verdade como seres humanos que somos: nos alimentamos através do contato com o outro, nos reinventamos quando nos espelhamos nas pessoas, nos religamos com nossas existências cada vez que temos a consciência do quanto somos uma importante parte deste todo. Recentemente, durante os dois dias em que estive com o Humberto Maturana, em São Paulo, aprendi muita coisa nova, me senti bem burra em muitos momentos, tamanhas metáforas da biologia que ele utiliza e, mais adiante, quando relaxei e entendi o quão simples eram suas palavras, tive a certeza de que estes e outros ensinamentos não mudam ao longo dos tempos. Somos seres em eterna evolução, mas o que nos move de verdade é bem simples e básico. Por trás de tantas teorias e jeitos de enxergar o mundo, buscamos todos as mesmas respostas para perguntas bem básicas: "Gosto do meu viver?", "Quero o querer que eu quero?", perguntou Maturana. "Estamos dispostos a soltar nossas certezas para nos transformarmos de verdade?" As respostas têm a ver com um simples resgate de nossas famílias ancestrais, seres espontaneamente amorosos que, ao compartilharem o alimento, em círculo, aprenderam a doce e difícil arte de conviver. Nas empresas mudam apenas os nomes. E o resgate é o mesmo. Se não há conversas significativas, se não há prazer em compartilhar com o outro, não há sentido no encontro. Tenho experimentado com alguns clientes encontros literalmente circulares com suas equipes. Algo bem simples de fazer e tão esquecido. Quando as pessoas se olham nos olhos parece que a conversa flui e algo acontece. Em casa, tenho insistido em resgatar o ritual do jantar, com mesa bem bonita e uma boa conversa presente. Pode ser um círculo de dois ou, quando vêm os amigos, maior, cheio de boas energias. Sempre tive isto na minha infância. Ponto para minha mãe, que sem nenhuma teoria e com grande sabedoria, conduzia este grande círculo familiar. Talvez o grande aprendizado deste tal 2012 seja olharmos para trás e resgatarmos as cirandas de roda que sempre nos moveram e que roubamos de nós mesmos nas correrias da vida.

Aquelas vozes internas

Publicado em 20 de maio de 2013.

Um dos meus processos de escrita foi interrompido uns meses depois deste texto porque um cliente e amigo que eu admirava (sigo admirando, apesar do ocorrido) me disse, despretensiosamente, em um jantar, que eu me expunha quando escrevia (citava, com isto, o nome do meu blog e outras questões). Hoje, com olhos de quem consegue ver de fora, entendo que ele estava preocupado em eu não passar uma imagem de ingenuidade, já que convivo, como executiva, desde sempre, com pessoas fortes e bem tradicionais. O fato é que, independente da intenção dele ter sido ou não boa, eu fiquei bons tempos sem escrever uma linha sequer. Bloqueei, paralisei, travei, parei de produzir. Te pergunto com isto: será que, algumas vezes, não fomos essas vozes internas para alguém e, numa frase meio "sem querer", não travamos a potência de uma pessoa? Temos sido cuidadosos com as palavras ou estamos "vomitando" para os outros as dores e inseguranças que vivem em nós? A doutora Sônia Fornazari (muito citada por aqui também logo mais à frente) comenta algo que eu sinto que tem total sentido: "Vais falar algo? Antes de decidir, responda: o que eu vou falar vai acrescentar ou tirar daquela pessoa?" Porque, segundo ela, se for para "tirar" é melhor não falar. Tempos depois deste texto, descubro lindamente que "me expor" é, sim, uma potência (a musa Brené Brown me "relembrou", com seus vídeos e livros, da potência da vulnerabilidade) e que saber silenciar é também uma arte!

Na semana passada eu conheci uma menina com nome de flor. Falamos sobre a vida, sobre as nossas inquietudes e sobre nossas vontades de voltarmos a exercitar lados que ficaram adormecidos. Eu me empolguei muito quando ela comentou que participou de algumas dinâmicas de conversas com tricô, em roda. Enquanto se tricota (e aí desvia-se o cérebro, abrindo um lado criativo e despretensioso), flui a conversa e surgem conceitos e novas ideias. Pode ser tricô, origami, desenho, pintura de mandalas. Cada um usa um jeito. Todos válidos e igualmente lúdicos. Daí surgiu uma fala dela da vontade de voltar a escrever. Segundo ela, o dom da escrita era algo bem apurado na infância, até que um dia ela mostrou um texto para a avó que, muito rígida, disse que estava péssimo. O que aconteceu? Hoje, vinte anos depois, sua autocrítica ainda não permitiu que voltasse a escrever. Aquela voz interna da avó somada ao olhar de repressão simplesmente castrou naquela menina, agora mulher, toda e qualquer coragem de colocar no papel suas experiências. Quantas vezes não fizemos isto com nossos filhos, amigos, com nossa equipe? Eu mesma, com meu jeito brincalhão de falar, já disse para a filha de uma amiga que o desenho dela estava "feio". Claro, ela não entendeu como ironia ou sarcasmos e não achou nada divertido. Um desastre! Como, então, não matar as nossas crianças internas e, ainda assim, trabalhar em cada uma delas seu senso crítico, em busca de uma qualidade genuína, que sempre pode ser melhorada? Uma pista pode ter a ver com o jeito de falar. E, claro, com o queridíssimo paradigma do cuidado, do Bernardo Toro. Cuidar não custa nada e vale muito. Assim, fantasmas com potencial de nos atormentarem por toda a vida podem virar amigos imaginários nos ajudando a exercitar o que temos de melhor, livres e entregues às nossas verdadeiras vocações. Quem topa começar?

Laços fracos

Publicado em 21 de maio de 2013.

Foi o Oswaldo Oliveira quem me trouxe este conceito, em meados de 2013. Eles seguem vivos em mim, o conceito, o Oswaldo, ainda que ele (o Oswaldo) tenha tido a ousadia de nos deixar muito antes do tempo (para mim, pelo menos). Ele partiu, mas ficou. Virou um laço forte na minha vida e, tenho certeza, seguirá sendo. Tenho tido muitos laços fortes desde então e muitos fracos, que partem e deixam de si em mim. As minhas costuras, que sigo fazendo, religiosamente e quando sinto vontade, me trazem o inesperado de pessoas que não conheceria não fossem os amigos de amigos de amigos costurando e construindo pontes comigo. Muitas das pessoas que foram nas aulas/costuras eu não vi mais. Mas vi delas enquanto estavam comigo, em pouco mais de duas horas de conversa e entrega. Sigo intrigada com o quanto a vida é feita de laços, que, como diz Mario Quintana, "quando apertam viram nó". E que, vez ou outra, um dos "fracos" pode ganhar força e virar a nossa vida em algo maior e melhor. Que baita conceito este. Obrigada, Oswaldo, por mais esta, querido amigo.

Esta história veio do papo da semana passada com o amigo Oswaldo Oliveira. Aprendi, com ele, mais um conceito, que fez todo sentido para mim. Falávamos sobre inovação e do quanto é difícil fazer algo realmente novo. Eis que surgiu o papo sobre "laços fortes" e "laços fracos". Eu explico. Segundo consta, os laços fortes são aqueles já estabelecidos com as pessoas que fazem parte da nossa vida. Entram aí família, amigos mais chegados, as pessoas do nosso trabalho, algum vizinho, enfim, aquelas criaturas com as quais estamos acostumadas a nos relacionar e que, justo por isto, faz bastante sentido que tiremos "mais do mesmo" de cada interação. Nada de errado, pelo contrário, são nossos portos seguros. E, quando conseguimos algo diferente delas, melhor ainda. E os laços fracos são aqueles que estabelecemos com pessoas que aparecem nas nossas vidas, meio por acaso, numa situação inesperada. Muitas delas surgem uma vez e somem, deixando um pedaço de si com a gente. Sabe quando você fez aquela viagem a outro país e conheceu num bar alguém com quem conversou sobre a vida e que te provocou a pensar sobre algo de um jeito que você nunca tinha imaginado? Ou aquela criatura que te falou sobre um livro que, tempos depois, fez você começar um novo projeto? Pois, segundo o nosso papo, são os laços fracos que nos ajudam a inovar. Como não temos grandes compromissos e não estabelecemos uma rotina com eles, acabamos sendo tocados de jeitos inusitados por estas relações que, muitas vezes, são o "pulo do gato" das nossas histórias pessoais. Hoje, com as redes sociais, os laços fracos ganham até um quê de laços mais fortalecidos, na medida em que temos a oportunidade de "espiar" o que essas pessoas têm feito, o que pensam, como enxergam o mundo, sem que necessariamente continuemos a conviver com elas. Dito isto, e pressupondo que faz sentido, abrir a cabeça e a agenda para conhecer gente nova faz também muito sentido. Nas nossas vidas profissionais, quantas vezes nos quebramos buscando uma solução nova e acabamos convidando para a "conversa" as mesmas pessoas de sempre? E quando temos um problema pessoal e, do nada, em uma roda informal, algum amigo do amigo aponta um novo olhar sobre o tema, daqueles que muda tudo assim, instantaneamente? Sim, fortalecer os laços com os nossos faz muito sentido. Traz conforto, nos ajuda a lembrarmos quem somos e a que viemos. Mas deixar o inesperado atuar vez ou outra, julgando menos e absorvendo mais, tem tudo para ser também bacana.

ACV de mim

Publicado em 23 de maio de 2013.

A lógica do "diga-me com quem andas" segue ainda mais forte para mim, principalmente agora que as redes sociais mostram um "parecer ser" ainda mais distorcido do "ser". Sinto que cada vez menos cabem máscaras e discursos vazios e que uma análise profunda de intenções e ações começa a pedir passagem. Sinto – ou espero, ainda não defini o verbo.

"Diga-me com quem andas que eu te direi quem és." A máxima que fez parte da minha infância faz bastante sentido na medida em que somos um pedaço dos muitos com os quais convivemos. As pessoas do passado, aquelas com quem eu interajo hoje e as que ainda vou conhecer, têm muita responsabilidade sobre o "produto" que eu me torno a cada dia, enquanto ente mutante que sou. A "análise de ciclo de vida de produto (ACV)", tão usada nas indústrias hoje, traz um pouco este propósito. Sugere que em um recorte do momento, como em um exame de sangue, tenhamos detalhados todos os componentes que formam um produto, rastreando, da origem ao seu fim, processos, impactos etc. Com esta análise em mãos, as empresas têm a rara oportunidade de olhar para os dados e definir como aprimorar aquele recorte para, em uma segunda oportunidade, ter produtos e processos melhores, menos impactantes, mais interessantes, rentáveis, bonitos, enfim. Vale para a vida. Um exercício curioso, que pode ser colocado no papel. Lembrar dos meus amigos de infância, dos lugares onde eu estive, dos hábitos que cultivei, dos livros que li, do que eu comi, dos esportes que pratiquei, das músicas que me embalaram e, claro, do DNA que a minha família me emprestou, tudo isto, somado, me dá, hoje, um retrato da Andréa. Mas eu posso mudar muito disto. Tenho duas pernas para me mover, palavras para me expressar e vontade de promover mudanças, componentes de sobra para um grande laboratório de mim mesma. O retrato que terei em mãos daqui a algum tempo terá, claro, algumas pitadas de destino e do inesperado. Mas muito, muito mesmo, pode ser desenhado de um jeito diferente desde já. Tem a ver com fazer escolhas, com dizer não – e também com dizer sim, com se abrir para o novo, o diferente, com experimentar, experenciar, conhecer gente, se entregar. A essência, aquela que formamos nos primeiros anos, estará lá, intacta, brilhante. E, junto dela, novos "subprodutos" podem nos surpreender. Os pedaços soltos que formam a nossa história estão inteirinhos nas nossas mãos, prontos para serem lapidados e colados, neste grande e curioso mosaico que é a nossa existência.

Tramas da vida

Publicado em 25 de maio de 2013.

Mal sabia eu quando escrevi este texto que uns tempos depois minha filha iria estudar em uma escola Waldorf. Minha infância foi totalmente antroposófica, só que lá para os lados de Cachoeira não tinham estes nomes "chiques". Essa coisa do fazer com as próprias mãos, que a minha mãe lindamente nos passou, segue viva e revisitada em mim, agora através da escola da Carolina. O Satish Kumar, que conheci alguns anos depois deste relato, fala do quanto somos fazedores, *makers* e do quanto fazer com as mãos nos enobrece. Minha intuição estava tão aguçada que, anos depois, mais do que tricotar, passei a "costurar" possibilidades na vida.

Quando eu era pequena, no interior do Rio Grande do Sul, aprendi uma série de atividades manuais. Sabia fazer tricô, crochê e cheguei a bordar toalhas em ponto cruz para um ensaio de casamento que não aconteceu quando eu tinha vinte e poucos anos. Fui criada bem "prendada", como se diz, com atividades ao ar livre, trabalhos manuais demais e televisão de menos. Parece ironia do destino, mas somente agora, morando em São Paulo, na correria da cidade grande, estou reencontrando as minhas raízes. Eu nunca tive a habilidade da minha irmã para fazer tricô. Ela desenhava em um papel um plano com o esboço das cores e formas que trabalharia a seguir e, assim, como por passe de mágica, as figuras iam se formando daquelas linhas tão soltas. O meu ponto sempre foi mais livre, mas ainda assim tinha um quê de terapia. Enquanto eu tricotava, pensava na vida. Os meus últimos meses têm sido realmente inspiradores, na medida em que vou tecendo ligações inesperadas com pessoas. Dou linha para as conexões, confio no meu sexto sentido e vou formando uma trama cheia de surpresas. E assim, tricotando, vou abrindo novas possibilidades para mim mesma. Uma delas vai acontecer muito em breve, agora em junho. Criei coragem e, inspirada nesta redescoberta das artes manuais, vou fazer uma oficina para amigos onde vou mesclar textos e tricô. Ninguém sabe direito do que se trata, mas o chamado já fez sentido para algumas amigas, que só de ouvirem falar no tema se animaram e se prontificaram como participantes. Por acaso vai ser tricô. Poderia ser pintura, corte e costura, cozinha. O meio não importa. O que vale é a intenção. Ao resgatarmos o toque, ao religarmos a sensibilidade das nossas mãos em alguma atividade assim, lúdica, estamos nos reconectando com as nossas próprias essências, como crianças adormecidas que somos. Comer com as mãos, pintar com as mãos, sentir com as mãos, tudo isto faz bem. Pena que nos tiraram este pedaço. Vamos resgatar?

Janelas quebradas

Publicado em 27 de maio de 2013.

Sigo firme nesta pequena grande arte, quase um mantra de vida, de deixar qualquer lugar por onde eu passo melhor. Vale para espaços físicos e também para pessoas. Se eu for tomar café com alguém e a pessoa sair pior do que chegou, não valeu. Aprendi, muito recentemente, que vale para mim também. Se estava "arrumada" e alguém passou por mim e me deixou pior, não valeu tampouco. Hoje a minha filha, Carolina, tem seis anos e falo com ela com muita franqueza e abertura sobre isto. Do quanto somos responsáveis por melhorar todo o lugar onde chegamos, seja limpando ou sorrindo. Ela entende tudo. Não deixa passar um papel no chão e, desconfio, amplia os lugares por onde passa com seu carisma cheio de simplicidade e infância. Parece que tenho feito um bom trabalho.

Eu tenho uma mania meio estranha de organizar o espaço imediatamente ao entrar em um banheiro público. Em aeroportos isto me dá ainda mais aflição. Parece que eu nunca entrei em algum que estivesse realmente "zerado". O mesmo acontece em restaurantes, botecos, museus. Na verdade, criei quase uma teoria. Quanto mais "metido" o lugar, maior a tendência do público "chutar o balde" e simplesmente não ter o menor cuidado com o espaço compartilhado. Tem a ver com as pessoas revelarem seu verdadeiro âmago em situações-limite. Vale no trânsito, quando aquela moça simpática e sorridente desce do salto, ou numa partida de futebol, quando o vizinho recatado do 63 grita na janela de casa frases obscenas. Em um seminário que participei há um ano e pouco com um grande pensador (público "cabeça" e bastante preocupado com o planeta, espaço de uma galeria de arte, zona nobre de São Paulo), o banheiro feminino estava um horror. Durante todo o curso. Por mais que limpassem de tempos em tempos, as colegas, que minutos antes interagiam de forma "cabeça" e amorosa, nem sequer davam-se ao trabalho de colocar o papel higiênico dentro do lixinho prateado. Vai ver que é porque sabiam que o funcionário que faz a limpeza entraria e resolveria tudo logo a seguir. Depois falam que os banheiros dos meninos é que são sujos. Não consigo nem mesmo raciocinar quando eu entro e vejo aquele monte de papel no chão, pia molhada. Me baixa imediatamente a Maria e saio ajeitando tudo. Em trinta segundos dá para dar uma boa geral e, assim, olhando de novo, respirar e ir realmente ao que interessa. O contexto é tudo, principalmente quando você está fora de casa. Tem a ver com cuidado, com uma busca de aconchego, de minimamente encontrar fora aspectos gostosos que buscamos e, espero, encontramos nas nossas casas. Custa um restaurante dito familiar colocar um trocador de bebê na parede do banheiro?

Há alguns anos, começou uma onda de preparar com muito cuidado os banheiros femininos durante festas – em casamentos, geralmente. Mais que sabonete, pequenos cestos estrategicamente colocados passaram a abrigar fio dental, creminho, remédio para dor de cabeça, lixa de unha, linha e agulha, lencinhos. Tudo tão simples e acolhedor! Aos poucos, alguns lugares incorporaram a ideia e a ampliaram, dando ao banheiro, até então coadjuvante, ares de protagonismo. Mesmo quem não precisa ir, acaba, seduzido pelos comentários alheios, dando uma voltinha para conferir a parede inusitada, o cheirinho, o jeito divertido que uma bicicleta se tornou base para a pia. Nunca a teoria das janelas quebradas[2] fez tanto sentido para mim. O cuidado "exagerado" do então prefeito de

---

2   A **teoria das janelas quebradas** pode ser sumarizada na ideia de que, se uma janela de um edifício for quebrada e não receber reparo logo, a tendência é que passem a arremessar pedras nas outras janelas e posteriormente ocupem o edifício e o destruam. Suas bases teóricas foram estabelecidas na escola de Chicago por James Q. Wilson e George Kelling (Wikipedia).

Nova York, Giuliani, na década de 1990, e a repercussão positiva que teve, me faz ter ainda mais segurança de que são nos detalhes que moram as grandes mudanças. Quem não cuida do pequeno nunca terá energia para construir o grande.

Guru de dentro

Publicado em 4 de junho de 2013.

Mal sabia eu que alguns poucos anos depois da publicação deste texto o termo "guru" geraria tanta polêmica. Parece que, como citei logo antes, algumas "máscaras" andaram caindo e as pessoas passaram a se "desnudar" de um jeito inesperado. Continuo admirando muito pessoas bacanas, *makers*, guerreiros, pacificadores. Admiro ainda mais os que são coerentes com o que dizem e fazem, os que são simples, gente como a gente, os que não se colocam em altares ou pedestais. Um grande homem ou uma grande mulher precisam de coerência em pequenas grandes atitudes cotidianas.

Eu escrevi aqui certa vez a história que um indiano me contou sobre Deus se esconder dentro da gente e, por procurarmos por Ele em toda parte, o tempo todo, esquecermos de buscar justo dentro de nós, onde Ele vive, afinal. Somos nossos próprios deuses e, portanto, responsáveis por nossos céus e infernos. Tem a ver também com a tal figura do líder, tão polêmica, dentro e fora das empresas. Estou cada dia mais cética com a busca de algumas pessoas por um "ente" especial que diria a elas o que fazer, quando fazer, como fazer. Uma criatura acima da média, "dona da verdade", capaz de, além de pensar no seu destino, determinar o dos outros também. Quantas vezes tentamos entregar nossas vidas nas mãos de alguém por falta de coragem de a tomarmos nas nossas? Lamento. Ninguém, que não nós mesmos, com nossas pequenas grandes escolhas, pode construir a nossa história. Somos nós que, conscientemente ou não, fazemos escolhas, erramos, acertamos e nos tornamos quem somos. Mais que líderes e mestres, quero estar perto de pessoas felizes e realizadas que, livres que são, fazem aquilo que sentem e vibram com suas escolhas. Por estarem assim tão leves, acabam inspirando, provocando e tirando de nós boas coisas que adormeciam nos nossos medos infantis. Elas não ditam, não mandam, não discursam. Tampouco se queixam. Não querem ser exemplo e não fazem o que fazem para agradar ninguém, que não a si mesmas. Erram e acertam porque estão vivas. E porque se permitem experimentar coisas diferentes do padrão, são o que são, de dentro para fora. E isto já é muito.

As cobras do caminho

Publicado em 10 de junho de 2013.

Sigo com medo de cobra e com frio na barriga cada vez que me aventuro mato adentro em espaços verdes. Minha criança interna chega rapidinho quando o contexto permite e esqueço os quarenta anos em dois segundos. O que vi/vivi naquela época segue vivo e borbulhando na minha alma. Tenho cada vez mais certeza de que as cobras existem, de que, reais ou metafóricas, são apenas seres assustados e de que, quando acuadas, podem machucar.

Quando eu era pequena, morava em uma fazenda. Era a irmã do meio. Além dos meus dois irmãos, às vezes tínhamos a permissão de levar também para nossa casa um ou dois amigos. Éramos, portanto, uma verdadeira gangue, com idades em escadinha. Diversão garantida. Hoje eu tive um *flashback* muito forte de uma de nossas aventuras. Não sei de onde saiu, mas ele veio, com uma clareza de dar saudade. Vizinha à nossa casa, no campo do lado, e bem longe (para mim, que era pequena, bem longe mesmo – não faço ideia de que distância), ficava a casa do nosso tio, já falecido, onde ainda morava a minha tia. Nas férias, os primos vinham da capital, Porto Alegre, e nos encontrávamos todos. Às vezes íamos de carro até lá, quando minha mãe nos levava pela estrada. Mas a aventura de verdade acontecia quando íamos a pé, sozinhos, atalhando pelo mato. Quase não dormíamos na noite anterior, preparando nossa grande aventura. Dos fundos da nossa casa caminhávamos um campo grande (e limpo), em uma descida muito íngreme que dava em uma sanga (um córrego) no meio do mato fechado. Do outro lado, já na subida, tinha uma grande plantação, geralmente de milho, pela qual tínhamos que passar para chegar na casa da tal tia, que se chamava Adi. A grande adrenalina acontecia justo na passagem da sanga por causa do "perigo das cobras". Cresci ouvindo minha mãe falar o quanto eram perigosas. E eram. Na região tinham cobras realmente venenosas, com veneno letal e rápido para agir antes de chegarmos à cidade. Ou seja, não havia chance se fôssemos picados. Felizmente, fora algumas histórias bem pitorescas, nunca houve nenhum acidente. Mas sabíamos que elas estavam ali, à espera de um descuido nosso, principalmente no horário de sol quente quando, segundo nossa mãe, elas saíam para passear (belo artifício para que não fugíssemos da "hora da sesta"). Como eu ia dizendo, o ápice da ida à casa da tia pelo mato era atravessar a sanga. Alguns poucos metros de pura emoção porque justo ali havia a grande chance de "darmos de cara" com alguma cobra. Passávamos voando por aquele pedaço do caminho. Meu irmão com um pau na mão, todo machão, e nós, as meninas, aos gritos. Chegar ao outro lado não tinha preço. Ou melhor, tinha. Tinha até um gosto. Depois de mais alguns bons metros de plantação, eis que chegávamos à casa da tia e nosso heroísmo era recompensado com um delicioso pote de figada (doce de figo). Não existia nenhuma igual àquela.

Lendo o blog da Bia Del Picchia e da Cris Balieiro (O feminino e o sagrado) e resgatando a jornada do herói de Joseph Campbell, me dou conta do quanto estas pequenas histórias marcam nossas vidas e acabam moldando nossas personalidades. Crescemos e os tais caminhos para o pote de figada cresceram conosco. As cobras seguem por aí, agora travestidas de trânsito, projetos e até com nomes de gente, nas empresas, nas nossas relações. Algumas venenosas de verdade. Outras, nem veneno têm, mas seguem mexendo com nossa imaginação. Pois são elas, da cor que tiverem e do tamanho que forem, que nos ensinaram, e continuam a ensinar, que as nossas vidas não são só flores. As cobras, os nossos medos, estão ali só para sinalizar e para nos lembrar que somos nós os responsáveis pelas nossas vidas. Seres da natureza que são, estão na maior parte das vezes apenas assustados. Dão o bote e picam quando acuados. Mais do que fugir, estejamos atentos às que aparecem nas nossas vidas. E agradeçamos. São elas, as "cobras", que nos trazem mais adrenalina e um tempero de real à existência. São, afinal, as batalhas que reenergizam nossas histórias e nos permitem recontá-las, depois, fortalecidos. E assim, de aventura em aventura, vamos vivendo e aprendendo. E nos tornamos seres mais completos. Há um plano B? Sempre. Neste caso, ficar em casa e não ultrapassar a sanga. Sem o risco das cobras e também sem o gosto da aventura e a delícia da chegada. Todos os dias fazemos uma ou outra destas escolhas.

Revoluções internas

> Publicado em 29 de junho de 2013.
>
> Sigo, anos depois de ter escrito este texto, cercada por revoluções internas, cada vez mais "tomada" por chamados de pessoas em quem confio e que têm me levado a lugares inexplorados dentro de mim. A sede, felizmente, só aumenta.

Grandes revoluções aconteceram na minha vida nas últimas semanas, mas outras tantas, infinitamente maiores, têm acontecido com a humanidade, especialmente no Brasil, e eu ainda não tinha encontrado o fio da meada que as une. Pois bem, ontem no fim da tarde, em mais um café com conversa, alguns fios fizeram sentido e eis que estou aqui para falar sobre eles.

Dia desses, fiz uma oficina de redação com tricô com duas amigas queridas e corajosas, a Tania e a Florentine. Foi no dia 13, dia em que uma das maiores manifestações políticas se articulava no nosso Brasil. Alguns corajosos aceitaram nosso convite e vieram tramar conosco histórias de vida. Até fizeram tricô, mas, entre um e outro pedaço de lã, surgiram também pedaços textuais que foram verdadeiros resgates de vida. Provocamos a eles, e a nós, a se apresentarem com cinco anos de idade, trazendo elementos que fomos tecendo ao longo do encontro. Saíram textos lindos de pessoas que não necessariamente sabiam escrever. Intenso e de uma entrega ímpar. Dias depois, em Viamão, no Rio Grande do Sul, tive a felicidade de falar no TEDx Laçador sobre "Desconstrução". Na outra semana, estive com alguns outros tantos "desconstrutores", em um curso que tinha tudo para ser *business* e deu aula de reconexão e leitura interna.

Ontem, dia 28, fez nove meses que reunimos 42 mentes inquietas em um encontro totalmente às cegas, na Vila Madalena, em São Paulo, onde falamos sobre o que nos move e o que vinha nos incomodando na vida. Incômodos que gritavam e não encontravam eco. O Jean Bartoli, um dos filósofos que eu amo na vida, falou, neste curso que citei da semana passada, sobre a dor que estamos vivendo com estas manifestações. Que ela pode ser a dor do parto ou a dor da hora final. Parece que chegou a hora de darmos à luz a algo que vinha nos incomodando.

Fazendo um daqueles exercícios do "e se", fico pensando "e se os atos de vandalismo não estivessem desviando nossa atenção", o que sobraria?

Um dos pedaços da minha fala no TEDx teve a ver com um vazio existencial que tenho assistido nas pessoas. Dos presidentes de empresas, que "chegaram lá", aos jovens inquietos de vinte e poucos anos, que não têm a pretensão de chegar a este lugar que seus pais estão, o que os une, ao que parece, é um mesmo vazio. De propósito, de sentido de vida. Gastamos nossos tempos correndo para pagar contas e desencontramos o fio da meada das nossas próprias existências. Felizmente, ainda que com dor, recomeçamos a jornada. E estamos nos reencontrando. O Bartoli traçou toda sua fala em um "voltar a beber na própria fonte". O Igor Oliveira, amigo que não é filósofo, mas que felizmente me faz parar para pensar, falou, no encontro das 42 pessoas, em revoluções "gandhianas". "Seja gandhiano ou vença", disse ele. Não acho que exista uma guerra. Muito menos que ela seja contra outro alguém. O maior de todos os desafios está em parar de apontar o dedo para fora e começar a olhar para dentro. A resgatar, um a um, os fios que dão sentido à nossa existência. Do reencontro com este grande e lindo tecido – que é único em cada um de nós, é que surgem as verdadeiras grandes revoluções.

High touch

Publicado em 2 de julho de 2013.

Não há como negar, seis anos depois de eu ter escrito este texto, que o poder avassalador da rede se alastrou. Ela tem muita sombra, mas tem, também, a grande virtude de espalhar potência, conectando pontos de diferentes lugares do mundo e pessoas que, sem ela, nem sequer se conheceriam. Mas também preciso confessar que sigo cada vez mais interessada nos encontros de "prazeres inversos", como profetizou uma amiga, na contramão da correria dos dias atuais, aqueles que vêm com o antídoto da pressa, com mais presença e a beleza do exclusivo, pequeno, reservado, acolhedor. Nas minhas aulas/costuras, procuro criar um ambiente bem *touch*, com bolo feito em casa e muito estímulo para as crianças internas dos adultos presentes. Um "desligar de mundo lá fora" e celulares, para um legítimo e necessário "ligar interno".

"Conversando a gente se entende." Essa frase me acompanha há tempos e tem feito cada vez mais sentido. Não só pela delícia que é um "dedo de prosa", como dizem meus amigos mineiros, mas porque é nas conversas que nos reencontramos. Como quem dá aula e aprende cada vez mais sobre o assunto, quando colocamos nossas ideias para fora estamos nos enxergando espelhados no outro. Falar sozinho também serviria, não fosse a importância do eco daquilo que sai da gente. Em tempos de redes sociais, nunca me senti tão próxima das pessoas.

Hoje minha professora de inglês trouxe para nosso bate-papo com café um texto muito bacana sobre as redes sociais e o seu poder de transformação. O interessante do texto é que ele mostra, com bons argumentos, que o tipo de interação que acontece hoje nas redes nada mais é do que a dos encontros que sempre aconteceram em cafés. Há tempos pensadores, artistas e criativos costumam promover encontros em lugares públicos para debaterem, trocarem ideias e, quem sabe, até tomarem um café. As redes sociais são os próprios cafés, só que virtuais. O mesmo tipo de interação que acontece on-line continua acontecendo off-line. Não é um ou outro. É a soma dos dois. O José Carlos Teixeira Moreira, meu "padrinho" desde que cheguei em São Paulo, costuma falar em *high tech* e *high touch* (tecnológico ou aconchegante, presencial). Pode ser real e virtual, presencial e à distância, o fato é que por mais que as redes articulem ideias, elas só acontecem de fato e "tomam corpo" quando as pessoas se encontram, se enxergam, se tocam, se escutam ressoando nas vozes do outro. E não adianta fazer de conta que as redes não existem, proibir acesso nas empresas. Se não podemos derrotá-los, juntemo-nos! Só que nas redes, as identidades que aparecem têm filtros e máscaras que muitas vezes acabam caindo nas interações de verdade. São perfeitas para encontrar pessoas distantes, espiar a ideia de uma ou outra criatura e até para substituir os noticiários que, afinal, são mais espontâneos e instantâneos nos teclados "facebookianos". Mas há um limite. De caracteres, de tempo, de espaço físico até. Espaço este que se dilui em conversas sem pressa, regadas a cafés, chás e espaços aconchegantes de interação. Vivemos em ciclos e utilizamos a tecnologia como ferramenta para expressar o nosso tempo, felizmente. Mas como seres humanos que somos, precisamos de contato, de olho no olho. Daqui a cem anos, espero, nossos netos também se sentirão assim, aconchegados e reconhecidos quando estiverem reunidos e forem ouvidos, em conversas ao pé do fogo, em rodas de amigos, cafés ou em espaços quaisquer onde possam exercer sua condição atemporal de serem pessoas únicas em essência.

Assim, um propósito

Publicado em 4 de julho de 2013.

Buscar saber "por causa de que mesmo eu existo?" e "o que vim fazer por aqui?" seguem sendo minhas grandes motivações. Sinto que estou um pouco mais perto.

Há umas duas semanas eu estive com o Marcelo Cardoso que, entre um assunto e outro, falou da importância de se ter um propósito na vida. Disse ele: "Se você não tem um propósito de vida, seu propósito pode ser o de encontrar o seu propósito de vida". Tem um outro ditado bem popular que fala mais ou menos a mesma coisa: "Se você não sabe para onde vai, qualquer caminho serve". Tenho acompanhado muita gente sem propósito por aí. Gente que acorda de manhã e não tem a menor ideia do motivo pelo qual está por aqui. Não que seja fácil, quem dera o fosse. Mas ter uma mínima ideia do que te move parece, ao menos, facilitar um pouco algumas decisões bem simples. Falava com um amigo hoje que me relembrou o quanto o tal propósito ajuda a clarear as nossas ações diárias. Para um estrategista de guerra, por exemplo, saber que o objetivo a ser alcançado era dominar tal território em um tempo X dava a ele uma relativa tranquilidade de acordar a cada dia muito focado em conseguir mais um passo daquela jornada, ainda que longa. Mesmo que tivesse que esperar por meses no frio, parado, sabia que fazia parte de um plano maior. Guerras ou conquistas territorialistas à parte, este olhar para dentro e encontrar um rumo ajuda, e muito, a termos coragem de sair da cama, mesmo naquelas manhãs frias de inverno. Estou bem convencida de que esta vontade que vem de dentro, este *drive* que move algumas pessoas, não tem a ver com perfil, idade e classe social. Tem a ver com energia vital vibrante. Parece, inclusive, que aqueles que enfrentam muitos obstáculos vêm "de fábrica" com uma dose extra de vontade. Choramingam de menos e realizam muito mais. No dia em que conduzimos a oficina de tricô com redação (citei num texto pouco antes deste), estávamos todos meio apreensivos com nossa capacidade de tricotar. Eu não o fazia há uns trinta anos. Muitas pessoas nunca haviam tocado em agulhas. Eis que uma menina linda e sorridente deu uma verdadeira aula a todos nós e foi quem puxou a turma a começar o tal treino. Detalhe: ela não tem uma das mãos. E assim, do jeito que dava, contou um truque que aprendera para dar o primeiro laço e iniciar o processo de colocar a linha na agulha. Saiu sorrido e tricotando e ainda ajudou todo mundo a derrotar seus medos. Hoje, este mesmo amigo que falou comigo sobre os estrategistas me mostrou um vídeo que acabou de sair do forno. Um clipe que o pessoal do grupo Fresno fez com atletas com grandes limitações. Físicas. O clipe chama-se *Maior que as muralhas*. Com uma garra de fazer inveja, eles souberam se reinventar e, assim, dia após dia, se superaram e construíram histórias incríveis. Preferiram enxergar a metade cheia do copo. O esporte tem disso, tem sempre um objetivo a ser alcançado. Melhor ainda quando tem a ver com superar a si mesmo, e não necessariamente com "vencer alguém". Vencer nossos inimigos internos é sempre mais desafiador. Ao que parece, o trabalho do grupo do clipe tem um quê disto. De apresentar estas e outras histórias a jovens meio "sem propósito". Espero que estas e outras iniciativas também cutuquem aqueles que não são mais assim tão jovens. Que, além dos de vinte, os de sessenta possam se reinventar. E se ainda não encontraram seu propósito, que usem toda sua bagagem acumulada como atalho, para que possam acordar todo dia de manhã com a energia transformadora dos de vinte.

The Artist's Way

> Publicado em 17 de julho de 2013 (o encontro, de fato, aconteceu no fim de 2012. Estava grávida da Carolina quando "conheci" a Julia).
>
> A Julia Cameron chegou na minha vida assim, de mansinho, e não saiu mais. Perdi as contas de quantos livros dela eu comprei para dar de presente e de quantas pessoas também compraram, por causa das minhas conversas, costuras e provocações. Tenho um cliente/amigo que faz as *morning pages* religiosamente e, eventualmente, me manda uns *prints* para compartilhar achados. Em um dos textos do final do livro, onde conto das costuras de teorias e biografias, eu detalho mais minha experiência com ela, a Julia. Eu ainda não a conheci pessoalmente, mas falo com propriedade que ela foi um *serendipity* na minha vida. Quer saber o que é um *serendipity*? Ande umas folhas mais para frente :).

Ontem reencontrei minha alma artista em um delicioso encontro onde corajosos "seres humanos normais" se propuseram a se entregar. Foi mediado por uma menina de nome Flor, cujo olhar brilha ao organizar este tipo de encontro. Alguns bons amigos, curiosos, toparam e também foram. O tempo voou e, quando vimos, eram 23h. A proposta do encontro, inspirada no livro *The Artist's Way*, da Julia Cameron, era experimentarmos algumas situações bem simples de reconexão com nossa alma criativa, sem aquelas vozes críticas tão duras, sem medos e com grande alegria. E assim foi. Éramos uns quinze e, ao final, foi como se fôssemos centenas, tamanha foi a lembrança que tivemos de pessoas que fizeram e ainda fazem a diferença nas nossas vidas. Aqueles amigos de infância que nos ajudaram a decidir a profissão de hoje, aqueles não tão amigos, que nos bloquearam naquilo que suspeitávamos sermos bons, a família, os colegas e ainda os desconhecidos ali presentes que trouxeram dicas assim, na hora, e acabaram nos ajudando a desenhar novas rotinas para nossas vidas. A proposta do livro da Julia é bem simples: durante doze semanas o leitor deve fazer uma atividade diferente por dia para libertar o artista que vive aprisionado em seus julgamentos internos. Surgiram momentos únicos. E *insights* bacanas. Dentre eles, a sutil diferença entre o medo e a curiosidade, a certeza de que somos todos gênios e a percepção de que se formos esperar o dinheiro que gostaríamos, talvez não façamos as coisas que sonhamos. *"A head full of fears has no space for dreams"*, dizia um cartaz. Não precisaria um encontro como este para que cada um dos presentes pudesse, com uma boa dose de disciplina, seguir os passos do livro e, ao final de doze semanas, se redescobrir. Mas, como uma boa defensora das conversas circulares, sei que aquelas pessoas tinham que estar ali e que o círculo enriqueceu muito as pequenas grandes vivências de cada um dos presentes. Não teríamos conhecido um casal aventureiro que recém chegou de volta ao Brasil, sedento por um boteco com amigos, depois de dois anos de volta ao mundo em busca de sentido para as suas vidas. Não teríamos encontrado meninas inquietas que recém largaram os empregos, nem as que, ainda nos seus, estão a um passo de pedirem para sair. Nem teríamos descoberto que um engenheiro focado em TI é tão hábil para fazer um origami de papel em forma de pássaro. Não teríamos, juntos, criado mil e um usos para o rolo do papel higiênico, nem brincado com massinha de modelar, nem aprendido a colocar em uma cestinha, toda sexta-feira, todos os grandes feitos da semana. Beber da própria fonte, como disse o querido filósofo francês Jean Bartoli, é fundamental. Mas bebericar em fontes externas é também bem rico e renovador. Um brinde às almas artistas!

Essencial

Publicado em 29 de julho de 2013.

Relendo os meus textos, organizando o livro e a minha própria vida, depois de ter publicado este, descubro, feliz e orgulhosa, que pequenos grandes rituais de autocuidado seguem essenciais na vida.

Faz dias que eu venho ensaiando muitas coisas para escrever e nenhuma delas me tocou tanto quanto a questão do "reencontrar aquilo que é essencial na vida". Falei, dia desses, sobre o que o filósofo francês Jean Bartoli comentou sobre "voltar a beber na própria fonte" e isto tem feito muito sentido para mim. O livro *The Artist's Way*, da Julia Cameron, também já citada, tem também uma parcela de responsabilidade bem boa nesta mexida toda. O fato é que neste mundo cada vez mais caótico e cheio de possibilidades, vejo que o difícil mesmo é ser simples. Escrever rebuscado é fácil, quero ver fazer como o Mario Quintana. Serve para tudo na vida. Enfeitamos demais, esperamos demais das pessoas, planejamos muito e vivemos, de fato, pouco. Parece que perdemos energia demais rascunhando e, parafraseando o Quintana de novo, "não dá tempo para passar a limpo". Semana passada dei uma palestra para muitos executivos donos de empresas, clientes de um grande banco. Ouviram, atentos, o que poderiam fazer para transformar suas empresas, muitas delas familiares, em grandes marcas. Como fazer sem dinheiro, sem tempo, sem grandes estruturas? Seria até mais fácil, já que o "elefante branco" de uma empresa "média" ainda é pequeno e fácil de manejar. Complicar nas estruturas empresariais também tem sido uma moeda corrente. Depois, ninguém sabe onde tudo começou e muito menos alguém tem coragem de desatar os nós. Acho que esta é uma boa pista. Começar desmanchando, desfazendo, resgatando, relembrando quem somos, afinal, em essência. Nunca os restaurantes ditos caseiros estiveram tão na moda. Comer em casa virou luxo. E o feijão da avó vale ouro como nunca. Amigos fazem escambo de roupas de bebês, livros, das próprias roupas. Piqueniques nos parques são frequentes em cenas urbanas, mesmo nas grandes cidades. O que tem por trás de tudo isto? Um grande inconsciente coletivo em busca daquilo que nos move como seres humanos: contato físico, cuidado, acolhimento, detalhe, memórias auditivas, olfativas e visuais, bilhetes, cartinhas, pequenos mimos personalizados, resgatar o convívio com os vizinhos de porta. Aprendi recentemente alguns pequenos rituais que ajudam a resgatar parte disto tudo. De jeitos irritantemente descomplicados. Vou contar alguns para vocês. O primeiro, do livro *The Artist's Way*, fala nas *morning pages*. Segundo a autora, começar o dia escrevendo, a mão, três folhas inteiras do que vier à cabeça abre um espaço imenso para a criatividade fluir. Assim, sem medo, três folhas e uma caneta na mão, julgamentos de lado, e frases que são libertadas. Segundo o que li hoje no Facebook do Marcelo Ruschel, fotógrafo top que toca um projeto social incrível com tênis e crianças carentes e que palestrou no TEDx Laçador comigo há alguns dias, "você precisa repetir 21 vezes um gesto para virar um hábito". Pode ser um bom começo. Outra dica que aprendi, desta vez com uma viajante do mundo, foi a de ter um caderninho na beira da cama para todo dia de manhã agradecer cinco coisas bem simples. Todo dia a mesma coisa. Todo dia cinco coisas novas, que não podem ser repetidas. As mais simples e inesperadas, de preferência. Outra criatura, empolgada com o embalo da conversa, ensinou a termos um baú de grandes realizações. Uma vez na semana, no final de semana, por exemplo, dá para escrever no papel o que de bom se viveu naqueles dias que passaram. Toda semana a mesma coisa. Uma frase, uma memória e a data. No fim do ano, perto ao Ano-Novo, como num grande ritual de celebração, o dono do baú abre a caixa mágica e revive, um a um, cada um dos momentos. Estou tentando fazer os três. Não sei se terei disciplina para mantê-los. O que sei é que tenho tentado me preservar, me proteger e focar a energia em coisas realmente relevantes para minha vida. Os rituais sempre ajudam nestes casos. Se eu mesma não for guardiã da minha fonte, quem irá alimentá-la?

Entusiasmo

Publicado em 2 de agosto de 2013.

Já comentei em outro texto que Deus vive em nós. Galeano, brilhante, do seu jeito, me ajuda aqui a relembrar disto.

Tem um monte de gente que eu curto, admiro, gosto de ler, ouvir. O Eduardo Galeano é um deles. Descobri um vídeo recente onde ele fala, entre outras coisas, sobre o conceito de entusiasmo. Do grego, tem a ver com "ter os deuses dentro". Já comentei por aqui de um indiano que me contou que Deus vive dentro da gente. E já falei sobre "voltar a beber na própria fonte". Tudo a mesma coisa. Tudo faz muito sentido para mim. Ora, se os deuses vivem dentro da gente, não dá para tentar enfiá-los "goela abaixo" nos corpos de outras pessoas. Eles já estão lá, adormecidos. Cabe a nós, se quisermos, tentar despertá-los. Nunca vi tanta gente desanimada, reclamando. Também nunca encontrei tanta gente "entusiasmada" por aí. Gente que tem tomado as rédeas da própria vida e recriado suas histórias, que tem construído legados. Este é outro conceito que eu gosto muito e que aprendi com o Nuno Rebelo dos Santos, um português amigo também já citado em outros textos. Segundo o que ele me contou, morremos quando deixamos de ser lembrados, não quando nosso corpo vai embora. Quando construímos algo tão bacana em vida, que somos citados de forma recorrente em conversas, mesmo quando já não estivermos por aqui, na verdade, não morremos de fato.

Nesta semana encontrei uma turma "entusiasmada" de jovens, em um projeto lindo de uma empresa de tecnologia. Engenheiros, ex-banqueiros, todos podiam estar curtindo uma aposentadoria generosa, mas decidiram empreender. Não contentes com isto, têm criado encontros inovadores dentro da empresa. Fui chamada como "inspiradora" de um deles. Tem a ver com novos modelos de educação e com a descoberta de novos talentos. Colocaram nove meninos (e uma menina), de doze a dezoito anos, classes sociais diferentes, vivências diversas, em uma sala por algumas semanas (uma manhã por semana) para aprenderem alguns conteúdos e pensarem nos seus futuros. Mostraram o mercado, contaram o bastidor de uma empresa de verdade e os ajudaram a enxergar o futuro. Quem deu as aulas? Os funcionários. Quem ajudou no fechamento? Euzinha. Uma delícia. Fiz com eles uma dinâmica de resgatar, em um texto escrito a mão (eles não têm muito o hábito de escrever), cinco pessoas que foram fundamentais para chegarem até ali naquele momento, criaturas que foram definitivas na construção das suas personalidades. Apareceram, além de mães, pais e amigos, o Bob Dylan, o Steve Jobs, um tio amoroso que sempre jogou videogame com um deles e até a figura do game Pacman. Fiz o exercício mentalmente enquanto eles escreviam. E me revi crescendo e formando quem eu sou. Apareceu, claro, o meu pai, sempre uma referência intelectual para mim, que me contou que escrevia bem, que carregava minhas poesias recortadas na carteira. Ele já se foi, mas nunca morreu na minha memória. Ao mesmo tempo, pegando carona com o Nuno, fico imaginando como serei lembrada daqui a alguns anos, quando não estiver por aqui. Serei, afinal, lembrada? Por quem? Em que contexto? Nascer e morrer não são escolhas que possamos controlar, mas com oito ou oitenta, temos sempre pela frente todas as possibilidades. Se depender dos meus deuses internos, animados como são, tenho muito trabalho pela frente. Tomara deixar na memória de alguns um pedacinho deste mundo novo que vem aí.

A dor da separação

Publicado em 17 de agosto de 2013.

Carolina, hoje, anos depois de eu ter escrito este texto, segue mestre. E eu, aprendiz de desapego, entendendo que separar para não se perder de si é fundamental. Tenho passado grandes momentos "na caverna", quieta, curtindo um "eu" só meu, já que meu dia a dia é bem misturado com um monte de gente. Cada pessoa que recomeça, que desapega, segue me ensinando. Na semana passada, uma artista de 72 anos, linda, separou-se do marido para reencontrar-se. Ousada, corajosa, estava um pouco assustada e, ao mesmo tempo, radiante. A vida é mesmo este eterno mistério, cheio de recomeços e possibilidades.

Carolina, nove meses, segue me ensinando. Desta vez, minha grande professora me deu uma aula sobre a dor da separação. Tinha lido já a história de que o bebê humano vive nove meses dentro da barriga e nove meses fora. Somente então, estará próximo de outro mamífero qualquer recém-nascido. É como se a saída da barriga fosse só parte do processo da gestação. Totalmente dependente, quase um apêndice da mãe, o bebê termina de ser formado fora, mas bem dentro. Pois bem, eis que a minha pequena começou a apresentar uns sintomas de inquietação nas últimas semanas. Passou a acordar assustada à noite e a choramingar pedindo mais a minha presença. Acabei chegando a alguns artigos que falam na tal "dor da separação". Resumidamente, a dor acontece mais ou menos quando o bebê descobre que ele e a mãe não são a mesma coisa e, a partir de então, passa a ter medo dela desaparecer. A fusão, antes tão intensa, começa a se desfazer e ele, o bebê, passa a descobrir que existe por si só, que é um ser humano integral, e não parte da mãe. Isto dói, dá medo, mas faz crescer. É, portanto, uma fase fundamental. Para a mãe, que tem que estar perto, é preciso passar segurança, tranquilidade. Para os demais que convivem com a criança, também. Não dá mais para voltar para o útero. O próximo estágio é ir em frente, caminhar, descobrir o mundo. Dói mais para a mãe, às vezes.

Esta semana, não por coincidência, estive com algumas mulheres fortes e corajosas. Falamos, por tabela, da tal dor da separação. Uma delas abriu mão da carreira bem-sucedida e, aos quarenta anos, foi viver um amor de verdade nos Estados Unidos. Largou a estabilidade, a casa bem montada, um emprego de fazer inveja às amigas e foi andar de bicicleta em uma cidade pequena onde, hoje, empreende com o novo marido. Se casou e está recomeçando a viver. Outra também largou a carreira corporativa e, com filhos pequenos, desenhou um novo negócio que vai colocar em prática a partir do ano que vem. Tudo a ver com ela. O olho dela brilha quando conta detalhes do projeto. Uma terceira, que conheci ontem à noite, do nada, no aniversário de uma grande amiga, estava em São Paulo para um final de semana relâmpago com o namorado, também americano, que conheceu em um congresso meses atrás. Ela é do Paraná, terapeuta. Ele é psiquiatra. Ela tem filhos pequenos. Ele, filhos criados. Ela não falava inglês, estão aprendendo a se comunicar. E o inglês dela flui que é uma beleza perto dele. Não há planos de futuro, não há perspectivas, mas estão vivendo a história em encontros pelo mundo, quando dá. *Step by step.*

Não são histórias de amor. São, no meu ponto de vista, histórias de pessoas que têm a coragem de viver a dor da ruptura. Que se expuseram ao novo e se libertaram de amarras. Aos nove meses, passamos pela primeira de muitas dessas quebras. A ida para o colégio, a saída da casa dos pais (no meu caso, aos dezessete anos), a mudança de cidade, um novo emprego, um projeto que sai do papel. E não precisa mudar de país ou largar o emprego para viver estas quebras. Às vezes, as mudanças são sutis e, ainda assim, intensas e transformadoras. Todas elas carregam em suas essências as estrias do crescimento, o frio na barriga do desconhecido. Mas são graças a elas que temos a infinita capacidade de nos reinventarmos. A descoberta da Carolina de que ela é só é também uma feliz oportunidade de se perceber única e cheia de possibilidades. Quando descobrimos que somos, de fato, sozinhos, isto nos liberta. Estamos com as pessoas – pelo tempo que for – porque nos enxergamos através delas. São todas bem-vindas. Mas a trajetória é nossa. O dia que descobrirmos que somos nós os verdadeiros amores das nossas vidas, a dor pode doer menos. Ou, se doer, ao menos é uma dor que abre novos caminhos. E não aquela que nos aprisiona como crianças amedrontadas embaixo da cama.

Estar-se preso por vontade

Publicado em 26 de agosto de 2013.

Sobre uma tal liberdade que não pode aprisionar. Mais uma vez, a boa e velha medida entre o bom senso e a ousadia. Quem já acertou a mão na conta, por favor, me passe a fórmula. Sigo testando receitas.

Nunca a frase da Legião Urbana fez tanto sentido para mim. Inspirada no original de Camões, "é querer estar preso por vontade", o contexto apareceu na entrelinha de uma conversa com um ex-cliente, agora amigo. Ele acabou de se aposentar e assistiu à minha palestra no TEDx Laçador. Ficou mexido, me escreveu, me contou coisas da vida, na sabedoria de quem viveu muito e segue aprendendo. Dentre muitas reflexões, falou que esteve recentemente com ex-colegas do tempo do colégio. Todos na mesma fase da vida, praticamente todos se reinventando depois de longas jornadas corporativas. Segundo ele, o grande dilema desta etapa não está no adaptar-se às novas rotinas. O medo não é o de sentir falta do trabalho, mas o de passar por privação financeira. "Quanto mais cedo aprendermos que é possível viver com menos, mais coragem vamos ter para fazer aquilo que nos dá alegria de viver", contou. Tenho exercitado mentalmente este conceito de liberdade. E ele é bem maior que pegar uma mochila a qualquer momento e sair pelo mundo. Tem a ver com a sensação de ser livre para recomeçar e com imaginar isto possível todo dia de manhã, ainda que não o façamos. Com estar em projetos de clientes porque eles também alimentam nossas almas, e não somente porque precisamos deles para pagar as contas (ainda que os boletos sigam chegando). Com conviver com pessoas que tiram o melhor de nós e com escolher não estar mais com outras tantas, que não acrescentam e, pior, às vezes subtraem. Liberdade é um sentimento; não necessariamente uma ação. Ainda pensando a respeito das vidas corporativas, enxergo grandes escravos de luxo por aí, pessoas que não podem nem sequer questionar as próprias carreiras porque jamais conseguirão ganhar nem perto do que recebem no lugar atual. Eles têm contas proporcionais à responsabilidade. Outros, por bem menos, tornam-se também escravos de carnês. Não pagar lhes tira a dignidade. Crédito é o seu cartão de visitas. O dinheiro, meus caros, aprisiona. Nos dois extremos, com igual crueldade. Mas pode também ser libertador. Falei na mesma palestra do TEDx sobre o lucro admirável, aquele de empresas cuja sociedade aplaude quando acontece. Usei como exemplo aquele amigo bacana que vibramos quando dá certo na vida porque sabemos que fará bom uso do que produzir. Vai viajar, fazer cursos, tornar-se uma pessoa ainda mais bacana e, de quebra, compartilhar tudo por aí. Com dinheiro na mão, o fluxo flui. Ninguém vai para o inferno porque é capaz de gerar riqueza. Vem de um merecimento, de um sermos reconhecidos porque somos capazes de produzir coisas boas. Falando ainda musicalmente, acho que o Frejat também resumiu muito bem esta história toda: "Eu desejo que você ganhe dinheiro, pois é preciso viver também. E que você diga a ele pelo menos uma vez quem é mesmo o dono de quem".

Os deuses, os artistas e as crianças em nós

Publicado em 11 de outubro de 2013.

Esta "pesquisa" que fizemos e apresentamos num fórum bem executivo anos atrás nos deu a feliz oportunidade de levarmos goles de poesia e mitologia aos *businesses men*. Foi uma "conversa" simples e funda, que reverbera em mim até hoje. Bons momentos na vida, como dissemos neste fórum, são geralmente simples. Somos, afinal, movidos por amor e guerra e, no fundo, eternos buscadores de uma tal eterna e necessária humanidade.

Ontem à noite tive mais uma rodada reveladora na minha vida. Completamente sem tempo, arranjei tempo e estou participando de dois grupos de estudo à noite. Em um deles, baseado no livro *The Artist's Way*, da Julia Cameron, tento resgatar minha alma artista. No outro, o de ontem, junto com algumas corajosas mulheres, estou estudando a mitologia. Mais especificamente, as deusas e sua influência nas nossas vidas de simples mortais. E agora, como eu paro tudo isto? Fiquei muito tempo sem escrever também por falta de tempo, mas principalmente pela falta de entendimento de tudo o que tenho observado por aí. Tem paradigmas ditos consolidados se dissolvendo, fichas caindo por todos os lados, gente se encontrando e outros tantos se perdendo de um jeito bem sério. As grandes instituições, as verdades absolutas, as certezas, não são mais assim tão certas. E um espaço novo se abre. Como todo novo, dá frio na barriga, mas traz consigo uma intensa possibilidade de recomeço. Acompanho, de perto, alguns movimentos de entrega. E vejo também muita gente grande virar criancinha assustada diante de tantas possibilidades. Eis que ontem, me aproximando da história de Afrodite, consegui conectar estes mundos que aparentemente não deveriam se falar. Há pouco mais de um mês levei a um fórum de executivos a mitologia como forma de contar uma história. Ouvindo a história de quarenta decisores do mundo corporativo, cheguei à alma de cada um deles (delas) que, sem cargos ou crachás, trouxeram em suas falas aquilo que os alimenta como humanos. Somos movidos por desafios, por projetos. Mas também pela beleza, pela estética, pelo cuidado. Mais uma vez, não é "ou". É "e". Somos Afrodites (ou Vênus) e Martes (ou Aries) e é a soma dessas possibilidades dançando em nós que nos completa e preenche um grande vazio existencial. Assim como me descubro em cada encontro um pouco Artemis (livre, selvagem), sei da importância de chamar uma Atena (intelectual, focada) ou Deméter (amorosa, mãezona) em diferentes momentos da minha vida. A consciência de que todas elas coexistem em mim (em nós) é o que liberta e nos reconecta com nossas essências. O artista é exatamente isto. Tenho convicção de que nascemos artistas e que o perdemos pelo caminho. Que temos histórias, sonhos e jornadas muito próximas e que ao ouvirmos a história do outro, nos escutamos. Ontem na nossa roda de mulheres mais parecíamos menininhas, crianças atentas com olhos enormes e brilhantes escutando as nossas próprias histórias refletidas nos mitos. Um dia desses, recebi um vídeo do filósofo Clóvis de Barros, numa entrevista no programa do Jô Soares. Me identifiquei em muitas das falas, no nosso papel no mundo de permitirmos que as plantas das pessoas desabrochem. E no conceito bem simples de que felicidade é um momento que não queremos que acabe. Ontem o tempo voou. Desabrochei mais um tanto e tenho desabrochado através das histórias que escuto e vivo. E por meio de muitas e generosas pessoas que dão mais vida e sentido à minha vida. Como comentei com as meninas, vivo o momento mais exaustivo de todos os tempos. E também o mais intenso e feliz.

Uma questão de tempo

Publicado em 27 de janeiro de 2014.

Estou cada vez mais convencida de que não adiantaria "voltar no tempo". O tempo que existe é o agora, só o agora. O futuro ainda não é e o passado já foi. Pensando nisto, todo dia eu tento me perguntar se fiz o meu melhor naquele dia e/ou se deixei de fazer algo relevante. Tenho procurado ser bem coerente e consistente e "trabalhado" de um jeito que eu possa "morrer" todo dia, sem ter deixado nenhum grande "rabo" para trás. Sobre a peça que citei à época, da qual ainda não podia falar muito, chama-se *A lista* e é interpretada pela diva e amiga Clarice Niskier. Já assisti algumas vezes (não tantas quanto *A alma imoral*) e, confesso, me toca ainda como poucas. Ah, a arte!

Neste fim de semana eu recebi um verdadeiro presente do Universo. Na verdade, foram dois e um reforçou o outro. Os dois têm a ver com o tempo. Com dar tempo para que as coisas aconteçam e com não perder tempo rascunhando a vida, como já recomendava o grande Mario Quintana.

Faz três meses que não escrevo no blog. Parece que nunca é a hora e quanto mais o tempo passa, menos parece ser o momento de retomar. "Teria que ser algo impactante, relevante", penso, com minha autocrítica saindo pelos poros. Há três meses eu escolhi ficar mais quietinha nas palavras, nas relações, observando mais, agindo menos. Aprendi a não apurar as coisas e a observar tudo o que semeei ao longo de trinta e poucos anos para ver o que começaria a brotar. Me tornei até um pouco estranha para mim mesma. Menos Pollyanna, menos disponível, mais contemplativa. A jornada do *The Artist's Way*, curso de criatividade de doze semanas que vivi no fim do ano, certamente contribuiu. Um fim de ano que parece que não acabou também. E eu aos poucos fui espiando tudo o que acontecia, à espera de alguma pista. Ei-la. Chama-se *Uma questão de tempo*, um filme que caiu no meu colo na semana passada e que assisti no sábado à noite. Eu nem sequer sabia que ele estava no cinema agora, no fim do ano. Tenho ido pouco ao cinema. Trata-se de um romance inocente que teria tudo para ser só mais um filme. O fato é que o enredo me tocou. Não sei quem é o diretor, nem busquei saber do roteirista. Mas me enxerguei vivendo o dilema do protagonista que, em uma grande brincadeira da vida (um presente que os homens da sua família recebem aos 21 anos), teria o dom de voltar no tempo e reviver o que quisesse. Assim, quase que de um jeito ilimitado, ele poderia viver o hoje, ousar mais amanhã e ir se reinventando ao longo dos dias revividos. Até que a chegada dos filhos muda tudo. E abre, ao mesmo tempo, novas possibilidades. Alguma semelhança com a vida real? Pois bem, com a simplicidade de um roteiro cotidiano, a narrativa desdobrou questões bem humanas e trouxe, com a profundidade merecida, a beleza das relações. Falou de tempo, da falta de tempo, do efêmero e de quanto pequenos gestos são capazes de mudar o todo. Ainda impactada pelo filme, recebi outro presente no domingo à noite. A leitura, em primeira mão, de um texto que se transformará em uma peça de teatro. Atriz incrível, pessoas incríveis, um texto rolando e uma noção de tempo infinito justo em um domingo à noite, aquele período que parece sumir do calendário sem deixar nem um bilhete pelo caminho. Meu fim de domingo durou uma eternidade. E acabou em segundos. A peça ainda é um desenho, mas já está viva no coração da grande atriz que a escolheu. Não posso abrir mais. Ainda. Mas posso dizer que estes dois "textos" mudaram minha própria narrativa pessoal. E vestiram como uma luva o meu atual momento contemplativo, a ponto de me fazerem ter vontade de voltar a escrever. Assim, sem rascunhar. Como uma viagem daquelas que temos vontade de compartilhar com quem a gente ama, fiquei com vontade de dividir um pedaço da minha experiência através do filme com uma dezena de pessoas. Como fiquei bem a fim de levar pela mão amigos queridos à peça, que deve ser parida em meados de julho. Prometo mandar notícias. Sobre o mundo rosa – e sobre todos os outros tons que tenho visto por aí –, sobre o que tem me provocado, sobre a peça, sobre o tempo, sobre a minha desconfiança cada vez mais forte de que devemos colocar nossas energias no resgate daquilo que é essencial. E que o essencial é bem simples. Se você tiver tempo, dedique duas horinhas ao filme. Sozinho ou bem acompanhado, simplesmente vá. Sem mais perguntas, sem planejar muito. Às vezes as boas surpresas vêm assim mesmo, totalmente despidas de *glamour* ou expectativas.

O filme da minha vida

Publicado em 6 de agosto de 2017.

A partir daqui, me permito não mais comentar os textos. "O filme da minha vida" fala um pouco, e literalmente, do filme da minha vida e de uma pausa de quase três anos sem escrita, publicada nem rascunhada. Depois desta parada, necessária e curativa (com um divórcio pelo caminho), desde 2017, quando migrei para o Medium, migrei também para novos rumos da minha vida. Sinto minha escrita diferente, mais "consistente", e isto pode não ter a ver com qualidade, mas com idade. Te convido a navegares nos próximos textos "cotidianos" antes que eu entre em outros capítulos e costuras. Gosto demais deste, pelo teor, pelo filme, por me trazer *insights* da cabala do dinheiro (e do Nilton Bonder) e um teor de vida e morte que a médica de cuidados paliativos Ana Claudia Quintana Arantes traz às conversas. Estar perto deste tipo de "poesia" me faz sentir viva. Obrigada por teres chegado aqui. Sigamos.

Faz dois anos que escrevi pela última vez no Medium. E faz três anos que deixei meu blog e alguns dos meus sonhos "cor-de-rosa" para trás. Eis que há duas semanas, voltei a escrever, desta vez no Draft (http://projetodraft.com/). Contei do quanto minha interação com algumas pessoas e teorias, nesta ordem, transformaram a minha vida. Elas, as pessoas transformadoras, seguem surgindo e me tocando. De lugares diferentes e, para mim, cada vez mais, vindos da mesma fonte.

O que o livro (e a peça) *A cabala do dinheiro,* do rabino Nilton Bonder, o livro da geriatra Ana Claudia Arantes, *A morte é um dia que vale a pena viver,* e o novo filme do Selton Mello, *O filme da minha vida,* têm em comum? Para mim, tudo. Para começo de conversa, todos eles me arrebataram nos últimos dias.

Eu já sabia da existência da Ana Claudia há tempos. Li seu livro no fim do ano passado e sabia que era uma pessoa muito especial, além de amiga de amigos. Eu a indiquei para um colega, meio irmão, que tem como ofício cuidar das pessoas no momento mais delicado de uma família. Fizeram uma ponte bela e sensível em algumas palestras Brasil afora. Eis que há algumas semanas eu estive com ela numa aula na The School of life. A Ana não fala em morte, mas nos faz lembrar o quanto é pobre estarmos mortos-vivos. Ela dá dignidade à passagem, cuida de um jeito que só quem tem uma alma antiga dá conta. Sua fala é viva, autoral, serena, mexe com a gente e reacende uma chama de não deixar para trás o que não pode não ser feito (ou de não seguir vivendo em "segundas intenções", aproveitando a deixa do Nilton Bonder, que virá a seguir).

A *Cabala do dinheiro* me revisitou faz pouco. Coincidência ou não, na semana em que eu tinha recomprado o livro (eu o tinha lido há alguns anos), descobri que a Clarice Niskier, que atua há dez anos em *A alma imoral*, estaria dirigindo também a peça baseada no texto do Nilton. Comprei para mim o livro, reli, me descobri nas palavras e o comprei para alguns amigos. Um dos que recebeu um exemplar foi o mesmo amigo que eu apresentei para a Ana Claudia ano passado. Comprar o livro e dá-lo de presente é um ato puramente egoísta de quem busca interlocutores para uma discussão posterior, preferencialmente regada a café ou chá. Fui, claro, na estreia da peça aqui em São Paulo. É muito provável que eu vá novamente, como fiz com *A alma imoral*.

Sobre o filme do Selton Mello? Eu já tinha embarcado na história mesmo antes de saber do que se tratava. Escutando algumas entrevistas dele, enxerguei poesia e verdade. Trata-se de uma releitura dos escritos do chileno Antonio Skármeta (o mesmo de *O carteiro e o poeta*), *Um pai de cinema*. O Selton vibra ao falar do filme, parece um menino de sete anos que acabou de aprender a andar de bicicleta. *O filme da minha vida* poderia ser o filme da minha, da sua vida. Todos temos dilemas, dores, dramas, buscamos alguém, morremos por dentro e renascemos. Todos vivemos relações que nos empobrecem, roubam tempo, energia. E também ficamos mais ricos cada vez que nos apaixonamos, ainda que às vezes doa. Não tem jeito. Não fosse o amor, não haveria continuidade no ser humano.

Eu imagino que a Ana Claudia, o Nilton e o Selton ainda não se conheçam. Mas diria que, nas suas diferentes histórias de vida, suas essências dizem o mesmo: não dá para trair a alma da gente, às vezes trair a "tradição" é o que amplia o mundo, é preciso deixar morrer algo para uma semente nova brotar, julgar empobrece o mundo, permitir-se sentir enriquece.

Aqui, alguns trechos dos três. Obrigada por serem pura inspiração no mundo.

Ana Claudia Arantes em *A morte é um dia que vale a pena viver*:
"O que separa o nascimento da morte é o tempo. Vida é o que fazemos dentro desse tempo; é a nossa experiência. Quando passamos a vida esperando pelo fim do dia, pelo fim de semana, pelas férias, pelo fim do ano, pela aposentadoria, estamos torcendo para que o dia da nossa morte se aproxime mais rápido... Vida acontece todo dia, e poucas vezes as pessoas parecem se dar conta disso."
"Essa gente vive meio morta para as relações de amizade, para o encontro de seus pares. Gente morta dentro da família e morta também na sua relação com o sagrado em suas vidas. Viver como mortos faz com que a gente não consiga viver de verdade. Existem, mas não vivem. Há muitos ao nosso redor."

***A cabala do dinheiro*, de Nilton Bonder:**
"O lucro de hoje que gera prejuízo amanhã não representa riqueza; ao contrário, é um duplo trabalho desperdiçado."
"Já Rabi Meir sintetiza a condição de rico como a máxima qualidade de vida sem gerar escassez para si e para os outros, cumprindo neste processo as responsabilidades de 'não desperdiçar tempo' e não transformar sustento da natureza além do necessário." "Tudo

isto quer dizer que o enriquecimento do corpo só encontra limite no enriquecimento da alma. Ou que a abundância das experiências-corpo não pode se dar pela escassez das experiências-alma."

Do filme, tirei os seguintes trechos, com liberdade poética (não são frases literais):
"É preciso ficar atento aos olhos e aos pés. Olhos para ver o mundo. Pés, para ir de encontro a ele."
"Meu trabalho é belo. Levo as pessoas para resolverem suas coisas." (Frase do maquinista do trem que faz muito mais do que ir e vir todo dia.)

Um lugar ao pai

Publicado em 13 de agosto de 2017.

"Mães, permitam que seus filhos vão para seus pais." Esta frase da Sophie Hellinger é literal e, também, metafórica. Desconfio que a esposa do Bert Hellinger, das constelações sistêmicas, não tenha tentado dizer que é só para entregar fisicamente as crianças a eles. Mas, penso eu, que deem a elas a oportunidade de saberem de suas histórias e raízes. Aconteça o que acontecer, não lhes tirem o direito de saber que pertencem.

Eu tive um "pai-avô" que estava com quase 54 anos quando nasci. Hoje isso tudo é mais "normal". Na época, nem tanto. O fato é que eu achava normal. Não pensava muito a respeito e não o comparava com os outros. Lembro que ele se gabava desta condição e confirmava, orgulhoso, quando questionado, com os três filhos em escadinha por perto, que era, sim, o pai. Não era o avô. Ele, pela idade, por ser um gaúcho bem típico, criado em uma fazenda, não me ensinou nada dessa tal paternidade amorosa de que tanto se fala nos dias de hoje (ainda que ajudasse minha mãe a passar nossas fraldas de pano!). Ele não era de beijar, abraçar, pouco conversava. Mas o fazia, do seu jeito. O pai Jerônimo foi a última geração de uma família que teve bastante dinheiro. Tinham terras. Chegaram ao Rio Grande do Sul no começo de 1700, ou antes até (só cheguei até aqui na busca retroativa da nossa árvore genealógica). Imagino que não tinha muita coisa por lá naquela época. Desbravaram. Era filho do meio do João Félix, no segundo casamento deste, com a vó Eulina. O avô João teve um irmão também de nome Jerônimo (descobri, faz pouco, que meu pai tinha o nome igual ao do tio) e foi pai do meu pai aos 60 anos! O meu pai cuidou da própria mãe até ela morrer, velhinha (o avô João morreu quando ele tinha 15 anos). Casou-se depois, com a moça forte e bonita da cidade, a minha mãe. Eu não sei se ele tinha ainda planos de casar e ter filhos. Mas, diz a lenda, comprava enciclopédias a rodo para "os filhos que um dia chegariam". Chegamos. Sou a sanduíche da escadinha. Meu pai não me deixou herança. Ao menos não no sentido literal. Tampouco me passou o sobrenome Félix (só para os homens da família). Mas deixou o gosto das histórias que eu lia nas tais enciclopédias. Em casa, eu tropeçava em jornais e o via lendo sempre. Quando cresci, adorava perguntar para ele coisas sobre política. Sabia tudo. Ele morreu há quase catorze anos, em um 15 de novembro. Tinha que ser um dia memorável! Fiquei com meia dúzia de fotos e com a carteira dele, em cujos plásticos de dentro estavam uma foto minha, colorida, e as poesias que eu publicava no jornal da cidade, com doze anos. Ele tinha orgulho de mim. Quando eu terminei um noivado, depois de nove anos de namoro, ele me disse: "Seja feliz, filha". Quando falei que faria publicidade, ele não sabia do que se tratava, mas me encorajou. Ganhei asas muito cedo. Ele sempre confiou no meu taco. Eu também o ensinei algumas coisas. A abraçar e a beijar, por exemplo. Lembro que eu o afofava sem medo cada vez que chegava de Porto Alegre. E me deitava na sua barriga enquanto escutava rádio.

Meu pai era um pacifista. Não brigava, não contestava. Sabia muito de comunicação não violenta e de empatia. O vi chorar uma vez, quando a sobrinha meio irmã dele dele, a tia Bebeta, morreu. Chorou como criancinha. Nunca o tinha visto tão vulnerável.

O vovô Jerônimo não conheceu minha filha, a Carolina. Mas eu o vejo no fundo do olho claro dela. Ela, na sabedoria de seus quatro anos, fala sobre ele com a intimidade de quem o conhece há gerações. Deve ser verdade.

Teve ainda um outro aprendizado bacana. O fato de eu ter tido um pai bem mais velho por perto me deu coragem para conviver com homens fortes e mais velhos sem nenhum medo de interagir. Não sei se é falta de noção ou sabedoria, mas o fato é que, quando estou diante de um grande homem com seus setenta, oitenta anos, eu me sinto muito à vontade. Prefiro chamá-los de tu. Nunca chamei o meu pai de senhor e, ao mesmo tempo, nunca lhe faltei com o respeito.

Gosto de ouvir histórias desses homens vividos tanto quanto gostava de ouvir que meu pai tinha que se esconder no mato quando era pequeno porque seu pai, meu avô, tinha posições políticas que não agradavam a todos (o Rio Grande do Sul sempre foi muito polarizado). Contava também que ia para a cidade a cavalo, em uma jornada de dias, levando tropa (gado), enquanto o pai seguia de carro. Estudou em colégio interno por uns bons anos na capital e, nas cartas que enviava para a mãe, pedia somente a bênção.

Sábado agora, eu estive novamente com a minha médica antroposófica, a doutora Sônia Fornazari, em um "matar de saudades" do nosso grupo de estudos. Foi ela quem me ensinou muito sobre constelações sistêmicas. Me falou sobre "dar um lugar", sobre honrar pai e mãe e chegar com eles junto de mim em cada interação com outras pessoas. Pai (com seus pais, avós, bisavós...) à direita, e mãe (e sua turma ancestral) à esquerda. Foi também ela uma das pessoas que "me apresentou" ao Bert Hellinger, "pai" das constelações e um desses grandes homens que eu admiro. Está com 91 anos. Um "guri", perto do meu pai que, se estivesse por aqui, teria completado 95 no mês passado. Eu agradeço a meu pai e a todos os desbravadores que vieram antes dele. E agradeço aos grandes homens, pais de filhos ou de ideias, com quem tenho a alegria de conviver e aprender. Eles, como meu pai, me ensinam muito sobre a humanidade.

Más allá del invierno

Publicado em 28 de agosto de 2017.

Sexta passada eu tive três sessões de cura da alma. Nas duas primeiras, com cara de "reunião", encontrei dois meninos, um no corpo de um homem de uns trinta anos. O outro, ainda mais inquieto, no auge dos seus cinquenta e poucos, chegou sorridente de moto. Me foram apresentados virtualmente por um ex-colega e amigo que, inquieto como eu, sugeriu costuras. O primeiro, de nome Giba, trabalha com investimentos de impacto. Entre uma garfada e outra de um almoço gostoso com mesa na rua e dia de sol, lembrou-me de conceitos e autores fortes, questionadores do mundo de hoje. Me contou, por exemplo, que o Charles Eisenstein, filósofo-menino tão maduro e que tanto me marcou ano passado, traz novos olhares sobre a questão do dinheiro (falou isto justo para mim, que estou a mil nas leituras sobre dinheiro, fluxo, abundância). A conversa foi rica, parafraseando o próprio Eisenstein em *A economia sagrada*, que, claro, já encomendei. O segundo veio com uma xícara de chá, em um lugar igualmente acolhedor. Tem nome Artur e é amigo de outros tantos amigos (descobrimos isto juntos). Não era rei, mas me trouxe a grandeza de uma jornada de sabedoria madura, fresca e incessante. Os bons sábios sempre enriquecem o entorno. Ele me contou que desconfia de que inovação e cultivar a alma são a mesma coisa. E que, do ponto de vista desta mesma alma, tudo é útil. Falou da necessidade de termos uma educação erótica, relacional e que "farsa por farsa, a farsa de ser eu mesmo" é bem interessante, citando Fernando Pessoa. O Artur, no finzinho da conversa, me relembrou da diva Isabel Allende, figura feminina tão presente na minha vida literária. Contou que em um TED desses da vida, ela fala sobre o processo criativo e como os personagens a "tomam" até nascerem em forma de histórias e livros.

Eu tinha contado, no começo do texto, que foram três sessões de cura em uma só sexta-feira. Pois a Isabel Allende foi a ponte que eu precisava para chegar ainda mais tocada na minha terceira empreitada do dia: uma nova costura de inquietações femininas. Cheguei, faz pouco, na 17ª costura de biografias e teorias, uma aula-conversa que ainda não sei onde vai dar, mas sei que preciso seguir fazendo. A costura feminina daquela sexta começou com o cair do sol e foi a quarta edição de uma também aula-conversa onde conto de autores e histórias que têm me ajudado a curar o meu feminino. Também não tenho ideia de onde vai me levar. Só sei que tenho que ir. Nesta, acabei fazendo na sexta porque era o dia que a agenda de uma amiga, a Hellene, permitia. Ela está de partida para a Argentina com a família. Seria uma certa despedida. Ela adoeceu no dia e não foi. Outras foram. Algo aconteceu. No final da conversa, éramos sete meninas, todas com seus sete anos, falando de suas histórias e memórias.

Os três encontros de sexta foram assim tão intensos porque nos permitimos chegar inteiros nas conversas. Nossas crianças internas tiveram voz, nossas guardas baixaram e pudemos rir e confiar que falar com paixão (e das paixões que nos movem) é tudo de bom.

Claro, fui buscar o tal TED da Isabel Allende. Encontrei algumas falas dela. O título deste é "Tales of passion". Estou com um de seus livros, *Amor*, na minha cabeceira. E o último, ainda sem data prevista de lançamento no Brasil, chamado *Más allá del invierno* está encomendado desde que foi colocado à venda. Aguardo inquieta, com minha menina de sete anos, pela história de uma senhora vibrante que conta, entre outras coisas, como é se apaixonar com mais de dez setênios.

O Giba, o Artur, as mulheres que estiveram comigo na sexta à noite, a amiga Hellene que não foi e a Isabel Allende têm um fio em comum: esta tal paixão como ingrediente. Uma mesma paixão que, ainda resistente e meio encolhida, coloquei como "a" frase do meu último cartão de visitas.

Andei fuçando, dia desses, nos meus escritos sobre Felicidade Interna Bruta, indicador do pequeno-grande país, o Butão. Eu fui para o Butão há seis anos sem ter nenhuma ideia do que viria a ser a viagem. Mais uma vez na vida, me entreguei com paixão ao desconhecido. Sigo colhendo frutos. Para mim, paixão e Felicidade Interna Bruta, ou Felicidade Bruta, como estou preferindo falar, têm a mesma raiz, a mesma fonte que transborda quando somos crianças: a alegria da jornada, sem saber, necessariamente, do ponto de chegada. Se é bruta, é porque é sem amarras, sem "segundas intenções" (Nilton Bonder), sem medos ou vergonhas. Talvez só seja possível se for assim, visceral.

Sim, estamos vivendo dias sombrios. O inverno tem sido rigoroso para nós. Para as mulheres, para os homens, para o Brasil, para os refugiados, para os jovens, os velhos, os sábios, os ricamente ignorantes. Sim, também é verdade que o inverno passa, ainda que este esteja sendo bem longo. Para mim, que sempre gostei da beleza gélida que pede calor para alma, está sendo especialmente doído. Mas quando encontro com figuras como as de sexta assim, sem saber por que, eu relembro do fundo da minha alma que *"más allá del invierno"* tem uma primavera apaixonante doida para florescer. Que "hibernar" fortalece. E que isto tudo é cíclico e milenar. Enquanto isso, nos resta "curar" com quem queremos estar e o que nos faz vibrar. Afinal, "não se chegou a nada grandioso no mundo sem paixão" (Hegel – a tal frase do meu atual cartão de visitas).

No filter

Publicado em 7 de setembro de 2017.

Há uns meses eu ganhei um par de vizinhos novos ao lado do meu escritório. São psiquiatras. Como manda o bom costume, mandei flores com um cartãozinho de boas-vindas. Alguns dias depois, no elevador, subi com um deles. Me cumprimentou e eu perguntei, tranquila, se tinha recebido a encomenda. Envergonhado, ele respondeu: "Nossa, eu nem cheguei a agradecer! Sabe como é, a vida corrida, muita coisa! Foi mal, né?". Respondi: "Foi". E foi mesmo. Respondi com calma, mas muito na primeira intenção. Falei do que sentia. Talvez o mais "normal" ou esperado teria sido eu responder algo do tipo: "Imagina, sei como é corrido, está tudo bem. Por que dizer que estava tudo bem se não estava?".

Este exercício, bem simples, representa uma dica valiosa do rabino Nilton Bonder no livro *Segundas intenções*. Segundo ele, quando crescemos, deixamos de falar o que sentimos e vamos colocando máscaras. Uma criança é pura primeira intenção. Fala o que sente, chora, reclama, diz da sua dor. O meu vizinho, claro, deve ter estranhado a minha resposta. Mas, desde este primeiro encontro no elevador, sorri quando me vê.

Hoje à tarde assisti um filme que estava na minha lista de dicas de uma das minhas aulas. Chileno, chama-se *No filter* e me foi indicado por uma vizinha, jornalista e amiga muito querida. Eu coloquei, muito em primeira intenção, no "papel de pão" que entrego com dicas no final da aula, que era um filme que indicava ainda sem ter visto. A partir de hoje eu posso tirar esta observação da folha impressa.

O *No filter*, para mim, lembra o argentino *Relatos selvagens*, que me marcou muito. Com um humor sarcástico, fala de uma exímia engolidora de sapos, publicitária, no auge dos seus 37 anos, que um belo dia vê-se "sem filtros" e consegue expressar tudo o que sente. Libertador e trágico. Necessário, em doses homeopáticas.

O português Nuno Rebelo dos Santos, pesquisador, filósofo da vida e amigo, não necessariamente nesta ordem, me ensinou um conceito que eu adoro: "inimigo imediato" (de Jack Kornfield). É quando uma virtude "vira o fio" e passa a ser uma "desvirtude". Neste caso, quando a sinceridade, a "primeira intensão", demora para aparecer e, quando chega, vem em forma explosiva e agressiva. Falar o que se sente é incrível. Deveríamos ter maturidade para também ouvirmos o que o outro "sente". Para falarmos sem nos alterarmos. Falar do coração, sem julgamentos. Uma pena. Não nos ensinaram esta arte na escola. Em tempos de excessivos filtros, mostrar-se vulnerável, falar em primeira pessoa (dica valiosa que tive na minha formação de teoria integral) pode causar estranhamento. Mas, também, pode aliviar palpitações cardíacas.

Estou lendo, entre outras coisas, um livro que fala de comunicação não violenta, com técnicas para aprimorar relacionamentos pessoais e profissionais. Tenho ao meu lado o antigo livro do Michel Maffesoli, *Homo eroticus*, que fala de comunhões emocionais. E isto tudo me faz lembrar do também francês Edgar Morin, que amo, e do seu livro *Ensinar a viver*. Esta semana, estive com o Felipe Amaral, um jovem *maker* totalmente imbuído em discutir – e construir – novos modelos de educação. Para mim, todas estas referências, em textos e pessoas, buscam beber da mesma fonte: uma necessária reeducação emocional das pessoas, sejam elas crianças ou adultos. Saber o que se sente, viver a dor que vem, olhar para si para, então, viver com os outros deveriam ser temas de um currículo básico. E como não tivemos esta lição antes, estamos tendo que aprender, na marra, na escola da vida.

Não dá mais para disfarçar, para viver mentiras, para trair a alma em nome da tradição (Nilton Bonder, de novo). Resgatamos o Eros ou encontraremos o Caos, a dor, a separação, o diabo (aquele que me separa de mim mesmo). Não tem jeito. Tenho tido a oportunidade de, em pequenas conversas, em grupos, falar um pouco disto. Tenho encontrado verdadeiros professores da arte da primeira intenção que, por estarem inteiros ao falarem de si, não expressam agressividade, mas verdade. Nem todos são letrados, mas todos são, sem dúvida, grandes "filósofos". Assim como *A alma imoral*, desnudam seus medos e, ao encará-los, ficam mais fortes. Sem Photoshop de alma, sem filtro, temos os melhores retratos de nós mesmos.

Agora, alguns trechos de livros para dar mais um gosto para a conversa:

> **Primeiro, alguns pedacinhos do *Segundas intenções*, do Nilton Bonder:**
> "Seja por educação ou desenvolvimento próprio, o ser humano vai se fazendo um ser moral. Ele aprende e cresce na arte de fazer julgamentos e promover pudores. No processo de adestramento aos bons costumes para se adequar uma criança ao convívio e respeito, tentando sensibilizá-las aos deveres e aos modos de proceder nas interações sociais, surge uma interação ambivalente. Esta intenção questiona o antigo rei e postula para a alma que se deve suspeitar do corpo de onde emanam as primeiras intenções. Este receio primordial alavanca pesadelos. Em quem confiar?"
> "O âmago da ambivalência humana é não saber quem melhor nos representa: nossa natureza ou nossa consciência."
> "A moral veste Eros de segundas intenções e a malícia veste Ethos de segundas intenções. Em ambos os casos, o Eu protege a si mesmo em justificativas que revelam intenções. São, no entanto, suas segundas intenções. Este Eu moral-maldoso está sempre interessado em justificar-se para si e para o outro."

"Os céus não oferecem metades! Não há parcialidades, meias doses ou racionalizações nos céus. Esse compromisso com ambivalências não faz parte da vida, mas das identidades."

"Qualquer conversa acontece entre as escutas dos interlocutores. A determinação do que está sendo dito dependerá do espaço onde cada um se encontra – seja de confiança ou de suspeita."

"Por definição, a primeira intenção não tem qualquer relação com a verdade ou a mentira. Ela não corrompe a verdade transformando-a em mentira e nem trata uma mentira como verdade. Simplesmente se manifesta como um desejo nu que não se percebe enquanto pensamento ou identidade. Como uma fala primeira antes de ser capturada pela fala dos discursos, ela está imune ao vexame, tão afeito ao espaço da verdade e da mentira."

Outros, do *Homo eroticus*, do Michel Maffesoli, que reencontrei na minha estante esta semana:

"No dizer-o-que-se-pensa, manifesta-se a coragem (*cour*: coração e *rage*: raiva) de fazer com que as coisas aconteçam."

"A nova era tecnológica é benfazeja e nos levará a estreitar os laços de afetividade entre os homens. O amor, ao invés de arrefecer, evoluirá para concretizar comunidades afetivas que se utilizarão da técnica para a descoberta de como amar e de como ser amado."

"Ninguém, entre os espíritos agudos deste tempo, ignora totalmente a importância dos afetos, mas alguns a desprezam; convém, pois, corrigir este desconhecimento."

"Talvez não seja tão conveniente dizê-lo de maneira tão abrupta, mas é do erótico que se trata! Em seu sentido amplo, é claro: amor mundi, que permite que o viver-junto seja o que ele é."

"Há uma misteriosa alquimia que faz com que a sociedade passe, às vezes, pela via seca da razão, e, em outros momentos, atravesse uma via úmida, embrumada com essas múltiplas emoções de que a atualidade não é avara."

"A bela obra não se divide. Ela pode ser o objeto do romancista, do teórico, do ensaísta ou do operário. Em cada um dos casos, é o criador em sua integridade que é solicitado. A apetência que se torna competência. Este apetite (*appetitus*, que está na origem do caminho do pensamento) é a mobilização de um desejo que é, por essência, multiforme."

Frases que me tocaram no livro *Comunicação não violenta*, do Marshall B. Rosenberg:

"Palavras são janelas ou são paredes. Elas nos condenam os nos libertam. Quando eu falar e quando eu ouvir, que a luz do amor brilhe através de mim." (Trecho do texto "Palavras são janelas", citado no livro, de autoria de Ruth Bebermeyer.)

"O que eu quero em minha vida é compaixão, um fluxo entre mim mesmo e os outros com base numa entrega mútua, do fundo do meu coração."

"Comunicação não violenta: uma forma de comunicação que nos leva a nos entregarmos de coração."

"A CNV nos ajuda a nos ligarmos uns aos outros e a nós mesmos, possibilitando que nossa compaixão natural floresça."

"Entretanto, a CNV não é meramente uma linguagem, nem um conjunto de técnicas para usar as palavras; a consciência e a intenção que a CNV abrange podem muito bem se expressar pelo silêncio (uma característica do estar presente), pela expressão facial e pela linguagem corporal."

"Uma comunicação alienante da vida é o uso de julgamentos moralizadores que subentendem uma natureza errada ou maligna nas pessoas que não agem em consonância com nossos valores. Culpa, insulto, depreciação, rotulação, crítica, comparação e diagnósticos são todos formas de julgamento."

"Outro tipo de comunicação alienante da vida é a negação de responsabilidade. A comunicação alienante da vida turva nossa consciência de que cada um de nós é responsável por seus próprios pensamentos, sentimentos e atos."

E aqui uns trechos que encontrei de uma entrevista do inspirador e sempre inspirado Edgar Morin ao *Estadão*, em outubro de 2013, contando do livro *Ensinar a viver*.
Não estou com o livro aqui agora e, portanto, não consigo retratar as frases literais que marquei. *By the way*, o que o Morin escreve me toca tanto que, juro, casaria com ele:
"Morin defendeu uma reforma na educação que ajude a enfrentar o que chama de 'as incertezas da vida'. 'Precisamos aprender sobre a condição humana, ser capaz de entender o outro, o que está próximo e o que está distante. Temos de ter plena consciência do que somos nesta era, neste momento', defendeu, para uma plateia de educadores de todo o mundo."
"Para o sociólogo, compreender o outro é cada vez mais essencial no mundo em que vivemos. 'Todos nós precisamos aprender que somos idênticos, que temos a mesma possibilidade de felicidade, mas, ao mesmo tempo, temos as nossas singularidades, nossos hábitos, nossos costumes. Só com essa compreensão conseguiremos viver em harmonia uns com os outros.'"
"O filósofo francês, considerado um dos maiores pensadores vivos, criticou o fato de a educação para a vida estar distante da escola. É exatamente isso que precisaria ser ensinado nas escolas."

Como nossos pais

Publicado em 10 de setembro de 2017.

O nome da minha mãe é Irma. De origem alemã, significa "todo", "universal". Para mim, sempre foi difícil explicar aos colegas e amigos como falar o nome dela. "Irmã?", perguntavam. Parece curioso que justo no final de semana estendido que tive tanto acesso às minhas origens, um furacão tenha trazido tanto à tona este nome. Minha mãe, com toda sua beleza e sensibilidade, sempre carregou ventos tempestivos dentro de si. É pura intensidade, no amor e nas dores de sua história.

Na quinta, feriado, fui assistir no cinema *Como nossos pais*, filme brasileiro. Tinha ficado já com vontade de vê-lo quando fui ver *O filme da minha vida*, do Selton Mello. Me dá uma alegria enorme presenciar tanto filme brasileiro bem conduzido. Neste, a intensidade da relação mãe e filha é retratada com maestria. Uma mãe que, diante de um fato marcante e definitivo, decide colocar "em primeira intenção" o que sente, deseja, pensa. A meu ver, trata-se de uma cura para a relação tão avassaladora como é a de uma mãe com uma filha. Eu vi muito da minha história na tela. Vi coisas minhas com a minha mãe e enxerguei muito de mim com minha pequena grande Carolina. A disciplina quase germânica da minha mãe comigo e meus irmãos, por exemplo, eu tento resgatar dando ritmo à rotina da Carolina. Não chego perto, mas tento.

No sábado, participei de um dos módulos de constelação familiar com a Sophie Hellinger, esposa do Bert Hellinger, que criou o conceito da própria constelação. Fui, literalmente, beber na fonte. Eram dois dias de curso. Queria ficar com a minha filha no domingo, por isso fui em um só dia. Amores possíveis. Achei boa a medida. Pela primeira vez em muitas formações e vivências (e também a convite dos organizadores), fechei meu caderno (eu em um curso sem caderno é algo quase impossível de imaginar) e desliguei o celular. Apenas vivi. A Sophie, com seus setenta e poucos anos, enche uma sala de energia quando chega. É firme e amorosa, como toda boa mãe. E conduziu, em dois turnos, vivências que, seguramente, não eram somente das pessoas que estavam em cima do palco.

Nesta mesma semana tão intensa, tive acesso, de forma curiosa e despretensiosa, a um material do Burning Man. Pra quem não sabe, trata-se de um festival de contracultura que acontece todo ano, desde 1986 (descobri há alguns anos só), no Black Rock Desert, no estado norte-americano de Nevada, e que propõe que todos se expressem, desde que criativamente. Queima-se, literal e simbolicamente, um homem de madeira. Há uma outra escultura também marcante: a de duas pessoas que não se enxergavam, com duas "crianças internas" que se veem. Mas o que mais me chamou atenção foi ter descoberto, meio que por acaso, os dez princípios básicos que regem o festival. Bem resumidamente, são eles:

1) Autoexpressão radical: você tem a liberdade para ser você mesmo;

2) Autoconfiança/autorresponsabilidade: você é responsável por você mesmo, mental e fisicamente;

3) De-comoditização: esqueça do dinheiro, não tem nada para comprar;

4) Não deixe rastros: do pó ao pó, deixe apenas pegadas;

5) Participação: se envolva;

6) Inclusão radical: todos são bem-vindos;

7) Presentear: oferecemos o nosso tempo e esforço livremente;

8) Cooperação: juntos somos mais fortes;

9) Comunidade: somos uma família de indivíduos. Nós cuidamos uns dos outros;

10) Imediatismo: faça o agora valer/esteja aqui agora.

Um dia desses, em um exercício conduzido por nós, da Sarau, com a sexta geração de uma família, sugerimos que escrevessem e expressassem o que desta história familiar, deste DNA, eles escolhiam "levar", "deixar" e/ou "criar". Foi forte.

Desconfio que tudo isto fala do mesmo: o filme *Como nossos pais* e a música brilhante da Elis Regina (composta por Belchior), as constelações do Bert Hellinger, que dizem, entre outras tantas coisas, que temos sede de "pertencer", o ritual de "queimar" do nada tradicional e já tão consolidado Burning Man, e o de "deixar", "levar" e "criar" que propusemos recentemente na nossa mediação. Nossa vida é uma dança arrebatadora que, vez ou outra, varre nossos corpos para sacudir a alma. Todos nós nos comportamos, como pais e como filhos, de jeitos muito iguais, apesar de nossas diversidades, além do tempo. Os mais "caretas" ou os maiores "traidores da tradição" desejam que seus filhos os ampliem, que se expressem, que tenham confiança, valores, que estejam presentes no que fizerem e que façam valer o que for feito. Que levem suas raízes aonde forem. Mas que voem alto e longe, criando janelas de oportunidades que honrem seus nomes e sobrenomes. Que possam ir, mas que também possam (e queiram) voltar para contar.

Nesta mesma semana, na segunda, estive com uma amiga muito querida, a Hellene, em uma conversa-despedida. Ela foi morar na Argentina, seguindo os passos do marido que foi transferido. Levou consigo uma gata, as duas filhas e a esperança de novos capítulos da história da família. O tema da nossa conversa? O "ordinário extraordinário".

Não tem jeito. Faça chuva, faça sol, por mais que busquemos em nós, nos cursos, livros, nas experiências, desconfio cada vez mais que o extraordinário da vida está muito, mas muito próximo do ordinário cotidiano das relações humanas. Começando pelo resgate da nossa relação com nossas crianças internas.

Como sabiamente escreveu Belchior e lindamente cantou Elis Regina: "Minha dor é perceber que apesar de termos feito tudo, tudo, tudo, tudo o que fizemos. Nós ainda somos os mesmos e vivemos. Ainda somos os mesmos e vivemos. Ainda somos os mesmos e vivemos como os nossos pais..."

Espaço estreito

Publicado em 2 de novembro de 2017.

Quando a Carolina nasceu, eu morri. Tinha 36 anos e achava que já tinha vivido muita coisa na vida. Que nada. Quando ela chegou, um dia depois do Dia dos Mortos, quem tinha renascido era eu. Deixei de ser filha naquele dia e passei a ser a mãe. Deixei de ser "mãe" da minha mãe (que arrogância) para ser mãe de quem realmente precisava de uma. Sei que deixei de ser um pouco esposa também na época, em uma morte lenta que se confirmou três anos depois. Deixei verdades de lado e deixei de ouvir a opinião das pessoas sobre o que deveria fazer ou não com aquele pequeno ser. Desde que a Carolina chegou, um furacão varreu a minha vida, dos mais arrebatadores. Eu descobri as constelações e mais um tanto de teorias, pessoas e práticas. Me despi de alguns conceitos, antes tão arraigados. Conheci novos amigos e reconheci em alguns dos velhos novas pessoas (eles também se transformaram). Percebi que os que ficaram pelo caminho não tinham morrido, apenas não estariam comigo nos novos capítulos da minha história. Aprendi que a menina forte que me tornou mulher poderia ser um pouco mais vulnerável, e que era ali que vivia sua verdadeira fortaleza. Eu me vi menos abundante em recursos justo em um momento com tantas demandas. Nunca fui tão rica! São outras as moedas agora. Descobri, do pior jeito possível, e em um momento de extrema fragilidade, que o "mal" existe e que não é bom nos deixarmos matar em vida. Nem bom nem justo. Porque morrer em vida é não honrar a vida que nossos pais nos deram. Descobri, numa ironia do destino que ainda demoro para assimilar, que o outro que te mostra a sombra bem feia às vezes, que te coloca em provação, é o verdadeiro mestre. Porque somente quando estamos na encruzilhada, na beira do precipício ou da morte (real ou metafórica) é que temos que usar todos os nossos recursos e valores ancestrais para manter esta grande força, que é a vida, ativa. Eu me metamorfoseei nestes cinco anos. Muitas vezes. Chorei, senti (eu não me permitia sentir dor antes), tive medo e frustrações. Precisei chegar aos quarenta para viver coisas de gente grande. Eu, que já viajei o mundo e me achava tão "vivida", descobri que há tanto por viver. Não fosse a Carolina, a loucura histérica (vem de *histerus*, útero) de parir uma criança e uma nova vida, eu não teria descoberto espaços estreitos na minha própria vida. O livro e a peça *A alma imoral* do rabino Nilton Bonder, brilhantemente interpretado pela Clarice Niskier, tem trechos que falam desse tal espaço que um dia foi gostoso e uma hora fica estreito. Começa pela barriga das nossas mães, mas, de tempos em tempos, outros espaços em nós se apequenam. Faz parte. Neste momento, ou nos entregamos às contrações doídas do novo ou morremos. Eu escolhi viver. Escolhi me reinventar em uma inquietude incessante, assustadora e deliciosa. Ainda estou cabreira com esta dança de vida e morte, mas chego lá. Largo pesos pelo caminho por uma mochila mais leve e contemplativa, levo o que faz sentido, o que aprendi com os meus pais, o que faz a minha alma vibrar e, ainda, crio possibilidades. Tenho todas pela frente.

Hoje à tarde chegou o presente de cinco anos da Carolina. Uma cama incrível em forma de casinha feita por um designer de sonhos que descobri nesses acasos da vida, o Hélio. Eu coloquei por cima da casinha um manto verde que também é um "filtro dos sonhos". É só um pano transparente. Mas é muito mais que isto. Enquanto ele instalava a caminha, na sacada ao lado, o milagre da vida aconteceu. A Joanna, ex-professora da Carolina, deu de presente para ela, ontem, um casulo (eu, com 41 anos, nunca tinha parado para olhar os detalhes de um casulo). Colocamos no limoeiro que fica em um vaso do ladinho do quarto. Hoje, enquanto a cama ganhava vida, a borboleta desabrochou. Deixou pelo caminho uma casca seca e sem vida e se revelou colorida e intensa. Carolina tem se transformado em uma menina forte, sensível e vibrante. Não é mais o meu bebê. Eu me torno a cada dia uma filha mais humilde e uma mãe que reaprende a brincar. Estou em vias de reencontrar a Andréa Fortes. A que não é só filha ou mãe, mas que carrega a força das duas consigo. Que sigamos renascendo. Feliz aniversário, minha filha.

Viva la vida

Publicado em 2 de abril de 2018.

Eu fiz uma formação em constelações sistêmicas há alguns anos, mas não comentava muito o assunto. Para mim, era algo de autoconhecimento, muito rico, mas ainda pouco difundido. Felizmente, isto foi ontem e hoje muita gente já ouviu falar no Bert Hellinger, o "pai" do conceito. Mais feliz ainda eu fiquei quando assisti, recentemente, o novo filme da Pixar, chamado no Brasil de *Viva, a vida é uma festa*. Fora daqui o nome é *Coco*, que era o nome da *abuela* de Miguel, uma simpática senhorinha cheia de histórias nos últimos fios de vida. Miguel, mais simpático ainda, é um menino no auge dos seus doze anos, cheio de sonhos e de vida e que se vê pressionado por padrões antigos familiares que não lhe fazem mais sentido. Ele é uma criatura embalada pela música, justo o tema proibido na família. Música é sinônimo de desgraça, tristeza, dor e mau agouro neste grupo consanguíneo de sapateiros. Orgulho mesmo é fazer um bom sapato! Eis que ele, ainda puro de preconceitos, começa a questionar esta tradição tão restritiva. Por que não poderia cantar, tocar, se divertir? Por que não e o que há de errado? Ele respeita a família, é obediente, mas algo maior lhe toma e o faz transgredir. Trair a tradição em nome da inovação. Mais ainda, trair para honrar. A peça que eu não canso de assistir da primorosa atriz Clarice Niskier, baseada na obra de mesmo nome, *A alma imoral*, do rabino Nilton Bonder, fala disto. Quantas vezes o pioneiro, o primeiro, o *maker*, o visionário, o apaixonado, não precisou bancar uma "traição" do sistema para abrir portas para uma geração inteira a seguir? No caso do filme, que não contarei o enredo, é disto que se trata. Uma busca de algo que estava nela, na alma de Miguel e que, por mais que a razão o "travasse", havia algo maior que o convidava a navegar nas suas entranhas. A cura, ao contrário do que algumas vezes nos ensinaram, não está no não olhar para o que dói, machuca, mas acolher e dar colo, olhar novamente com coragem e novos óculos. Esta é uma lei básica e linda da constelação: dar um lugar aos excluídos, agradecer, com todas as nossas forças, àqueles que vieram antes e, ao saber de suas histórias, saber também um pouco de nós. Honrando os antepassados e os reconhecendo, temos a bênção para seguirmos – e ampliarmos. O filme trata também de morte. Não só uma morte literal e física, mas do morrer ao sermos esquecidos. Com todo um contexto lindo de *lo día de los muertos*, no México, conta de uma forma simples e poética da jornada que é seguirmos vivos enquanto somos lembrados. O Nuno Rebelo dos Santos, amigo querido das bandas de Portugal, uma vez comentou comigo este conceito. Pior que morrer, é morrer para os outros. Shakespeare, enquanto tiver sua obra viva e citada, não morrerá. E quantos morrem em vida, ao não terem projetos que os faça sentirem-se pulsando? Quantos tornam-se zumbis por não terem a força e vitalidade do pequeno Miguel que, apesar dos pesares e do que lhe é dito, enxerga com outros olhos e amplia o olhar da família toda? Eu te convido a ver o filme. Vá sozinho ou vá com alguém querido. Vá e leve consigo seus antepassados. Vá e carregue suas crenças na bolsa. Deixe algumas na saída e se abra para um sorriso de criança que descobre o pulo do gato do filme. Permita-se descobrir que música toca sua alma infantil, o que te faz brilhar, qual é a tradição familiar que as pessoas da sua família passaram e que vibra pedindo passagem.

Te pergunto:

- O que você sabe dos seus avós, bisavós, do seu território?
- Que curiosidades fizeram da sua família o que ela é hoje e qual o po-

tencial para, daqui a cem anos, seus netos ou bisnetos falarem coisas incríveis sobre você?

• Hoje você é um homem, uma mulher; amanhã, o avô, a avó, quem sabe o tio, a tia, aquele que passou e deixou. Qual será o seu rastro e que história você terá ajudado a escrever?

Asa quebrada

Texto originalmente publicado na Rede Hestia, em 1º de abril de 2018.

Eu não sou uma católica praticante. Como diria a Clarice Niskier na memorável peça *A alma imoral*, talvez uma católica budista judia cada vez mais aberta a uma religião-não-religião, se é que isto é possível. Eu não caibo em um rótulo, em uma só profissão, em um sobrenome, em uma cidade, ainda que todos eles também digam de mim. Não caibo em uma teoria, em um só autor e também não caibo em um tempo de uma história muito curta que nos contaram. Cada vez mais estou sedenta pela fonte das fontes, a origem, o princípio, um resgate daquilo que é essencial. Ter ido recentemente ao Egito para ver, viver e estudar uma história que mal cabe nos livros, de 12 mil anos atrás, claro, aguçou mais um monte de coisas em mim. Mas isto é uma outra história. O fato é que considero a Páscoa, o Natal e os outros tantos rituais importantes. Somos seres ritualísticos. Tem um trecho do Joseph Campbel em *O poder do mito* que me encanta. Diz ele: "Dizem que o que procuramos é um sentido para a vida. Não penso que seja assim. Penso que o que estamos procurando é uma experiência de estar vivos, de modo que nossas experiências de vida, no plano puramente físico, tenham ressonância no interior do nosso ser e da nossa realidade mais íntimos, de modo que realmente sintamos o enlevo de estar vivos". Recentemente, fui convidada para ser madrinha de mais uma criança, a Lívia. Sinto-me lisonjeada e com alta responsabilidade sobre isso, independente de todo o resto. Sinto-me viva perto de novas crianças, de novos desafios, do desconhecido. Eu gosto de metáforas, rituais, de contos, causos, fábulas e associações. Gosto de chegar em um lugar e descobrir que não sei quase nada daquilo tudo. Voltando à Páscoa, eu passei boa parte da minha infância em uma fazenda, e procurar o ninho de manhã cedo na Páscoa era algo que alimentava minha alma. Segue alimentando quando preparo com cuidado uma trilha de pegadas para minha Carolina, de cinco anos, "desvendar" o mistério dos ovos que surgem à noite. Mas muito mais que o coelho, o ovo, eu gosto muito da história da tal borboleta. Carolina estuda em uma escola Waldorf e eles usam demais essa coisa do casulo que ganha vida depois de uma aparente morte. O Rudolf Steiner, pai da antroposofia, falava lindamente a respeito. "Olha a planta. Ela é a borboleta presa na terra. Olha a borboleta. Ela é a planta liberta pelo cosmo", dizia. Eu me achava já uma borboleta feita. Fiz 42 anos dia desses e, ainda segundo a antroposofia, estaria no meio da vida, no auge, na plenitude. Eis que três dias antes do dia 20 de março (nasci no último dia do zodíaco, pisciana), carregando livros para uma aula em uma sacola de feira daquelas de lona (nada glamoroso), pincei um nervo da cervical. Na hora não dei atenção e segui a vida até que, dois dias depois, mediando um encontro, parei de sentir o braço esquerdo. Estaria enfartando? Eu não costumo olhar para a minha finitude, para as limitações da vida. Geralmente sigo firme e não me entrego fácil a nenhuma dor ou desafio. Tenho Fortes como sobrenome, afinal. Desta vez, tive medo de falhar, de faltar. Liguei meio assustada para o Fred, amigo, colega e médico querido, que me acalmou e contou que a tal dormência tinha nome. E tinha a ver com o nervo pinçado. Nunca quebrei nada e, em onze anos de São Paulo, só fui ao hospital uma vez, internada nas últimas forças com dengue. Só um mosquito minúsculo conseguiu me derrubar. Desta vez, eu mesma me derrubei. Não fiz um exercício no ano passado (nem o yoga que tanto amo) e segui "carregando o mundo nas costas", orgulhosa dos meus feitos. Não parei para sentir as minhas dores, nem as físicas nem as do coração, ainda que tenha trabalhado bastante em nome de uma cura ancestral de minhas inquietudes. Fui parada sete dias depois da pinçada do nervo, depois de viajar, trabalhar e me iludir que ainda faria uma aula na segunda seguinte em outra cidade. A dor tomou meu corpo e fiquei paralisada. De medo, de dormência e pontadas, de agulhadas que me fizeram reolhar meus supostos superpoderes. Voltei para casa, pedi ajuda e fui levada ao hospital por uma dessas amigas-anjo que são mais que irmãs. Tenho muitos anjos por perto, felizmente. Me aquietei um pouco mais nos dias seguintes e no feriado da Páscoa. Cheia de planos, vi todos murcharem. Nenhuma das viagens programadas deu certo e, o errado, deu muito certo. Fiquei em casa, quieta, eu e Carolina. Arrumamos livros, pastas, fotos e memórias. Fizemos nada de pijama e passeamos um pouco. Só o suficiente. Eu, que me achava borboleta, me vi de asa quebrada. O meio da vida, afinal, chegara aos 42. Descobri nesta sequência atrapalhada de fatos e de provações que minhas asas ainda estão por vir. Não quebrei nenhuma. Andei quebrando foi a alma, uns tempos atrás. Mas ainda tenho em volta de mim um enorme e lindo casulo. E, logo ali na frente, um mar de possibilidades. Feliz passagem!

Invisível indizível

Publicado em 15 de julho de 2018.

Esta foi uma semana intensa, em contatos, com pessoas e teorias e, talvez, também pelo eclipse, que me dei conta quando já estava bem lá no meio do céu. Eu sou uma pessoa permeável às sensações do mundo, o que pode vir a ser uma grande fortaleza, através dos meus textos, por exemplo, mas também me fragiliza bastante em alguns momentos. Vivo à flor da pele! Foi também uma semana de encerramento de ciclos, de cortar fios, de pegar um ou outro dos que sobraram e tecer novas possibilidades. Para fechar esta loucura toda com chave de ouro, na sexta agora eu tive duas experiências bem intensas. Uma, no Instituto Evoluir, do amigo Marcelo Cardoso, e outra, à noite, no querido Centro Cultural Unibes, quase pátio da minha casa e um espaço que tem se mostrado cada dia mais lindo e revelador (participei de uma mesa há um mês com quatro "costureiros" sobre o livro *Reinventando as organizações* – se você ainda não tem o seu, tenha! :)). Meio que de última hora, decidi seguir meu instinto e fui com uma amiga em uma meditação com a Monja Coen com os Trovadores Urbanos. No escuro. Teatro do Unibes lotado e eu, pisciana, inundada de lágrimas e sentimentos.

De tarde, no Instituto Evoluir, o tema era "A visão sistêmica nas organizações". Eu fui da primeira turma de formação em teoria integral com o Marcelo. Em algumas semanas, a terceira turma será materializada. Eu me transformei com a teoria, mas me transformei principalmente com as pessoas que estiveram comigo na jornada. É no fazer, no viver, que a gente experimenta o gosto da teoria. É ali, na vida, nas relações familiares, nas empresas, que o mental vira real. Não dá para rascunhar. Nesta tarde, o Marcelo falou pouco em teoria integral. O tema era mais uma visão sistêmica de um consultor, um olhar integral, sim, para um mundo complexo. O Fred, ou doutor Frederico Porto, que foi meu colega na primeira turma e tornou-se um grande amigo e provocador, me apresentou recentemente dois livros que abriram portas sobre isto. Os dois do Nassim Nicholas Taleb. No primeiro, ele fala sobre os cisnes negros. No segundo, sobre ser antifrágil. E não tem nada de bruto nisto, não. Já conto. O Taleb (e o Fred) explicam que nós, no mundo, nos iludimos tentando teorizar ou prever tudo. Previmos, numa metáfora, um dia, que os cisnes todos eram brancos e tínhamos bastante papel e pesquisa "provando" a coisa toda. Até que um dia fomos arrebatados pela presença imponente de um preto! O que fazer diante dele? De uma fusão inesperada na minha empresa? De um amor não correspondido? O que fazer com uma traição, com torres gêmeas internas que desabam como a torre do Tarô? Eles, os cisnes negros, estão por aí, em cada esquina, nas torres ruindo, nas greves dos caminhoneiros, nos *crashes* econômicos, nos eventos imprevisíveis e, muitas vezes, indizíveis que nos tomam. Estão nas cavernas que nos enfiamos e que nos inundam em segundos. O que fazer? Taleb responde de novo: nos tornarmos antifrágeis, ou seja, dançar com a desgraça e transformá-la em aprendizado. Meditar na caverna, recuar no meio da inflamação de uma empresa para ser um consultor assertivo no ponto de acupuntura da "microação". O Marcelo falou a tarde toda nisto. Em agir sutil, em recuar, reconstruir narrativas, ir devagar porque se tem pressa. Falou em uma escuta ativa com consciência de cada músculo da mão que a gente mexe cada vez que toma uma ação na vida. Pode ser na empresa, mas pode ser com os amigos, com a família. Quantas vezes nossa mão cheia de dedos produz tsunamis desastrosos nas relações por um ato precipitado? Falou no conforto do desconforto, de segurar um pássaro na mão sem que ele voe, mas também sem sufocar. Falando em segurar firme, em fios, eu gosto e uso muito a metáfora do tricô. Há uma tensão suave no fio que deixa a malha bonita. Se afrouxar, desanda. Se apertar demais, fica feio. Esta é a dança. Lembrando de outros pensadores, poetas e amigos que me inspiram e também lembrando que voltei a fazer tricô por causa da pedagogia Waldorf da escola da minha filha, um dia desses ganhei da Laura, mãe de uma colega da Carolina na escola, dois livros: um do Allan Kaplan (*Artistas do invisível*) e outro sobre as árvores, que teriam vida. Segundo este último, há uma "teia" por baixo da terra, há uma ética nas árvores que as mantêm no mundo. Ambos falam de sutilezas, de "indizíveis" e "invisíveis". Falam na força do "campo sutil", na importância do silêncio, do sentir, do escutar de olhos fechados. Embalada pela poesia dos Trovadores Urbanos, que ninaram o meu final de semana e deram colo para minha menina no escuro total, eu te pergunto:

- O que você ainda não quer ver?
- O que é indizível e está te afogando aí dentro?

Tela branca

Publicado em 8 de agosto de 2018.

Depois de uma "semirressaca" da semana que passou, comecei esta agora com goles de renovação. Na segunda bem cedo, depois de deixar a Carolina na escola e voltar de metrô, encontrei uma consultora/bruxa/sábia na Sarau, a convite de um cliente/amigo/coautor. Tem nome Lorraine, cabelos grisalhos em trança, olhar fundo e fala português impecavelmente para alguém que não é nativo. Ela entende de árvores, de gente, de grandes empresas e muito de sustentabilidade. No sentido bem genuíno da palavra. Diz daquilo que nos sustenta como seres humanos. Conversamos pouco mais de uma hora, que foi pouco, claro, perto do tamanho e da potência do que poderíamos ter falado. Ah, ela também tece. Trabalha com fios manuais. E sabe muito das cores por conta disto. Relembramos das cores bem básicas. Não o vermelho, azul e amarelo. Mas o cyan (ou turquesa), magenta e amarelo (ah, meus tempos de publicidade!). Falo mais sobre elas daqui a um segundo.

Ontem, terça, de manhã cedinho, ainda com o corpo cheio de preguiça pelo efeito colateral de um frio que segura criança na cama, fui ao Instituto Evoluir, do querido Marcelo Cardoso e da Delmar. Era uma aula introdutória sobre Teoria U, como base para a terceira turma da certificação integral que começa na semana que vem. Eu fiz parte da primeira turma, há três anos. Me transformei com a certificação, com a turma, com a rede que se formou e com as tantas possibilidades que se apresentaram na minha vida depois do meu sim ao convite do Marcelo para ser do grupo pioneiro, "cobaia" no sentido mais lindo da palavra. Sou sempre meio pioneira, primeira, a que dá as pinceladas iniciais no quadro.

A tal "aula" sobre a Teoria U, do Otto Scharmer, foi um refrescar de memória dos bons. Eu tive um módulo sobre o tema durante a certificação, com a Mary, parceira dele na África do Sul. Mas lembro pouco deste pedaço da história. Li, na época, o *Liderar a partir do futuro que emerge* e tenho na minha prateleira há tempos o *Presença*, que ele escreveu anos atrás com outros coautores, incluindo o Peter Senge, em um compilado de aprendizados – e também em uma homenagem ao Francisco Varella, com quem prototiparam grandes feitos no começo desta teoria. Fui tomada por tudo isto ontem de manhã novamente. Um bálsamo.

Resumindo de forma muito rasa, e aproveitando o embalo do que o Marcelo explicou, a Teoria U foi criada por um grupo de pessoas do MIT. O Varella colocou pitadas de uma formação contemplativa como legado, dando origem, posteriormente, às famosas *vision quests* (passar algum tempo sozinho, contemplando, para um "desvestir" de artefatos que a cultura nos coloca). O Otto, em um mergulho profundo, trouxe sua bagagem de vida como filho de fazendeiro alemão, ligado à permeacultura, para a Escola de Administração do MIT, com intervenções sociais de grande escala. Ele fala de uma passagem do ego para o eco e apresenta ao mundo uma lente, um quadro ou idioma, uma metodologia de intervenção social simples, elegante (termo que o Marcelo usou e que, confesso, adoro usar também) e fácil de entender. Em uma jornada de "descida", de observação, passamos por padrões do passado, começamos a enxergar novos olhares possíveis, nos entregamos a olhar "campos" que se mostram e, em um estado de presença e conexão com a "fonte", começamos a subir a outra perna do "U", para prototipar o novo e realizar possibilidades. A barriga, o fundo do poço, o meio do caminho do tal "U" é, justamente, o momento de maior provação. Para mim, com o perdão da liberdade poética, um "u" de útero, de ir fundo para ampliar olhares e perspectivas (escuta 1: hábitos; escuta 2: de fora; escuta 3: de dentro; escuta 4: da fonte) – mente, coração e vontades que se abrem. Há uma sombra potencial embutida nisto tudo, em um espelho invertido – e não tão virtuoso –, que às vezes se revela. No lugar de ver, sentir e revelar para, então, prototipar e realizar, pode aparecer uma ausência, em um "dessentir", negar, destruir, abortar e iludir (vontade fechada: medo; coração fechado: culpa; mente fechada: preconceito). Acontece nas melhores famílias e precisamos ficar sempre atentos a ela, a tal sombra, à espreita, doida para desvirtuar a voltinha do nosso "U".

Eu busquei ontem, depois desta paulada matinal, o meu *Presença* que andava adormecido na prateleira. Encontrei muitas anotações (eu risco todos os livros, em um retrato autobiográfico que entrega o ouro para quem espia) e algumas fichas que tinham caído na época que o comprei. E reencontrei, na abertura do livro, este texto:

"É costume dizer que as árvores nascem das sementes. Mas como poderia ser uma sementezinha engendrar uma árvore enorme? As sementes não contêm os recursos necessários ao crescimento de uma árvore. Esses recursos devem vir do ambiente onde ela cresce. Mas a semente provê um elemento crucial: o ponto a partir do qual a árvore como um todo começa a se formar. À medida que recursos como água e nutrientes são absorvidos, a semente organiza o processo e propicia o crescimento. A semente é, em certo sentido, o portal de onde emerge a possibilidade futura da árvore viva."

Não sei quem escreveu, está na página 16 e, para mim, fala tudo.

Em uma das intervenções de um participante do encontro, alguém que sabe muito da Teoria U, ele falou da metáfora de uma tela em branco. Quando um artista pinta um quadro, no momento 1, está diante de uma tela em branco. Depois que a obra "nasce", a gente pode escolher analisá-la sob a ótica da tinta que ele usou. Podemos olhar os traços, espiar cientificamente cada um destes pontos e fazer grandes interpretações sobre "o significado da obra". Depende, também, claro, dos óculos de quem vê. Mas a grande semente ali presente e representada é, na verdade, a "presença" do pintor/autor que, com uma semente única em si, fruto de suas vivências e bagagens, e tomado por aquele momento único, onde não vê o passado nem o futuro, consegue "enxergar" um "imaginal" que ninguém vê, ainda. Somos, de certa forma, o tempo todo, esta grande tela em branco cheia de potência. Somos semente e somos, também, uma cor única.

Voltando ao encontro com a Lorraine, ela falou na nossa conversa sobre o poder transformador do turquesa em uma formulação qualquer de cor. Não por acaso, o mesmo turquesa é cor-prima irmã do *teal* que Ken Wilber, da teoria integral, tanto cita. O *teal* de uma camada diferenciada de consciência, aquele que muda tudo em um toque. Segundo a Lorraine, e parafraseando outra conversa com o Marcelo dia desses sobre complexidade, o turquesa é como um ponto de acupuntura. Uma gota em uma formulação pode mudar tudo. Sinto que somos isto tudo. Sementes únicas, telas vazias cheias de possibilidades e gotas de turquesa nesta grande tela que é a vida. Principalmente no Brasil, um país tão rico em diversidade, possibilidades, em recursos naturais e humanos, às vezes a nossa baixa autoestima nos impede de enxergar a força do nosso verde e amarelo, a potência das turquesas que habitam em cada cidadão coautor. Que acessemos a fonte e que naveguemos em barrigas do U, com presença e alta capacidade de transformação. Bom resto de semana para nós.

> **Pra fechar, um trecho do Otto Scharmer, em *Liderar a partir do futuro que emerge*:**
> "A qualidade dos resultados produzidos por qualquer sistema depende da qualidade da conscientização dos participantes que operam este sistema. A fórmula do sucesso de mudança não é uma fórmula que segue a função, mas, sim, a forma que segue a consciência."

Uma ode aos não gurus × dê amor

Publicado em 9 de setembro de 2018.

Acabo de chegar de mais uma imersão no Centro de Educação Espiritual (CEE), do Robert Happé. Fica em Araçoiaba da Serra, do ladinho de Sorocaba e, ao mesmo tempo, perto demais da minha alma, a de quem viveu e cresceu em uma fazenda. Mato me refaz. Eu descobri o Robert há um setênio, quando três pessoas diferentes, que não se conheciam e viviam em cidades diferentes, me falaram, na mesma semana, que eu devia conhecê-lo: o Alexandre, a Mariana e o Hélio. Claro, fui à fonte. Primeiro, em uma palestra dele aqui mesmo em São Paulo, uns dias depois da tripla recomendação, e, umas semanas a seguir, no CEE, onde passei a frequentar sempre que possível. Fui lá grávida da Carolina e a levei muito bebê também. Sempre que posso, eu a levo e nós duas nos renovamos. Desta vez, fui com três amigas. Precisava de espaço para me reconectar. Lá é um lugar bem indicado para isto. Tá, mas quem é o Robert? Um cara qualquer, já com alguma idade, cabelos brancos, pele queimada de sol e um sotaque forte de quem ainda não acredita que o seu português é muito bem articulado. O Robert nasceu na Holanda e é um cidadão do mundo. Passou por coisas sérias na vida e chegou, pela década de 1980, nas Américas, primeiro na Argentina e depois no sul do Brasil, até aportar, de mansinho, ao Brasil, por Porto Alegre. Tem esse centro há alguns bons anos, no interior de São Paulo, onde compartilha, generosamente, *insights* de vida. É um filósofo, do jeito mais genuíno possível. Há uma coisa que me chama a atenção nele e em outros(as) grandes homens e mulheres que são grandes em sabedoria e experiência, e ainda maiores na vontade de compartilhar o que sabem e na humildade de atitudes: Robert é desses caras simples que não deixa ninguém o colocar em um altar. Tampouco permite que beijem seus pés. Ontem, depois de um seminário forte e profundo de manhã, conforme havia prometido, passeou com as crianças de trator. Colocou os pequenos com suas mães (dentre elas, eu) no reboque e deu voltas pelo sítio, com alegria infantil.

Em fevereiro agora, eu fui para o Egito (isto ainda vai virar um longo texto, aguarde). Fui encontrar um outro "Robert", argentino, de trinta e poucos anos. Chama-se Matías de Stefano e, assim como o Robert, era um nome repetido entre amigos que me conhecem bem. Há dois anos faço "costuras" onde compartilho teorias, biografias e *insights* de vida, em "aulas/conversas" que sempre me fazem ter contato com gente bacana. Em uma dessas costuras, eu conheci a Marcela Leal. Ela foi uma das pessoas que me falou do Matías e, em dezembro do ano passado, me contou que ele faria uma jornada no Egito com 92 pessoas do mundo inteiro. Eu estava com abstinência de viagem, de estudos, de jornadas profundas, e fiquei fascinada. Não tinha como ir. Mas eu fui. Fizemos, ao longo de doze dias, o caminho que os sacerdotes que supostamente saíram de Atlântida fizeram ao chegar no Egito para "recomeçarem" a civilização, há 12 mil anos (uma história que eu desconhecia por completo), compartilhando ensinamentos que vão, metaforicamente, dos nossos medos humanos mais básicos (primeiros chacras, os mais primitivos) à ascensão (sétimo chacra, no topo da cabeça). É indescritível contar o que vivemos lá. A Marcela, aos 45 do segundo tempo, não foi. Fui no lugar dela, de sopetão, com a Renata, que eu também não conhecia e que, coincidência ou não, foi comigo e a Marcela para o Robert neste 7 de setembro.

Robert e Matías ainda não se conhecem. Mas sorriem como crianças de sete anos. São bem-humorados, sarcásticos, profundos, humanos. Ancoram conversas fundas, nos tiram o eixo e, no segundo seguinte, dizem: não me escutem, não leiam mais, a resposta está em você. Ambos, do seu jeito, nos contam que o planeta está em um momento muito importante e que estarmos encarnados aqui, agora, é um grande privilégio. Eu sinto um tanto disto. Que há algo de grandioso acontecendo e que somos protagonistas desta página do livro. Sinto que há coisas que não cabem mais e que, felizmente, máscaras começam a cair. Onde há muita luz, há, também, teia de aranha e sujeira aparentes. Está na hora de varrer, de fazer uma faxina daquelas. Gaia, a grande mãe, tem se esticado, sacudido, pedindo passagem em terremotos e vulcões. Eu sinto esta sacudida interna, esta vontade de arregaçar as mangas e começar a passar a limpo planos, sonhos, o tão esperado livro, projetos engavetados e aprisionados na minha autorrigidez. Robert comentou que é hora de ser flexível, de fluir, sonhar, criar. Gosto disto e estou com sede de beber dessas possibilidades. Sem adorar ninguém, sem esperar por ninguém, a não ser por mim. Fiz Hoponopono para um monte de gente nos últimos dias (técnica havaiana que recita: eu te amo, sou grata, sinto muito, me perdoe). Fiz 108 vezes para cada pessoa a quem desejo leveza. Faço todos os rituais que me indicam, acendo velas, tomo banho de ervas, coloco flores e rezo para os meus santos – de todas as igrejas (ou de nenhuma delas). Me dei conta, nesses dias de mato, que tem alguém ainda mais especial e que precisa de tudo isto: eu mesma. Se há um guru, professor, profeta, um deus a ser adorado, um ser a ser honrado, ele é bem único e vive aqui dentro. Se temos que fazer uma ode a alguém, que seja aos nossos sonhos, ao presente que é viver no presente. Que a ascensão planetária comece com pequenas grandes atitudes de cada ser humano. Boa semana!

Grávidos de possibilidades

Originalmente publicado na Rede Héstia, em 2 de outubro de 2018.

O Brasil é uma grande mãe, generosa, com seios fartos de nutrientes e possibilidades. Todos fomos acolhidos por ela e, com raríssimas exceções daqueles que são "índios de verdade", todos nós tivemos um ou outro parente que atravessou o oceano e veio "recomeçar" a vida aqui, provavelmente com uma mão na frente e outra atrás, com medo, mas também com todas as possibilidades pela frente. Foram *makers*, empreendedores, pioneiros, os primeiros. Assim nos reinventamos ao longo de pouco mais de dois séculos. Somos bebês de civilização se nos comparamos com irmãos mais velhos que já vieram da fábrica do Velho Mundo com cicatrizes aparentes. Estamos na adolescência da humanidade. Em uma régua maior, diria que ainda estamos sendo gestados. Sim, a régua de história que nos habituamos a carregar nas nossas bagagens de vida é curta diante do tamanho real de tudo o que já aconteceu por aqui. Descobri sinais disto em uma aula inesquecível no Schumacher College, no sul da Inglaterra, há três anos e em fevereiro agora, no Egito, entendendo que outras civilizações, como os Lemurianos e os Atlantes, realmente existiram. Esses povos agora "adormecem", dando espaço para novas terras florescerem. Na semana passada eu estive à flor da pele. Tenho estado, com tanta gente querida inflamada por perto, quieta, retirada, observadora, mas, claro, incomodada. Tive meia dúzia de piripaques, daqueles comuns às pessoas ultrassensíveis em momentos tensos da humanidade e, para me acalmar, tomei o melhor remédio que há: fui beber da arte. A Clarice Niskier, atriz que amo e que me toca na alma (já falei um monte sobre ela nos meus textos), acaba de abrir a caixa de pandora do seu último texto. Leu, literalmente, o "papel de pão" que "psicografou" há uns dois anos junto com o músico Zeca Balero, em uma viagem deles à Amazônia. Não poderia ter havido momento melhor para ela abrir este texto, ainda em rascunho (adoro ser a primeira, a cobaia, a que descobre junto com o artista o tamanho da sua obra). O fez, para um público pequeno, em uma tarde de quarta-feira. O nome do texto, até agora: "A esperança é uma caixa de chicletes Ping Pong". Clarice é pura prosa e poesia e, no seu jeito bem autoral e próximo do público, sacode, explode, nos toca e retumba a força desta pátria-mãe que escolhemos. Ela não falou no "jeitinho", na corrupção, na dor e vergonha. Para isto, estamos fartos de olhar, envergonhados, cansados. Ela nos mostrou, nua, sem desta vez estar, de fato, sem roupa (em *A alma imoral* ela está e a gente nem vê), que temos uma barriga linda, gestando um infinito de possibilidades. E nos deu goles de esperança.

Alguns dias antes, tinha estado com o querido amigo português (tinha que ser português, já que falamos neste Brasil e de suas raízes), o Nuno Rebelo dos Santos, no 30º Fórum de Marketing Industrial, um encontro onde uma centena de executivos experimentam um pouco de filosofia empresarial. O Nuno também trouxe poesia ao falar sobre "economia do bem comum". Segundo ele, não cabe mais, aqui ou no mundo, que não seja assim (de um bem comum) e que empresas e pessoas terão que ver, por bem ou por mal, muita coisa que não funciona mais. Estamos em um divisor de águas e isto pode ser bom. As máscaras começam a cair e nós, civilização, filhos desta grande pátria mãe gentil, Brasil, ou a mãe de todas as mães, Gaia, sabemos que nenhuma delas quer mais ver seus filhos aprontando impunimente por aí. Economia do bem comum é aquela que faz bem a todos. Os indicadores são outros e têm muito mais a ver com Felicidade Interna Bruta (o FIB, do Butão) do que com o PIB. Satish Kumar, do Schumacher College, que citei acima, fala que economia e ecologia são palavras-irmãs. Sinto falta disto. Destas conversas, de brincar com as palavras, de relembrar suas origens e histórias sem ter que chegar a algum lugar ou sem ter que ter alguma intenção escondida. Sinto falta de estar com amigos em um bar, em um lugar, e de poder falar com leveza simplesmente sobre conceitos e amenidades. Cadê? O que tenho gestado nos últimos tempos é o meu silêncio de observadora respeitosa desta doideira que temos vivido. Sinto que criamos o caos porque precisamos deste alimento e teremos que dar conta de digerir, logo ali na frente, o peso desta escolha. Somos adultos e o faremos, espero. Nos dois livros do Nassin Taleb, *A lógica do cisne negro* e *Antifrágil*, ele nos "relembra" que a vida é uma sequência de caos e que os cisnes negros (acontecimentos inesperados) virão. Lembra ainda que temos que ser antifrágeis e serenos, presentes e inteiros, para "parirmos" novas possibilidades diante do que vier, seja o que for. Que possamos olhar para esta grande e linda barriga feminina da mãe Brasil e a acariciarmos com orgulho. Há um futuro sendo gestado. Será dos nossos filhos, dos nossos netos e talvez nem sequer tenhamos tempo suficiente para usufruirmos de suas companhias crescidas. Mas, do jeito que for, que possamos nutrir o que vem por aí com alta frequência, boa música, teatro, amigos queridos, empreendedorismo, pioneirismo, diversidade, tolerância e paz na alma. Este é o meu desejo para o nosso amanhã, tenha o cisne a cor que tiver. Há "cisnes negros" por todos os lados, o tempo todo. Chama-se vida real. Viemos para isto. Que seja leve a jornada e que sempre valha a pena. Senão a alma fica pequena.

Metade cheia do copo

Publicado em 21 de outubro de 2018.

Sempre fui uma boa guerreira. Apesar do sorriso escancarado que me acompanha desde cedo, sempre houve em mim uma força de resolução acima do normal. É relativamente fácil eu topar uma missão e fazer de tudo para que ela se resolva. Gosto disto. Adrenalina me movimentou por anos. Esta força segue em mim, mas me cansou um pouco, exauriu. Vivi muito de passado, sofri, chorei, lamentei. Sofria igualmente com o futuro, o que viria a ser. "Darei conta?", "O que será do mundo?" – pensava recorrentemente. Cheguei aos 42 faz pouco. Meio da vida, nos conceitos tradicionais da antroposofia (felizmente ampliada para "nonênios" em recente estudo, levando o novo "meio" para os 54 anos). E uma chave virou. Na dor, mas virou. Eu larguei um tanto de coisas. Das dores, dúvidas, lamentos, fardos. Larguei as "armas", dei colo para uns medos e estou bem mais entregue. Para quem olha, pode beirar a irresponsabilidade. Sigo planejadora, fazedora, pago as minhas contas e sou super-responsável. Mas entendi que pouco sei, que algumas armas que me acompanharam (e que foram fundamentais para eu chegar aqui) estavam virando veneno para o meu sangue e, principalmente, que não consigo prever ou controlar nada. Começo a olhar para o passado vendo nele ares de professor. Enxergo o futuro como uma folha em branco. E o presente, ah, o presente, como o real presente da vida. É o que temos. Somente ele e todas as suas possibilidades. O aqui e o agora, venha o que vier. Já citei

Nassim Taleb e seus livros, *A lógica do cisne negro* e *Antifrágil* (o mundo está tomado cada vez mais por acontecimentos inesperados e não previstos – os cisnes negros – e, para dar conta disto, uma necessidade de nos tornarmos "antifrágeis", serenos e inteiros para o que venha a ser). Citei também o Harari (Yuval Noah Harari, o mesmo de *Sapiens* e *Homo Deus*) e seu novo livro, *21 lições para o século 21*. Ambos, depois de longas jornadas, chegaram em um ponto comum de serenidade e "presença" como grandes *skills* para dar conta do mundo atual. Pode ser que seja porque estou "velha", mas quero exercitar uma dose deste novo papel. Quero "costurar" mais, observar, não agir, quero escolher e, eventualmente, quero poder me recolher. Há algo maior para ser feito e, desconfio, ainda não conseguimos enxergar o que é. Há de se tomar certa distância amorosa. Teremos que arregaçar as mangas pela paz, assim que virarmos a esquina. Que venha e que seja leve. Como disse um amigo meu, "se for para ser *jeep*, que seja da ONU".

Na fonte

> Originalmente publicado na Rede Héstia, em 11 de novembro de 2018.

Quando eu era pequena, me chamavam de Pollyanna. Chamavam também de Super Vick, de dicionário ambulante e de outras tantas coisas, mas este é outro capítulo, que somente os que têm mais de quarenta entenderão. O fato é que eu sempre sorri muito. Eu era otimista, determinada, via a metade cheia do copo, ainda que muitas vezes ele se apresentasse meio opaco para mim. Eu sempre subi em árvores, tinha as pernas lanhadas, arranhadas, roxas, tinha bicicleta Caloi Cross e uma liberdade que vinha da alma. Eu morei até os cinco anos em uma fazenda. E lá, bebia na fonte, literalmente. Onde morávamos, havia uma caverna meio secreta no meio do mato de onde brotava uma água incrivelmente limpa e gelada. Uma fonte. A água abastecia nossa casa. Vertia, fluía, brotava de pedras. Nunca cessou. Deste mesmo mato vinham minhas fantasias, descobertas, túneis secretos de copas de árvores, montanhas e vento no rosto. Eu cresci e essa menina selvagem de dentro de mim segue aqui, sedenta, curiosa. Os livros foram – e sempre serão – passagens para que eu pudesse continuar nutrindo esses mundos de possibilidades. E assim, meio Pollyanna, meio destemida, fui desbravando. Da fazenda para a cidade. Da cidade pequena para a cidade grande. Do Rio Grande do Sul para São Paulo e o mundo. Um mundo que sempre esteve em mim. Eu nunca coube, nunca pertenci totalmente, nunca fui padrão. Porque sou de todo lugar, um pedaço do todo. Eu intuí isto cedo, mas não sabia lidar direito. Até que em minhas leituras e viagens por aí, descobri outros seres inquietos que passaram a me fazer companhia. Falo, por exemplo, do Rudolf Steiner, o pai da antroposofia, da Hilma af Klint, uma artista que no começo do século passado "psicografou" quadros tão profundos que optou por "deixá-los descansar" por quase um século até que fossem revelados, após sua morte. Falo do Satish Kumar, indiano com alma de menino que, há algumas décadas, caminhou, a pé, pelas principais capitais nucleares do mundo levando um chá da paz para líderes mundiais em nome do desarmamento nuclear. Há um gosto de se ser pioneiro, primeiro, fora da caixa e há, também, um preço a pagar. Sou, claro, uma gota deste jarro que representa algumas das pessoas citadas, mas sei que gosto mesmo do frio na barriga da onda que ainda está por vir. Estar em São Paulo tem de suas loucuras, mas tem, também, muita coisa bacana. Aqui, em meio ao caos, trânsito (que sinto pouco – vendi meu carro há quatro anos e coloquei minha empresa na frente de casa), eu consigo reencontrar parte da fonte. Falta tempo e energia para beber desta água toda, que verte abundante. São Paulo tem exposições, arte, poesia, tem gente pioneira, sabedoria. Nas últimas três semanas, em escolhas cuidadosas e difíceis, resolvi estar com três pessoas dessas que, para mim, têm gosto de fonte. Todas chegaram de jeitos inesperados e, entregue às sincronicidades, fui a elas. O primeiro tem nome bonito, Dominic Barter, e é um inglês que mora no Rio de Janeiro há alguns anos. Fala sobre comunicação não violenta. Uma amiga-anjo de Porto Alegre o havia citado na semana anterior. Me disse: "Tens que conhecê-lo". Alguns dias depois, do nada, recebi uma mensagem de que haveria um evento dele em São Paulo. Fui, claro. O segundo veio da Espanha. Sotaque gostoso e um esforço enorme em falar português. Simpatia pura, humor ácido, na medida que eu gosto, e provocações fundas e necessárias sobre o dinheiro que, acredite, deve fluir. Chama-se Joan Melé e foi a segunda vez que tive a oportunidade de estar com ele. O terceiro faz parte da minha vida há um setênio. Chama-se Robert Happé, um holandês de fala mansa e conteúdo fundo que me/nos provoca a ascendermos como seres humanos. A ida ao encontro dos três teve de suas provações. Nos três casos, decidi de última hora. Exausta, a fonte estava na reserva e o trânsito, nos três casos, era uma provocação. Mesmo assim, fui. E reencontrei parte de mim na fala de cada um deles. Eles são gotas e são bálsamo.

O Dominic Barter fez um encontro em um lugar chamado Casa do Povo, aqui em São Paulo. Centrão, trata-se de uma casa de resistência judia há décadas. Um espaço cheio de histórias e possibilidades que eu não conhecia. Em um grande galpão, havia uma mandala de cadeiras, um canto para as crianças (os adultos são incentivados a levarem seus filhos e todos a cuidarem das "nossas crianças", em um exercício de tolerância). Não sei ao certo quantos éramos, mas sei que não havia microfones nem grandes tecnologias. Havia fala firme, sem nenhum resquício de grito, e escuta atenta. Havia vontade de se estar, liberdade para ir e vir e maturidade para "investir". Em dois cestos, Dominic apresenta, logo de saída, as possibilidades. Em um deles, os presentes são convidados a colocarem dinheiro vivo, solto. Qualquer pessoa que precise (para pagar o lanche, o metrô), pode fazer uso deste recurso, sem dar satisfação aos demais. No segundo, pequenos envelopes são recipientes para que cada um coloque a verba que imagina ser adequada para "bancar" o encontro. Inclui o espaço, o horário das pessoas e a vontade de remunerar, de forma justa e honesta, os envolvidos. Segundo Dominic, mais que as conversas em si, o grande exercício de comunicação não violenta acontece imediatamente depois do final do evento, quando ele e a equipe anfitriã abrem os envelopes e, juntos, sem hierarquia ou pré-combinação, decidem quem deve receber o que do dinheiro arrecadado.

O Joan Melé chegou à minha vida em abril. Uma mãe do colégio da Carolina disse que eu precisava ir. Outros amigos também o citaram. Claro, fui. Em um encontro em uma escola Waldorf (antroposófica) e em outro, em um clube cheio de executivos. Desta vez, o primeiro, aberto, foi no Unibes, quase o pátio da minha casa e, coincidência ou não, uma "casa judia". O segundo, bem longe. Uma hora de trânsito para chegar na Sociedade Antroposófica, do lado de lá da cidade. Fui. No primeiro, lousa negra no palco e flores do campo. No segundo, goles de euritimia para soltar as crianças internas antes da conversa funda nos tomar. Chegou, animado, e falou sobre verdade, beleza e bondade, em contraponto à mentira, ao ódio e ao medo. Relembrou que os animais não param para contemplar e que flores, música e poesia nos nutrem de outros jeitos. Falou no resgate de uma arte social, onde devemos reaprender a nos relacionarmos com os outros. Um banqueiro, "cara duro", de finanças, provocando cada um dos presentes a fazerem o que precisa ser feito: saciar uma fome espiritual, dar um sentido para a vida. Até que chegou ao assunto: o dinheiro. Um dinheiro como fonte que não cessa e que, para que siga, precisa fluir. A ida no Robert Happé, desta vez, aconteceu porque tudo "deu errado". Eu iria a Curitiba lançar um livro com um grupo de coautores. Passaria os seis anos da Carolina lá, já que havia uma grande causa envolvida. Não aconteceu como esperado e virou outras possibilidades. Nem o lançamento, tampouco minha participação no livro (as histórias que "deram muito errado" e acabaram "dando certo" de outros jeitos têm sido, a propósito, uma constante na minha vida). Decidi, de última hora, ir para o mato com ela, a Carolina. Não fiz festa em casa (faço todo ano, com as próprias mãos) e festejamos, juntas, descabeladas, a vida e a menina linda que ela vem se tornando. Busquei Carolina na escola no horário do almoço e partimos. Carro da madrinha dela (nunca precisei alugar um desde que vendi o meu), bonecas de pano e galochas em punho, fomos. Voltamos domingo cedo, contrafluxo, com a calma que merecemos. Robert pegou pesado daquele jeito leve, falou em expressão criativa, sabedoria e do livre-arbítrio. Lembrou que o "jogo" não é físico nem intelectual, mas espiritual, e que a luz do amor precisa penetrar na escuridão. As escolas, as universidades e as instituições não vão nos ensinar nada disto. As experiências, sim. Estamos todos indo para uma outra frequência e "seja o que for que você estiver passando, vai passar". Relembrou que "qualquer coisa que não é amorosa ou amistosa precisa ser mudada e que precisamos confiar de novo". Falou de necessidades e de desafios e, mais do que falar, conduziu-nos à experiência mais tocante e inesperada do feriado: no sábado à tarde, ligou o trator e colocou todas as crianças no reboque para passearem. Os adultos também foram, despidos de vergonha e preconceitos. Voltei cheia de conteúdo, descansada, com as pernas lanhadas, arranhadas, picadas de mosquito, nutrida e ainda mais desconfiada de que grandes caras têm seus meninos internos bem nutridos. São generosos e simples.

Hoje cedo, sábado, me permiti ficar em casa com a Carolina. Precisávamos "fazer nada" depois de semanas intensas. Ela me pediu para ver um filme. Eu não a deixo ver filmes durante a semana. Na verdade, quase nunca. Nem sequer temos televisão em casa. Como o banco do Joan Melé, antroposófico, a escola dela também bebe na fonte do Rudolf Steiner e desaconselha que "over estimulemos" as crianças com aparatos eletrônicos. Pior, ela pediu para ver *Cinderela* no *tablet*. Preconceito a mil, "coisa de princesa que busca o príncipe", respirei fundo e resolvi fazer sua vontade, "apenas hoje". Abrimos o sofá da sala, montamos um super cafofo com cobertores e bonecos e, enquanto ela começava a assistir, aproveitei o "tempo livre" para ajeitar a casa. Foi quando vi o quanto ela estava curtindo a história. Já tinha visto o filme mais de uma vez na casa do pai. Me deitei com ela no sofá a acabei vendo o filme até o fim. Não fala de sapato de cristal ou de um príncipe ideal (ao menos não apenas sobre isto). Mas sobre ter coragem, ser gentil e acreditar em uma certa magia, conselhos que a mãe lhe deu antes de morrer (incrível como tem órfão nessas histórias infantis!). O Steiner (já falecido), o Dominic Barter, o Joan Melé, o Satish Kumar e o Robert Happé não são do Brasil, mas nutrem a nossa pátria. Exercem a pluralidade e a diversidade no discurso e na prática (os últimos vêm direto para cá e o Dominic, inclusive, mora aqui há anos). Falam do mesmo, em suas diferentes possibilidades: de generosidade, comunicação não violenta, de abundância, sobre deixar-se assombrar diante da vida e suas possibilidades. Tenho quase certeza de que não assistiram a *Cinderela*. Muito menos esta tal versão mais moderna recém-lançada. Mas são pequenos grandes mestres na arte de beber na fonte: imagino que tomam (tomaram), todo dia, boas doses de onde bebia a Gata Borralheira: são mestres em coragem (são pioneiros), bondade (não reagem à violência) e magia, porque ninguém é de ferro e há mundos invisíveis indizíveis para serem vividos.

Love of my life

Publicado em 18 de novembro de 2018.

Esta semana um amigo querido me ligou para me provocar sobre as constelações sistêmicas. Tem nome Fred e inquietações gigantes sobre as coisas que aprende e vive. Segundo ele, que é médico e está fazendo a formação, faz mais sentido do que fazer a constelação em si, entender as leis que regem a história toda. Explico. Bert Hellinger, um alemão de noventa e poucos anos, intuiu e registrou, há alguns anos, que há leis universais que regem a humanidade. São atemporais, invisíveis e avassaladoras. Entender delas pode curar dores e feridas antigas. As tais leis falam, entre outras coisas, em dar e receber, em pertencer (todos pertencemos e queremos ser amados), em não julgar e aceitar o que é, sem lastimar. Baseado nestas leis que observou, Bert criou as constelações sistêmicas, uma filosofia/terapia que se propõe a "colocar a história no lugar" e deixar que um campo invisível atue e "corrija" o que precisa ser mexido. Simples e profundo. Destas coisas que não nos ensina a escola, mas que, com os anos, a vida ensina. No amor ou na dor.

Tive uma aula destas leis ontem à noite, ao assistir o *Bohemian Rhapsody*, filme com a biografia de outro Fred, o Freddie Mercury, junto com a história da banda Queen. Tinha escutado algumas críticas (e muitas pessoas falando maravilhas) e, como sempre, quis pagar para ver. Na pior das hipóteses, a trilha seria, de forma garantida, linda. Saí transbordando do cinema, vertendo vida, admiração, energia e espanto. Tenho observado biografias de grandes homens e mulheres há tempos e, independentemente de o filme ter sido "fiel" ou não aos fatos, foi uma aula de vida intensa. O cara que virou ícone começou a vida carregando malas no aeroporto. Compunha em um "papel de pão", emocionava-se com o que escrevia e acreditava no próprio taco. Ele vendeu a Kombi da banda para gravar o primeiro disco. Era um "desajustado", não cabia e, talvez por isto, alcançava a alma das pessoas cada vez que conseguia tocar a própria. Ouso dizer que teve dois grandes amores, a mãe, claro, e Mary, aquela que esteve sempre com ele, ainda que o amor não tenha podido seguir de um jeito "tradicional". Mary o amava assim, diferente, ousado, intenso. Ela sempre acreditou nele, mesmo quando ele deixou de acreditar. Eles "não ficaram juntos pra sempre" porque, desconfio, nem sempre grandes amores seguem esta cartilha. Quem se importa com as cartilhas? Freddie viveu, amou, sofreu, criou, extravasou, foi abusado, usado, traído, algumas vezes deu muito mais do que recebeu; noutras, tirou, queria pertencer, tinha tesão pela vida e seguia a ética do pai, ainda que tenha demorado para admitir esta última parte. Criou a música "Love of my life" para ela, Mary, mulher que o amou acima de tudo isto, para nos lembrar que, quando a gente ama, dói, mas tem gosto de vida. Que a gente respeita, às vezes se afasta, não cobra nem espera nada em troca. Amar é como as leis da constelação. Apenas é. E porque é, porque há amor, isto nos faz "ser humano". Acordei hoje com as músicas do filme retumbando na minha cabeça. Chorei litros, me emocionei. Aí vieram as redes sociais e me mostraram uma foto do grande *love of my life*, Carolina, há seis anos, quando tinha acabado de chegar a mim. De todos os amores que já tive, não há dúvidas de que o que mais se é sem esperar em troca é o de uma mãe por um filho. Sinto que é ancestral, visceral, ousado, vibrante, algo enlouquecedor e que te faz sentir absolutamente viva. Freddie não teve filhos, mas, ao que parece, teve uma grande mãe. Ele nos deixou um legado. Morreu, mas manteve um pedaço de si na história de muita gente. Os tombos que tomou, as sombras nas quais bebeu e as dores que viveu reverberam nas letras que compunha e, transformados, seguem nos levando ao céu.

São poucos os que nos levam de verdade aos céus. Alguns passam pelo próprio inferno antes. É como a maternidade, é como o tal amor que nenhum livro, de fato, conseguiu descrever. Não dá tempo de rascunhar. Só se vive o amor da vida, na vida, vivendo.

Piano de fábulas

> Originalmente publicado na Rede Héstia, em 10 de dezembro de 2018.

Um dia desses recebi de várias pessoas queridas o vídeo de uma propaganda de Natal daquelas, hoje raras, de tirar o fôlego. Mostrava, em retrospectiva, o impacto de um piano na vida de um menino, no caso, o Elton John. O primor da narrativa, de uma loja de departamentos britânica, tem a ver, a meu ver, com o resgate da magia das pequenas grandes surpresas que tivemos nas nossas infâncias. Não me canso de contar do quanto tenho percebido a importância dos primeiros anos na formação da base de um ser humano. Até os sete anos, primeiro setênio, e um pouquinho mais adiante, tudo, absolutamente tudo, cria a forma com que iremos preencher nos demais. É por isto que ser mãe/pai é uma grande honra e, também, uma enorme responsabilidade. Eu nunca ganhei um piano. Mas jogava xadrez. Nunca fui musical. Meus pais, tampouco. Mas cresci embalada por fábulas e histórias. Meu pai lia muito. Comprava todos os jornais que podia. Tinha enciclopédias. Minha mãe trazia na sua bagagem livros antigos do pai adotivo repletos de fábulas. As de Esopo me tocam até hoje (*Fábulas de Esopo*). Eu tropeçava em livros na minha casa e passava boa parte das minhas tardes na biblioteca da cidade. Foi lá que, em um concurso literário, ganhei meu primeiro livro do Ziraldo, *O planeta lilás*. Contava a história de uma florzinha lilás escondida dentro de um livro e o quanto ela podia viver mil mundos e possibilidades através das páginas que a continham. Um dia desses fui assistir *A Bela e a Fera* com Carolina, de seis anos. A Bela, resistente e furiosa com a Fera, baixou a guarda quando descobriu a biblioteca. Mais do que isso, um dos livros tinha a deliciosa capacidade de transportá-la para onde quisesse. Eu cresci assim, envolta em metáforas, histórias, frases e fantasias. Elas sempre me ajudaram a fazer brotar possibilidades, mesmo que eventualmente o mundo real tivesse certa aridez. Sigo doida por livros, pelos seus conteúdos, pelo cheiro da capa e pelos lugares para onde eles me transportam. Passei a usá-los como "cenografia" das minhas aulas e encontros. E, desconfio, tenho conseguido compartilhar alguns goles das minhas "viagens" cada vez que consigo que uma ou outra pessoa folheie ou compre um deles. O Natal está chegando e, com ele, uma série de responsabilidades. Natal pode ter cheiro de pressa, de não dar conta, de obrigação, de lista. Mas pode trazer significados sutis e simples à tona, se nos permitirmos olhar de outro jeito para este momento de renascer. Que a metáfora de um menino da propaganda, que chega ao mundo cheio de possibilidades, possa despertar nas nossas crianças internas o desejo de voltarmos a nutrir aquilo que as faziam sorrir anos atrás. Se o seu veio em forma de piano, toque uma música. Se tinha jeito de livro, compre um bem lindo. Se tinha rodas e motor, pegue a estrada sem mais ninguém e curta a paisagem. Se foi boneca, dê colo para uma. Mais do que peru, árvore e luzes, alimente sua fome de vida nestes dias que antecedem o recomeço. Dê um gostinho de alegria para si mesmo. Uma dica? Faça uma lista agora de dez pequenos prazeres (aqueles bem simples, que resgatam as bochechas cor-de-rosa da tua criança) e, até o fim de dezembro, dê um *checked* em cada um deles. Que o seu presente deste fim de ano seja a sua real presença na vida.

In your shoes

Publicado em 5 de janeiro de 2019.

Esta semana recebi dois presentes inesperados, de pessoas que nem são assim tão presentes na minha vida: dois vídeos. Me deu saudade da época em que eu escrevia roteiros e acompanhava as produções. Como é mágico ver um texto/história tomar vida e emocionar as pessoas!

No primeiro, uma "propaganda" de chocolate, uma menininha pequena surpreende o vendedor de uma loja de doces ao entregar tudo o que tinha na bolsa para que pudesse comprar um chocolate para a mãe, que estava de aniversário. Uma mãe daquelas batalhadoras, entregues, cansada e amorosa. A menina surpreende o suposto dono da loja com uma moeda, botões, um anel de plástico e até um unicórnio, que parece muito especial para ela. Ele, tocado, dá a ela dignidade, aceita a oferta e ainda lhe dá o unicórnio "de troco". Podia ter-lhe dado o chocolate. Não o fez e, com isto, honrou a força daquele ato. Foi algo simples, singelo, sutil e, ao mesmo tempo, do tamanho do mundo. Do tamanho do amor por aquela grande mãe. Como agradecer a quem lhe deu a vida? Não há como. Mas pequenos gestos podem ajeitar um pouco esta conta. Bert Hellinger, das constelações sistêmicas, diz que não há nada que pague a vida que pai e mãe nos deram. Para "compensar", devemos ser grandes pessoas e fazê-los terem orgulho da "bola de ouro" que nos deram com a vida. Eu sempre falo em aula que deve ter uma turma grande olhando para nós o tempo todo. Aquele trisavô que atravessou o oceano, aquele tio distante que um dia perdeu tudo, recomeçou, desbravou e nos entregou, algumas décadas depois, condições de começarmos nossa vida nesta terra linda, Brasil. Não dá para passarmos vergonha e deixá-los constrangidos com nossas ações. Sinto que precisamos ampliar. Sem peso, mas com consciência do tamanho do presente que é isto tudo que nos foi dado.

O segundo vídeo teve menor produção – e nem por isto, menos poesia. Conta a história verídica de um senhor que recebe em sua casa – e nos seus braços –, crianças em estado terminal. Ele, de nome Mohamed, as consola e acalenta, até que partam, em paz. Talvez nunca o fizesse se não tivesse passado por uma história forte na vida: perdeu a esposa para um câncer agressivo e o único filho é deficiente. Quando teve que submeter-se a uma cirurgia, enfrentou todos os procedimentos sozinho no hospital. Lhe perguntavam: "Onde está sua família?". Não tinha. Enfrentou no "osso", com coragem e medo, tudo o que tinha que enfrentar e porque "vestiu estes sapatos" de estar só e assustado, conseguiu usar óculos de empatia com outros, até que criou esse projeto com as crianças. Um senhor aparentemente bruto, de certa forma, até parecido com o da loja de chocolates, que "derreteu" e entregou-se ao amor mais puro que há.

Eu estive no fim de ano num "retiro" com a minha filha e mais uma meia centena de pessoas queridas. Fomos mais uma vez para o CEE (Centro de Educação Espiritual) do Robert Happé. Vou lá há um setênio. Carolina chegou a ir quando estava na minha barriga. Todo seminário tem novidade e, toda vez, Robert fala do mesmo: de empatia, de não julgar, de aceitar o que é, de cuidar de si para, então, cuidar do outro. As fórmulas são simples, milenares, estão disponíveis e, sinto, as esquecemos. Lá, neste começo de ano, fiz uma lista daquilo que espero transmutar. Queimei tudo na fogueira. No meio dos escritos, aquelas dores antigas e paralisantes que me fizeram companhia por anos. As honro porque me fizeram crescer e fortaleceram minha musculatura. Mas as deixei ir. Numa outra, desenhei possibilidades. Como a Julia Cameron, do livro *The Artist's Way*, como o artista que o indiano Satish

Kumar cita, que vive em nós, Robert Happé enfatizou que *"we are creators"*. Eu desejo goles disto tudo neste 2019 que chega tão regado de polaridades. Que tenhamos empatia, compaixão (com as nossas dores e as dos outros), que julguemos menos e ouçamos mais, que possamos viver através de pequenos grandes gestos e que continuemos nos emocionando com as histórias das pessoas. E que estejamos inteiros para o que vier, seja o que for. Como diz o *slogan* do filme do chocolate: *"There is a glass & a half in everyone."* Transbordemos luz.

Serendipity

Publicado em 17 de fevereiro de 2019.

Esta semana eu fui almoçar com a Tati, amiga querida que conheci em uma formação deliciosa, há alguns poucos anos, e que sempre me amplia cada vez que encontro. Amplia pelo sorriso grande, olhos curiosos e uma generosa vontade de mudar o mundo, ainda que não saiba bem por onde começar (bem-vinda ao time). E foi ela que, entre mil frases empolgadas, me trouxe de volta um conceito que eu aprendi há doze anos: *serendipity*. Eu tinha trinta anos e fui para Nova York fazer um curso de inglês. Sozinha, desbravei a Big Apple, conheci gente e me banhei em uma neve que mesmo as minhas memórias remotas de infância de frio no Sul não sonhavam como referência. Alimentei minha criança interna, circulei, me descobri, conheci gente nova, outras culturas, me soltei de metrô e voltei mais inteira e dona de mim. Antes de ir, pedi dicas a amigos porque não queria conhecer "mais do mesmo". A Nati, outra dessas de sorriso largo e coração farto, me deu uma lista das boas, com tudo o que um turista "tradicional" não tem vontade de ver. E foi enfática quando recomendou que eu "tinha que ir" em um lugar de nome *Serendipity*. Não conhecia nem o lugar nem a expressão, nem sequer em português, mas fui tomada por ela desde então. O lugar é uma "doceria" antiga e clássica a uns seis quarteirões do Central Park (descobri depois que foi cenário de vários filmes e palco para a circulação de pessoas famosas). Quem passa na frente não dá nada. Quem entra, não consegue sair. Além do *sundae* gigante que servem no andar de cima da casa, uma lojinha despretensiosa e meio *retrô* serve de *lobby* e dá o tom a quem chega com pitadas de sensibilidade e inesperado. É mais ou menos esta a "tradução" do tal *"serendipity"* que, com liberdade poética, ouso dizer que tem a ver com nos deixarmos tomar pela arte do que não é usual, com aqueles acontecimentos "inesperados" que chegam e nos transformam na vida.

O Nassim Taleb, autor que tenho devorado, traz algumas pitadas disto nos seus últimos livros. Em *A lógica do cisne negro*, que não me canso de citar, ele fala daqueles acontecimentos que ninguém previu e que, quando chegam, mudam tudo. Para dar conta disso, sugere, em um outro livro, que sejamos "antifrágeis", ou seja, que estejamos prontos e inteiros para o que vier, seja o que for. Leio neste momento o *Arriscando a própria pele*, onde ele comenta, em outras palavras, que quem não vai pra chuva, não vive. Que não dá para não arriscar, para não ser permeável, não dá para não ter opinião, para não sentir, não há como viver na bolha. Há que se ser vivo para estar vivo. Ah, tão *serendipity* tudo isto!

Eu estudo há muitos anos a biografia de grandes *makers*, dentre eles, o Bert Hellinger, das constelações sistêmicas, o Ken Wilber, da teoria integral, a Julia Cameron, do processo do *The Artist's Way*, o Satish Kumar, do Schumacher College, o Rudolf Steiner, da antroposofia, e a Hilma af Klint, pintora muito à frente do seu tempo e que teve seu acervo "revelado" ao mundo anos depois de sua morte, apenas para citar alguns. São/foram mestres na arte de arriscarem a própria pele. Ousaram, foram primeiros, pioneiros, permeáveis, sofreram, tentaram, seguiram seus corações de forma visceral, ainda que não tenham sido unanimidade. Estavam longe "da média", do que conforta, do esperado. Criaram seus próprios "cisnes", surpreenderam-se com as conduções da vida e, entregues, embalaram novos voos sem certeza alguma de onde o tal caminho os levaria. Ousaria dizer que foram pessoas "desiludidas" na vida. Ao que parece, não alimentavam a ilusão de esperar algo do que faziam ou das pessoas. Apenas eram, intensamente, o que vieram vir a ser. Nus, crus, regidos por uma ética que vinha de dentro, entregues, farejavam pistas da alma, rascunhavam sem tempo de passar a limpo.

Serendipity, para mim, representa um gole destas características todas. Menos pensar e mais sentir. Na caneca que guardo desde que conheci a tal loja/restaurante, há uma explicação científica para a palavra: *"Serendipity: the art of finding the unusual, or the pleasantly unexpected by chance or sagacity"* (Horace Walpole). Quando estive com a Tati, chegamos à palavra porque ela lembrou da última revista *Vida simples*, que acabara de receber. Traz o assunto na capa, com o nome de "sincronicidade", e uma poesia sobre "serendipidade" ao apagar das luzes da página 58.

Desconfio com muita força de que estamos em um momento mundial e milenar de *serendipities*. Não há como prever o que está por vir, os cisnes negros estão por todos os lados, e, antifrágeis, precisamos nos preparar para o que vier. Teremos que arriscar a própria pele para nos tornarmos alguém neste novo capítulo de história que vem sendo escrito. Não dá para ficar embaixo da cama, para fugir do arriscar-se, não dá para esperar a vida mediana previsível que nos disseram que seria possível. Ela não existe mais. O que virá? Ninguém sabe ao certo e o não saber, acredite, tem grande dose de poesia. Te convido à entrega, a delícia de estar na chuva, ao inesperado de aceitar um convite sem saber ao certo do que se trata, ao frio na barriga de experimentar algo novo todo dia. E, diante disto tudo que já está, cada vez que o bicho pegar, quando a responsabilidade bater e as coisas começarem a pesar de verdade, sugiro uma taça de sorvete bem grande, um *sundae* colorido *à la serendipity*, com menos rigor e mais sabor. Por mais frestas, frescor, possibilidades e inesperados na vida.

COSTURAS DE PAPEL DE PÃO

"Goles" de "atas" bem informais de alguns cursos, vivências e encontros que me transformaram nos últimos anos.

Robert Happé, Maturana e o coelho da Páscoa

> Publicado em 8 de abril de 2012.
>
> 2012 foi um grande ano na minha vida. Foi o ano em que descobri com mais profundidade grandes homens, como o Robert e o Maturana e, também, um ano que descobri em mim uma nova vida, a da Carolina. Gestei, ao longo de meses, esta menina tão especial e, junto deste processo, amadureci muita coisa forte em mim. Até hoje, anos depois, as palavras destes "moços" seguem reverberando aqui dentro, me trazendo, a cada fio de nova conversa, mais possibilidades de renascimentos.

No carnaval passado estive com o Robert Happé, um holandês "gnomo" que me foi apresentado por alguns anjos na Terra. Ele vive no Brasil há alguns anos e tem um sítio delicioso pertinho de São Paulo, onde organiza uns "retiros" para contar o que pensa sobre a vida. Meses mais tarde, em São Paulo, em um encontro em uma galeria de arte, descobri o Humberto Maturana, chileno, também bem vivido. Chegou de mansinho e trouxe, através de metáforas da biologia, sua maneira de ver e viver a vida.

No fundo, ambos, tão diferentes, falavam das coisas humanas e, apesar das aparentes distâncias culturais e espirituais, estão focados em entender melhor o que nos move enquanto seres que somos. Não por coincidência, os dois falaram dos nossos medos e do quanto eles nos impedem de sermos quem somos de verdade. Um deles, o Robert, falava das necessidades humanas, enquanto Maturana contou o que, no seu ponto de vista, tudo tem a ver com nossos direitos universais.

Neste domingo de Páscoa, achei bem oportuno dedicar alguns minutos a reencontrar o que eu vivi com eles e buscar, nas palavras e vivências destes senhores simpáticos de cabelos grisalhos, força e motivação para renascer.

Segundo o Robert, existem cinco necessidades humanas que precisam ser observadas e respeitadas. A primeira é a necessidade de entendermos o nosso verdadeiro poder. Poder como habilidade irrestrita que temos para agir. O poder individual nada mais é que a nossa conexão com o fluxo divino do livre-arbítrio, que faz você saber que deve agir de uma forma livre para preencher suas necessidades. Poder no sentido bem básico, aquele que te dá segurança para saber que você pode cuidar de si mesmo e que pode fazer sua vida funcionar. Se você não se conecta com este poder, todas as suas outras necessidades ficam limitadas. A segunda necessidade humana é a necessidade de liberdade. Ser livre em movimentos e pensamentos. Quando você consegue, permite que os outros também tenham suas liberdades. Esta liberdade não é negociável. Você precisa ter claro que tem o controle sobre a sua vida, que você depende de si mesmo e que pode ser capaz de pensar por si. E é esta liberdade que te dá a oportunidade de repensar tudo. O tempo todo. Você tem liberdade de ser você mesmo. A terceira necessidade é a de expressar-se de forma criativa. Você precisa, enquanto ser humano, encontrar um jeito único e valoroso de se expressar. Não vale só para músicos e artistas, mas tem a ver com uma expressão criativa de uma pessoa verdadeiramente livre: espontaneidade, senso de alegria. Quando nos expressamos, ficamos felizes. Temos uma necessidade urgente de fazer algo novo, e por isso, precisamos desenvolver novas habilidades. É este espírito criativo o que nos motiva a levantar todo dia de manhã. A quarta é a necessidade de conexão. Temos necessidade de nos afiliarmos, de compartilharmos sonhos. Cooperar é bem mais interessante do que fazer as coisas sozinhos. O jogo é mudar a estratégia da competição pela de cooperação. Adiamos o tempo todo essa nossa capacidade de cooperar, de nos conectarmos, por puro medo, por não reconhecermos o poder que isso tem. A quinta necessidade, finalmente, tem a ver com nossa vontade de encontrarmos significado para tudo, para que este mundo faça sentido para nós, seres naturalmente curiosos. Este é o quebra-cabeça que nos move, são estes jogos de expansão da consciência e autodesenvolvimento que mexem com a gente. Esta necessidade nos ajuda a compreendermos nosso verdadeiro papel no mundo. Para que eu existo, afinal? Sem significado, a vida é um ciclo de ações sem sentido e cheia de dor. Aí vem o caos. Encontrar significados é uma atividade espiritual.

> Necessidades humanas (*by* Robert Happé):
> 1) Encontrarmos nosso verdadeiro poder;
> 2) Necessidade de liberdade;
> 3) Nos expressarmos de forma criativa;
> 4) Necessidade de conexão;
> 5) Encontrarmos significado.

O Maturana, sem nenhum viés espiritual na conversa, na verdade totalmente científico, e igualmente sábio e vivido, trouxe um outro olhar bem humano sobre as nossas inquietações. E comentou sobre três direitos humanos. Segundo ele, temos o direito de nos equivocarmos, de mudarmos de opinião e o direito de ir, a qualquer momento. Falou sobre nossas famílias ancestrais, sobre o resgate do prazer de estarmos juntos, da importância dos espaços de bem-estar na convivência. E falou nas conversas, no conviver. "Conversar é dançar juntos, estar com o outro, colaborar." Todo o viver humano ocorre em redes de conversações. Para Maturana, os processos de transformações culturais acontecem através de pessoas audazes. Não ocorre porque são moda. Mas têm a ver com abrir o olhar e ter coragem de começar. Falou também num tal "medo" que paralisa e fez um convite para tentarmos viver sem tanto esforço.

O Robert e o Maturana provavelmente nunca se cruzaram na vida. Construíram trajetórias bem distintas, viajando pelo mundo em busca de novas perguntas para suas dúvidas tão mundanas. Não sei se acreditam em coelhos da Páscoa, nem se comemoram a data de hoje com suas famílias, tenham elas o modelo que tiverem. Mas os dois, cada um de sua forma, falam o tempo todo sobre o milagre da ressurreição. Eles, a seus modos, acreditam na nossa liberdade de tomarmos nas mãos as rédeas das nossas vidas e vivermos uma vida mais leve, afinal. E de recomeçarmos do zero a hora que tivermos vontade/coragem. Fica o convite para a reflexão e uma tentativa, minha, principalmente, de descomplicar um pouco para exercermos nossos direitos e necessidades de um jeito bem alegre e livre.

Foi num 28 de setembro

Publicado em 19 de maio de 2013.

Este não foi apenas um encontro. Foi um reencontro de mim comigo. Gravidíssima da Carolina, em um fim de setembro de 2012, com frescor de primavera, "dei à luz", junto de alguns coautores corajosos e parceiros, a este encontro "secreto" e tão cheio de possibilidades. As pessoas não sabiam o que era e foram. O lugar, a Casa Neo 10, me acolheu inúmeras vezes depois e me trouxe, de presente, a amizade infinita da Paula Rocha. Foi o Oswaldo Oliveira, "costureiro" de mão cheia (e que hoje habita o céu), que me apresentou para ela e para o lugar. O Paulo Bittencourt, meu sócio, o Tomás de Lara e a Carol Piccin (ambos eu conheci no tal *Art of Hosting*, de 2011) foram pares perfeitos. Nunca esqueceremos o que foi este dia. Certamente deixamos lindas sementes pelo caminho. Aqui, "a ata" que mandei para todos uns dias depois. Os temas que "rascunhamos" em 88 mãos seguem atuais e instigantes. Um encontro "à frente do seu tempo" que construiu possibilidades na minha vida. Muitos encontros que vieram depois deste beberam na fonte deste momento.

Era um dia bem ensolarado, daqueles típicos de começo de primavera. Friozinho. Em uma casa neo até no nome, recém-inaugurada, 44 corajosos reuniram-se, baseados simplesmente na confiança e na intuição. Eu, barriguda que só de uma Carolina, que chegou pouco mais de um mês depois, fui uma das provocadoras/anfitriãs, curiosa deste encontro que, para mim, foi só a faísca de muitos outros que viriam. Já estão vindo! Ninguém sabia o que era, por que era, nem quem estaria lá. Mas todos confiaram e foram. Alguns meses se passaram e o que conversamos em um grande círculo no dia 28 de setembro de 2012 nunca esteve tão atual. Somos, afinal, seres inquietos, "mentes inquietas", como nos chamamos depois. Este encontro aconteceu e continua retumbando na minha cabeça. Não acho justo não divulgar o que falamos por lá porque, de uma forma ou outra, cada um de nós foi um pouco espelho do momento que vivemos hoje na humanidade. Aqui vai o relato que fiz uns dias depois do encontro. Assim, meio solto, meio de sopetão, ainda engasgado e sendo digerido. Cada frase daria um *post* e uma semana de reflexão. Sigo desaprendendo com tudo o que aprendemos por lá. O texto:

By the way, *o que inquieta as nossas almas?*

No último dia 28 pudemos falar sobre isto em um grande círculo aberto de sentimentos e percepções. Éramos 44, mas representávamos bem mais que este número, até porque nós mesmos estávamos lá carregando diferentes papéis e personagens. De gestores e profissionais, felizmente, levamos poucos e conseguimos deixar relativamente do lado de fora as preocupações corporativas para levarmos um tanto de nossas outras personalidades. E era uma sexta-feira de fechamento de mês e trimestre! Ninguém chegou lá com seus cargos ou sobrenomes. Éramos nós mesmos, em primeiro nome, todos inquietos, curiosos e corajosos para nos entregarmos a algo que nenhum sabia o que seria.

Aos poucos, o círculo fluiu e os pontos de conexão começaram a se estabelecer, em um discurso individual que tinha muito de coletivo. Cada fala poderia ser minha. Na verdade, era um pouco de cada um retratado na boca do outro. Ufa. O convite tinha sentido e as pessoas, tão diferentes, estavam ali, todas muito iguais.

Levamos objetos e fotos que nos representam e despimos nossas almas para mentes desconhecidas.

Falamos de nossos medos, desejos, sonhos, inquietudes. Das redes digitais x livros físicos, dos nossos filhos, nossos hobbies, do que fazemos para aquietar nossas cabeças. Contamos que largamos nossos empregos para buscar sonhos, que sentimos falta de um propósito, que nos sentimos incompletos e que queremos exercer no dia a dia quem nós somos de fato. Descobrimos, juntos, que não fazemos nada sozinhos, que unir pontas e juntar coisas faz cada vez mais sentido. Queremos desaprender juntos e nos alfabetizar novamente. Desta vez, alfabetizar os nossos emocionais.

Respondemos ao chamado, à palavra "venha", e quando vimos, estávamos ali, entregues, nos enxergando como seres desta casa-planeta tão ampla. Somos parte deste todo. Compartilhamos a necessidade de enxergarmos além do que vimos, a importância de usarmos novos olhares para abrirmos nossos campos de visão. E que talvez nossos filhos sejam grandes pontes para nos ajudarem nesta amplitude visual. Sempre vai ter um espaço que não compartilhamos. É nesse *gap* que entra a confiança para enxergar o que eu não estou vendo.

Chegamos por causa de uma sequência de eventos que começaram no dia em que nascemos. Somos o que construímos. Vimos, independente das idades e das tais "questões geracionais", pessoas lidando com um novo social. Não precisamos de organizações hierárquicas para nos relacionarmos. Este tal "livre-arbítrio" nos inquieta. Afinal, o que cada um vai colocar nesta malha abundante para deixá-la fluir?

Trouxemos histórias comuns de pessoas empreendedoras e corajosas. Muitos de nós trouxemos histórias de família de também empreendedores que nos inspiraram. Éramos muitos engenheiros, todos abertos a reengenharias de vida, sobretudo, engenheiros de gente, questionando coisas da vida, modelos de produção em consumo, com a certeza de que uma mudança é possível. A mudança ainda não aconteceu porque as pessoas não querem. Falta a transformação pessoal.

Enxergamos nos nossos filhos suas capacidades de viverem o agora, de não terem limites nem medos. Por que não nos permitimos viver o agora? Temos que esperar as aposentadorias para nos prepararmos para usufruirmos de uma "tal liberdade"?

Essa coisa de nação, local, regionalismos, isso tudo já era. Foi. Não estamos falando de reforma, mas de uma grande revolução. Precisamos de gente jovem realmente disposta a mudar, tenha ela quinze, quarenta ou setenta anos. Juventude de sangue e coragem para mexer. Nós ainda não acreditamos uns nos outros, não nos entregamos, "vamos dar com a cara no poste e continuamos andando a passos firmes". Digamos não aos estereótipos, não adianta mais discutirmos a superfície! Temos que ir ao âmago.

E aí vem a pergunta: qual é o legado disto tudo que eu estou fazendo? Como apresentar projetos que não sabemos como fazer e como encontrar pessoas que topem saber que não sabemos? Não sabemos o que fazer, mas estamos dispostos a fazer. E esse tal processo colaborativo pode ser bacana. Com que pessoas, afinal, eu quero trabalhar? Com quem quero customizar a minha "vaca em branco" (uma alusão ao *cow parade*, uma instalação de arte onde artistas são convidados a criarem suas próprias vacas)? Tem a ver com educação, reeducação, "deseducação". Precisamos procurar as pessoas certas para dar sentido a tudo isto. Precisamos sair do efeito "manada" e deixarmos de ser mais uma vaca no rebanho. Estamos abrindo mão de sermos humanos!

Como, então, modificar esta realidade? Como nos comunicarmos/interagirmos diferentes dos animais? Onde fica nosso poder de indivíduo na sociedade? Estamos realmente buscando romper para sairmos do rebanho, buscando outras questões? Como construirmos uma linguagem comum às nossas inquietações? Como sermos elásticos para mudar, sem perdermos nossa capacidade de amarrar as coisas de vez em quando?

Já percebemos o poder das comunidades. Pequenas cidades podem fazer milagres. Precisamos tomar o poder de volta e agir, fazer uma viagem ao interior para encontrarmos mais sentidos para nossas vidas. O que queremos é tão simples quanto amar e sermos amados, sermos reconhecidos. Por que, então, é tão difícil? Buscamos a autossuficiência, queremos criar nossos mundos com energias renováveis e renovadas. O alimento nos ajuda, as histórias de vida de nossos avós, a consciência do local dentro do global, a comida que também alimenta a alma. Queremos criar cidadania, dignidade, curiosidade e propósito, com pessoas jovens de espírito ou com espírito jovem. Queremos transformar, queremos encontros de troca e experiências, queremos viajar para um mundo melhor, inovar, renovar.

Somos um pouco físicos, curiosos, vivemos em um mundo de incertezas, da interdisciplina, da rede. Não temos que salvar o planeta. Temos é que nos salvar enquanto pessoas que somos. Fazemos as mesmas coisas há tempos e esquecemos de renovar as nossas energias pessoais. Onde isto vai parar? Fazemos força demais para as coisas erradas. Não basta sermos esforçados. Temos que direcionar esta força toda para o lado certo. Preciso de um outro sistema onde eu me apoie, de pessoas que queiram transformar o mundo tocando no mundo atual.

Temos muitas coisas importantes ainda por fazer. E temos todos, como pessoas, condições de darmos mais. A força agora é no cidadão, no poder de fazer a transformação. Fazer um churrasco, reunir a família, os amigos, isto nos renova, reconecta, desperta os sentidos.

Nossas fraquezas, tão escondidas, são, afinal, bem-vindas. O que eu precisava era só aprender a pedir ajuda. Não consigo fazer nada sozinho. Nos reunimos neste dia 28 para pedirmos ajuda para construirmos nossos caminhos. "Quanto mais eu consigo me entregar e pedir ajuda, mais forte eu fico."

Se não pararmos de dar corda às nossas almas inquietas, nossos bichinhos vão continuar pulando e girando sem rumo e seguiremos como pessoas desconectadas. Quem tem coragem de dar um fim nisso, de admitir fraquezas, de resgatar as palavras e as pessoas? Viemos aqui por conta das palavras. Escrever ajuda. Voltemos ao mundo das palavras para reaprendermos a viver com alguma serenidade.

Se olharmos lá fora – e aqui dentro –, as pessoas que puderam fazer um balanço de suas vidas se arrependeram de coisas bem simples. Como de terem tido pouco tempo para a família, para as coisas coloquiais, banais, triviais, simples. Vivemos com culpa por não estarmos inteiros com os filhos, com os amigos. E daí vem o dilema: geramos valor para os acionistas ou jogamos bola com a gurizada? Os lugares onde conseguimos nos reconectar não têm nada de luxo. São triviais. Nos reencontramos correndo, no silêncio do mar à espera de uma onda, cozinhando, rabiscando. Temos instintos bem básicos que procuramos contemplar a toda hora e esquecemos de um bem importante: o gregário! Precisamos viver em bandos! Precisamos nos encontrar com as pessoas e queremos que estejam o mais inteiras possíveis em cada um desses encontros, com menos avatares e mais alma. Somos produtos à venda nas redes sociais, observados, expostos. Onde fica nossa abordagem mais crítica do consumo para que não viremos, novamente, manada?

Alguns de nós meditam há anos. Outros têm vontade, mas ainda não coragem. Nos inquietamos com as doenças da sociedade, com o piloto automático que vivemos, com a corrupção escrachada, com a impunidade. Que filhos vamos deixar para o mundo? Será que nos demos conta de que o tal modelo capitalista também fracassou? Preparar para o vestibular desde a primeira série não serve! Quem nos prepara para a vida? Estamos cuidando de periféricos e esquecemos de nossos pontos centrais! Viramos escravos de um modelo muito bem montado. E este consumismo exacerbado incomoda. É comum, mas não é normal!

Estivemos reunidos porque tivemos a coragem e a capacidade de estarmos juntos sem piloto automático, de fazermos, pelo menos um dia, algo meio sem mapa. Nos encontrarmos trouxe um pouco de conforto, deu alguma referência, ainda que móvel, aos nossos mares pessoais. Trouxemos fluidez e entendimento às nossas questões, nos sentimos "meio sócios" em propósitos, nos reconhecendo uns nos outros como seres humanos capazes de confiar, de admirar e ter afinidades. O futuro da competição tem a ver com unir e cocriar, com o valor da troca, com arte, sabedoria e conhecimento. A arte nos faz mais humanos, mais sensíveis. Vamos resgatá-la em nossas vidas!

Fomos para a vida feito passarinhos e estamos reaprendendo a voar. Nos encantamos com as relações, com a profunda transformação do mundo, que já começou. Nossas vidas têm sido um grande voo, um bater de asas, uma desconstrução, uma "reassociação". Chegamos cheios de incertezas porque, no fundo, gostamos delas. Cada vez que fazemos uma viagem, estamos mergulhando em um universo de incertezas. Estarmos mais conscientes sobre as incertezas ajuda. Buscamos em nós mesmos, nos nossos nomes "oficiais" ou nos nossos apelidos, espaços para sermos inquietos e felizes. Nos adaptamos, corremos, buscamos nossos tigres de pelúcia para reaprendermos a magia de brincar. O tempo passou rápido e nossas crianças ficaram pelo caminho. Nossos oráculos do pão estão aí, disponíveis para nos ajudarem a "redespertar" e a nos redescobrirmos.

Quem de nós já chegou do outro lado, quem já tem tempo para a família, já vive no mato, também está em crise. Bela ironia do destino! Reconstruir laços também faz parte. Não dá para ser feliz sozinho. Há uma força divina na cocriação, nesta coisa que nos une pela respiração. Somos privilegiados até por nos permitirmos parar e questionar. São as diferenças que nos fortalecem como grupo, para que não nos tornemos pequenas igrejas. Resgatemos nossas inocências, reaprendamos a sintetizar. As lições todas já foram ensinadas. E os pontos de contato vão aparecendo nas falas, à medida que interagimos, que trocamos.

Temos, juntos, a capacidade de gerar ação, de fazermos uma transformação profunda. Vamos passar a viver muito mais tempo. O que fazer com isso tudo? Somos indivíduos altamente conectados, protagonistas em nossos locais. Temos que reaprender a tirar um sorriso dos outros, a desarmá-los, nem que tenhamos que vestir uma máscara de "lobo mau do bem". É simples como isto. Porque acessamos o lado infantil do outro e o desarmamos quando o fizemos. Não é doutrinar. É pensar em experiências positivas, em pequenos grandes movimentos que nos ajudem a aprendermos a envelhecer e a viver. Estamos falando em amizade, em intelecto, em buscas espirituais, pessoais, em nos reconhecermos como "veículos" de passar adiante coisas que descobrimos. Pedir ajuda, dar as mãos, afinar relações podem ser bons caminhos. E não adianta só pensar, desenhar. Temos também que agir, levar para um lugar melhor algo do que você pegou. Nossas funções são fazer alguma coisa, criar, concretizar também.

Para isto, precisamos, de tempos em tempos, respirar o vazio e o silêncio. Esquecer um pouco a aflição de estarmos aflitos e encontrarmos serenidade e paz para nossas inquietudes. Façamos o que está ao alcance de nossas mãos. E já está de bom tamanho. Nos reencontramos, no grupo, com conexões antigas e inesperadas. Com pessoas que não víamos há tempos. E com outras tantas que nunca vimos e que disseram muito de nós. Nos descobrimos inquietos porque nos enxergamos como grandes árvores de Natal, cheios de penduricalhos. Temos que desconstruir, encontrar a essência. E isto vale ainda mais para aqueles que já começaram a jogar "o segundo tempo" da vida.

Nos dedicarmos àquilo que realmente importa, à essência, a fazer menos e melhor. Reencontramos nossos perfis exploradores – grandes guerreiros, amantes e descobridores da impermanência da vida. Nos inquietamos com reuniões demais e ações de menos. Tem que ter fricção para fluir. Mais que guerreiros, que todos somos – e dos bons –, chegou a hora de "largarmos um pouco as velhas armas" e nos redescobrirmos como cuidadores. Primeiro, de nós, para então aprendermos a cuidar do entorno e, quem sabe, do planeta. Se eu ainda não sei nem cuidar de mim, como vou cuidar do outro? A vida cuida da vida. Vivo dos instantes e do momento. E como dizem os "novos filósofos", "quando a mente fica quieta é tão bom porque depois ela se enche de ideias".

---

*   E se eu fosse escolher uma só palavra para tudo isto? Desaprender! Simples assim. Mas quem disse que é simples?

Mundos possíveis

Publicado em 28 de abril de 2018.

Confesso que depois de "reler" esta "ata" me deu uma vontade bem grande de reunir Snowden e Melé. Já pensou a potência desta costura? Para quebrar todas, de vez, chamaria a Hilma af Klint para uma xícara de chá. Daria mais trabalho trazê-la do seu descanso, mas certamente seria absurdamente lindo.

Cada vez mais estou convencida de que um novo mundo é possível e que cada um de nós tem sua pequena grande parcela de responsabilidade na sua construção. Leia com calma na alma.

Há exatamente uma semana eu finalmente conheci o tabuleiro de um jogo chamado *The Miracle Choice*, que, descobri na hora, foi baseado em um livro bem importante e meio misterioso, *Um curso em milagres*. Um jogo para aproximar seres humanos, dentro e fora das empresas (até porque não nos tornamos mais ou menos humanos dentro ou fora de algum lugar, ou não deveríamos nos tornar – eu acho). O jogo chegou a mim através dessas conexões e costuras da vida, pela Luciana Sato, da Rede Héstia, que ao ler meus artigos no Draft (www.projetodraft.com), me contatou, me colocou na rede, me convidou para escrever lá e fez comigo mil pontes. Foi através delas que cheguei à Claudia Vaciloto, que nos anfitriou em sua "sala" e nos apresentou algumas "jogadas" possíveis. A Claudia foi diretora de RH de grandes empresas por mais de 25 anos até que um dia, no meio de um *burn out* feio, escolheu investir em novas moedas que lhe pagariam de forma menor e melhor. Estou cada vez mais curiosa em relação aos jogos e às escolhas. Sinto que a humanidade precisa voltar a jogar nesses tabuleiros que nos fazem interagir como gente, com sacadas de mestre para o nosso grande jogo interno. Este tal jogo trata-se disto. Não é jogar contra o outro, para ganhar do outro.

É jogar com a verdade interna para abrir novos espaços possíveis em nós. Essa manhã de uma terça-feira qualquer abriu algumas janelas bonitas para os dias que vieram a seguir, onde estive com parceiros e amigos queridos, em cafés e conversas profundas. Conheci também gente nova e intrigante. Na quarta à noite, em uma escola tradicional antroposófica (Waldorf) aqui de São Paulo, tive o meu primeiro acesso ao espanhol Joan Melé. Não sabia nada dele até que uma amiga, a Ana, também mãe de um colega da Carolina, o Theo, deu a dica. E ele viria ao Brasil em um ciclo de palestras sobre dinheiro e consciência. Mais que isto, viria provocar conversas necessárias sobre o uso do dinheiro, a quem ele serve, papo este que me atrai faz tempo, desde que comecei a andar pelos campos da abundância x escassez, embalada por filósofos inspiradores, como o saudoso Oswaldo Oliveira, que nos deixou ano passado sem avisar, o indiano inquieto Satish Kumar, do Schumacher College, no sul da Inglaterra, e o filósofo Charles Eisenstein, que fala de forma simples e bela sobre a sagrada economia. Naquela noite, rodeado de pais, educadores e curiosos como eu (que também sou mãe e, de certa forma, educadora), aquele homem vivido e simpático, se esforçando para esboçar algumas palavras em português, falou de forma forte, leve e inspiradora sobre um tema tão polêmico. Estive com ele ontem à noite novamente, no fechamento deste ciclo no Brasil, em um clube com outro público, os empresários. Foi igualmente restaurador.

Na sexta, a convite de outro amigo querido e inspirador, o Marcelo Cardoso, estive com ex-colegas da formação meta integral com outro grande homem, o Dave Snowden, que fala com propriedade sobre a Teoria dos Sistemas Complexos. Um grande cara. Maior ainda quando mostrou seu humor galês afinado. Ambos, Melé e Snowden, são grandes homens em suas teorias e práticas. Trouxeram pitadas de humor às "palestras", tirando o potencial ar arrogante de quem senta e descarrega cirurgicamente teorias cheias de verdade. Eles têm vivência, bagagem, nome e propriedade. Mas trazem simplicidade e pitadas de piadas para rechear conversar profundas e difíceis. Gosto disto. Sinto falta de humor nas conversas, nos debates.

No sábado, para rechear com propriedade esta sequência mágica de "escolhas por conhecer o novo" eu "conheci" uma sueca. Não pessoalmente como o fiz com o Snowden e o Melé porque, assim como o Oswaldo, ela nos deixou. Partiu em 1944 e hoje, em 2018, nos toca no Brasil. Sua arte reverbera na alma. Na minha, pegou forte. Chama-se Hilma af Klint e, assim como os homens citados anteriormente, foi uma pessoa à frente do seu tempo. Na exposição "Mundos possíveis", na Pinacoteca aqui de São Paulo neste momento, ela retrata de forma totalmente intuitiva e profunda suas vivências pessoais, costurando ideias filosóficas, espirituais e complexas em pinturas abstratas antes mesmo de mais alguém pintar deste jeito no mundo. Já com certa idade, conheceu o Rudolf Steiner, filósofo, artista, arquiteto e teosofista e, através dele e da antroposofia, ampliou sua inquietude e possibilidades. A exposição é um compilado de muitas obras que ela gestou, pariu e teve a ousadia de não as ver expostas em vida. Pediu para que fossem apresentadas ao mundo alguns anos depois de sua morte porque, senão, não seria a hora.

O Oswaldo também falava de coisas antes da hora. O Steiner o fez também. Felizmente a conversa do Joan Melé sobre dinheiro chega a nós em uma hora cujo tempo chegou. Não dá mais para não olhar para isto. Mesmo o Melé, que hoje nos fala tão "no tempo certo", foi um "estranho" no mundo corporativo quando presidia um banco tradicional na Espanha. Ousava falar de coisas de espírito em um mundo totalmente dominado pela matéria. O Snowden saiu da IBM no "auge" da carreira. Foram, todos, pessoas à frente do seu tempo. Fizeram escolhas fora da curva, bancaram seus olhares diferentes sobre a vida e, por isto, puderam e podem falar com propriedade sobre suas vivências.

Se eu puder ousar e te dar uma dica, te sugiro ires à Pinacoteca em um dia qualquer para se deixar tomar pela arte dessa mulher tão ousada. E te sugiro também dar uma espiada no livro do Melé. Coloquei umas pistas mais abaixo, com uns textos que, desconfio, possam ser um atalho. Se tiveres mais uns minutos, te convido também a leres as frases que mais me tocaram na minha estada com o Snowden e o Melé. Todas elas me mostram que um mundo impossível parece começar a ser possível e que estamos diante do milagre de novas e potenciais escolhas nas nossas vidas como humanidade.

Uma ou outra frase do Dave Snowden:

"Não dá para usar o mesmo modelo mental antigo de que podemos planejar/controlar e ter 'certeza' do que vai acontecer. Não há, nem nunca houve, nenhum controle sobre o que vai emergir. Para abrir espaço, precisamos desaprender."

"Você não pode se dar ao luxo de ser um especialista. Tem que saber um pouco de tudo, ter uma capacidade de integrar tudo."

"É preciso saber argumentar sobre um assunto, contra ou a favor, inclusive exercitando isto nas posições que você discorda. Considere tudo ao seu alcance, porque você não sabe sobre todos os temas. Processos são para serem descobertos por si mesmos. É preciso aprender a ser crítico, a ter aulas de retórica (Cícero)."

"Não é possível replicar experimentos nas ciências sociais."

"Ter muito deixa você menos inovador."

"Falta de diversidade abre espaço para a radicalização."

"Usar casos de sucesso do passado faz com que a gente não pense no problema."

"Somente fatores humanos são capazes de detectar sinais fracos. E detectar sinais fracos não é uma coisa que a gente percebe de cara. Mas depois que passa, a gente vê. Com o terrorismo é assim."

"Não enxergamos o que não esperamos ver."

"Quanto maior a hierarquia, menos a gente defende uma ideia."

"Na complexidade, entendemos que o importante é avaliar o presente, pensar na jornada, e não nas metas e objetivos."

"Regra de ouro em uma crise: manter isolado quem vai resolver o problema."

"Quando a medida se torna objetivo, deixa se der medida."

"O caos pode ser muito valioso se usado de propósito."

"Experiência vem do fracasso. Dos fracassos toleráveis. Vem de pequenos experimentos. Pegar algo de outro propósito e usar em outra coisa (abrir cerveja em um quarto de hotel sem abridor por perto, por exemplo)."

"Em uma determinada situação desafiadora, faça um mapa de como diferentes pessoas enxergam o mesmo problema. Então, procure chegar em um consenso novo fora dos extremismos."

"Alguns problemas são intratáveis em lideranças conservadoras."

"Diante de uma questão, comece onde as pessoas estão, não onde você gostaria que elas estivessem."

"Inovação é sempre aleatória."

"'*Serendipity*' uma evolução que vem do acaso, de pessoas que não sabiam o que queriam e descobriram outras coisas."

"A natureza negocia as cartas. A arte afeta os seus filhos e os seus descendentes. O que acontece até os três ou quatro anos é crítico!"

"Grandes artistas geralmente criaram grandes artes antes de se tornarem ricos, com recursos escassos. Em um projeto novo, invista menos no começo. Senão acomoda."

"Investidores costumam investir no que se parece com os últimos três sucessos. Isto é um erro."

"Coloco biólogos para falar com engenheiros. Uns sabem de teias de aranha e os outros sabem o que é possível fazer."

"Crie momentos de coragem para seus filhos, deixem que eles façam as coisas."

"O principal fator determinante nas histórias são as micronarrativas diárias da existência."

"Parábolas são histórias com ambiguidade que têm coerência."
"Novatos não oferecem ameaça aos sêniores. Misture avós e netos, executivos experientes com os que chegam à empresa. A transferência de conhecimento funciona melhor quando se pula uma geração."
"A arte faz com que a gente suba um nível de abstração e faça novas conexões." (Esta é música para meus ouvidos!!!)
"Quatro grandes ameaças à/desafios da humanidade da atualidade: guerras, inteligência artificial, manipulação genética e aquecimento global."

E algumas do Joan Melé, simples e necessárias:
"Uma rede mundial de consciência, sobretudo do uso do dinheiro, pode curar o mundo."
"Vivemos como autistas, sem nos inteirarmos do outro. O que está passando no mundo está passando também comigo."
"Há uma obsessão pela matemática. Ok, é importante. Mas não menos importante que tocar piano ou pintar um quadro."
"Queremos que nossos filhos sejam inteligentes. Sobretudo, mais inteligentes que os dos outros. Queremos nos salvar. Apenas isto."
"Não nos adaptemos à sociedade! Ela está doente!".
"Países ricos enriqueceram em um roubo coletivo à África e à América. Uma vergonha! Não deixem os sírios! Todos somos imigrantes. Que estamos fazendo?"
"Viramos zumbis. Nos levantamos de manhã, vamos trabalhar. Um dia morremos. E não mudamos nada."
"Criamos uma grande ferida no mundo. A ferida da separação dos mundos físico e espiritual."
"A visão materialista é um dogma. Quem tem visão espiritual não ousa falar."
"Quando criança, era inquieto, fazia perguntas. Me mandavam me portar bem e não fazer perguntas. E se me portasse mal, iria ao inferno e lá eu queimaria. Arderás

eternamente! Sofrendo. A propósito, Deus é amor! E não me pergunte nada, meu filho!"

"Em vez de buscar respostas, fugimos ao mundo material para comprar."

"Dinheiro une espiritual e matéria."

"Há um mundo invisível, suprassensível, que não é, mas já existe. Começamos a ver as imagens antes do objeto existir."

"Para que sejas livre, não podes afetar a minha liberdade".

"Gente que quer acumular muito tem medo da morte."

"Quem faz poesia, toca, pinta, não o faz por necessidade. Se fôssemos animais que só lutam pela sobrevivência, por que faríamos poesia? Porque alimenta a alma e o espírito. É algo que levo dentro de mim e que quero compartilhar. Na arte, poesia, música, literatura é assim." (Esta frase, claro, também toca minha alma.)

"Por que criar uma empresa? Porque tenho uma ideia e penso que o mundo com ela estará melhor. Até ganharei dinheiro com isto, em um indicador de que fiz bem feito."

"Quanto ao dinheiro, podemos usar, poupar ou doar. Doar é a mais difícil e a única em que o recurso não se extingue. Como um fruto que cai da árvore e 'morre', o dinheiro doado morre para nós e gera sementes que vão frutificar em outros projetos."

"Nunca nenhum cliente do banco me perguntou o que faríamos com o dinheiro dele."

"Comprar com consciência não é comprar por preço, comprar barato. Alguém pagou caro quando você pagou barato demais por alguma coisa."

"Para os muito ricos, para que querem mais dinheiro? De que tens medo? Por que não tomá-lo para que o mundo fique melhor?"

"Praticamos muitas mentiras quando lidamos com o dinheiro. Dizemos com facilidade que não temos dinheiro. Vamos ser transparentes? Não dá para pedir ajuda/desconto no colégio se teu cartão de crédito aponta outras prioridades. O extrato do cartão é um indicador de subconsciente. Está tudo lá."

"Não é inteligência que nos falta como seres humanos, mas bondade a serviço do mundo."

"Mesmo nas escolas Waldorf, não se trata bem o tema dinheiro. Sempre aparece como algo escuro, enigmático, feio."

"Como ser humano, o que és capaz de fazer com o dinheiro que te sobra?"

"Estamos chegando a uma rede mundial de consciência. Chegou a hora. Despertamos! O coração vibra, já estamos entusiasmados."

"Existem três grandes dragões nos provando o tempo todo: a mentira, o poder (poder sobre) e o ódio." (Não sei se anotei bem esta parte.)

"Precisamos sair do armário espiritual! Precisamos falar disto em um banco ou em uma empresa. Kairós, o momento chegou. Agora é hora de falar sobre isto abertamente! Sobretudo no mundo econômico e social."

"Esperávamos a chegada de um guia, um líder, que viria nos salvar. Ele não veio! Preciso ser líder da minha vida, coerente com sentimentos e pensamentos!"

"Não venda para ninguém um produto que você não compraria! É o dragão da mentira!"

"Crescer, crescer, crescer não funciona. Em nada. Na vida, uma hora paras de crescer e começas a maturar. Senão teríamos três metros. Ok, tem gente que não amadurece nunca..."

"Gente jovem está muito sensível, despertando para uma consciência incrível. Tem um tsunami chegando e seguimos fazendo *self*. Não queremos ver. Jovens estão saindo de grandes empresas (para ganhar menos) e indo para empresas com sentido. Olhemos através dos olhos deles para algo novo que está acontecendo. Se não olharmos, o tsunami vai nos pegar."

"Aprendemos a falar aos dois anos. E temos desaprendido esta arte. Falar serve para comunicar meu mundo interior para os outros. O diálogo, o encontro, é isto. Algo baseado no amor. Estamos perdendo isto."

"O ser humano é capaz de amar e criar. Tem mãos para criar. Somos seres criadores. E não estou falando de tecnologia. Me refiro a uma criatividade social, à arte social do encontro, desta nova relação do dinheiro, com o mundo, que me torna um ser humano criador."

"Quando doas, é sempre um ato de amor. Doar dinheiro, uma pintura, uma poesia. Doo algo que tenho dentro para que outros possam desfrutar."

"Doar é uma oportunidade de cura."

"Não dá mais para especular!"

"Quando estiveres desenhando um projeto e te disserem que não vai dar certo, saiba que é um indicador importante de que vai ser bom. E siga!"

"Tenho falado, hoje, de coisas que eram impossíveis de tocar há quinze anos."

COSTURAS DE INQUIETAÇÕES FEMININAS

Fui chamada para fazer uma "costura de inquietações femininas" por uma amiga que viu que eu tinha estudado bastante o tema (desde a faculdade, aliás, quando o foco da minha dissertação foi "mulheres que marcaram seu tempo"). Mais que uma expert na literatura, descobri, aos poucos, que ao curar dores femininas bem profundas, acabei sabendo mais de mim e disto que a humanidade tanto precisa resgatar. Ousei falar do assunto, muito em primeira pessoa e, desconfio, toquei algumas almas. Aqui, alguns goles desta experiência tão reveladora.

Mulher

Publicado em meados de 1988, no *Jornal do Povo*, em Cachoeira do Sul, Rio Grande do Sul.

Fiz o texto em homenagem à minha mãe, Irma. Sabia pouco de mim, do "ser mulher" e quase nada de dança do ventre. Mas, desconfio, já intuía algumas coisas da vida.

> **MULHER**
> Para minha mãe, com carinho.
>
> Meu coração no teu.
> Seu jeito de viver
> é meu.
> As mil e uma palavras
> de seus lábios
> penetram em meu corpo
> como raios que
> iluminam e
> me fazem ser
> mulher.
> Mulher amada,
> querida e cativada,
> mulher
> que ama e é amada
> mulher que sente e
> que vive.
> Mulher que dança
> a dança do ventre,
> e nos olhos de quem vê,
> o corpo flutua,
> a mente imagina,
> o ser ama
> e declama!
>
> MULHER, ANDREA FORTES DE OLIVEIRA (12 ANOS)

Era uma vez

Publicado em março de 2017.

Fiz este texto beirando o Dia da Mulher e ele acabou sendo compartilhado por muitas, em diferentes encontros e contextos. Independente do "dia", ele segue me tocando de forma atemporal.

Era uma vez umas curandeiras, lobas, bruxas, alquimistas, costureiras, mães, amigas, rendeiras. Elas reuniam-se, em círculos, dentro de tendas vermelhas. Cuidavam dos "nossos filhos", dos nossos ritos, das plantas, honravam o sol e a lua cheia. Tinham cabelos soltos, sorriso no rosto e a força da mãe Terra correndo nas veias. Eram honradas, veneradas, respeitadas, escutadas. Tinham poder nas ancas, coração aberto, mãos mágicas. Elas sentiam muito. Sentiam as dores do mundo, entendiam como ninguém que a parte e o todo são a mesma coisa. Eis que um feiticeiro trouxe uma maldição à história delas todas. Não poderiam mostrar mais ao mundo todo este poder sob pena de irem para a fogueira. Os anos passaram, o fogo ficou contido, os cabelos foram presos e o sorriso esmaeceu. Seguiram mães, amigas, amantes e desenvolveram outras habilidades. Tornaram-se guerreiras, focadas, centradas. Vestiram calças, crenças e, com ainda maior intensidade, a dor da humanidade. Serviu-lhes como uma luva. Metamorfoses aconteceram. No mundo, muita coisa não cabe mais. Nossos sapatos apertam, as verdades assustam e a alma pede passagem, em um grito de traição à tradição necessário. Curandeiras, lobas, alquimistas, tecelãs e costureiras pedem passagem. Uma nova passagem, um novo lugar, sem mais abusos, sem mais máscaras nem tanta maquiagem. Nosso fogo virou vulcão. Que não tenha sido em vão.

Que sua lava vire húmus e que dela brote humildade, humanidade e mais humor no mundo.

("Era uma vez", um texto-fábula meio conto que tem tudo para ser real. Escrito por Andréa Fortes, aos 42 anos, filha da Irma, mãe da Carolina e cada vez mais imbuída de "desaprender" algumas coisas para relembrar aquilo que é essencial. O texto traz pitadas e provocações da peça *A alma imoral* e algumas palavras do indiano, que entende muito do feminino, de nome Satish Kumar (húmus, humildade, humanidade, humor). Originalmente publicado em março de 2017. Para nossas células-meninas.)

Carta para a Andréa menina

Publicado em 15 de outubro de 2017.

A Brené Brown seria uma das pessoas para quem eu escreveria uma carta de agradecimento na vida. Foi uma heroína ao me mostrar, beirando os meus quarenta anos, que ser vulnerável pode ser uma grande fortaleza. Justo eu, tão "fortes", tive que dar conta desta informação e potência. Felizmente, deu tempo de rever alguns conceitos.

Quando foi a última vez que você deu uma gargalhada sem vergonha? Quando dançou sem olhar para os lados? Quando chorou na frente de outras pessoas sem se preocupar com o que pensariam? Quando tomou banho de chuva sem fugir dos pingos?

Eu estava revendo há pouco o TED da Brené Brown sobre vulnerabilidade. Lembrei do outro que ela fez, tempos depois, falando de vergonha. Me vi sem vergonha na última sexta em um fim de tarde de meio de feriado em São Paulo. Depois de uma semana esquisita em que me vi doente e fragilizada (totalmente vulnerável), reencontrei minha menina de um jeito inesperado. Na verdade, acho que foi ela que me resgatou, um dia depois do Dia das Crianças.

Eu saí com a Carolina, minha filha de quatro anos, a pé. Fomos pegas de surpresa por uma chuva de verão. Paramos em um banco de ponto de táxi para esperar um pouco e, vendo que estávamos relativamente perto do nosso destino, eu a convidei para tirar o chinelinho que calçava e subir na minha garupa. Caminhamos duas quadras inteiras na chuva. Sem pressa ou correrias. Depois, entramos em um supermercado, descabeladas e molhadas, fizemos compras e, finalmente, chamamos um carro para voltarmos para casa para um banho quente. As pessoas nos olhavam meio perplexas. Carolina sorria. Eu, curtia. Esqueci que tinha estado doente. Não tive medo de gripe. Não me julguei. Um lapso delicioso.

A Julia Cameron, que escreveu o transformador *The Artist's Way*, conta que temos todos um artista adormecido em nós, que precisa ser desperto e cuidado. A Laura Gutman, no último *A biografia humana*, fala das nossas crianças internas que precisam de colo. O Rudolf Steiner, "pai" da antroposofia, falava da magia do primeiro setênio, quando nos formamos como seres humanos. Cada vez que faço a minha aula de biografias e relembro estes conceitos, acabo curando mais um pedacinho da minha Andréa-menina. Tenho visto tanta casca de adultos com crianças assustadas lá dentro! Confesso que a minha também andou acuada. Eu que tinha voltado com tanto gás, fiquei mais de um mês sem escrever, quieta, cética, embaixo das cobertas. Na quinta, Dia das Crianças, estávamos fora de casa. Eu nem sequer comentaria da data com a Carolina porque não gosto muito do apelo comercial desses dias. Mas, aos 45 do segundo tempo, na quarta à noite, me rendi e comprei um mimo para ela. Nada demais, mas eu o escondi em uma barraca e fiz trilha pela casa. Eu estava mais ansiosa que ela para que descobrisse o pacote. O presente fez sucesso, mas nosso Dia das Crianças mesmo foi comemorado no dia seguinte, naquele banho de chuva inesperado. Em homenagem ao Dia das Crianças, à Carolina, à Julia Cameron e à Laura Gutman e a todas as crianças/artistas que habitam em nós, eu decidi fazer uma carta para minha menina:

> Querida Andréa, eu te vejo com clareza. Cabelo liso e escuro, corte chanel com franjinha de índia, sorriso banguela e recorrente, olhos de jabuticaba curiosos. És uma guria comprida, sedenta por histórias, decidida, corajosa, moleca de Caloi Cross, adoradora de cavalos e da liberdade de cavalgá-los. Te vejo com um macacão jeans, agarrada em um coelho de plástico branco. Tua professora se chama Elsa e usa coque no cabelo. Teu colégio é grande e fica perto de casa. És o recheio de um sanduíche de irmãos. Eu queria aproveitar o dia 12 que passou para te dar de presente o meu colo e te contar umas histórias sobre a humanidade. Eu sei

que às vezes tu tens medo e não tens a quem recorrer. Sei que tens vergonha de vez em quando. Que temes parecer fraca se pedires ajuda. Eu quero te contar que agora eu cresci e sou esta pessoa que vou te dar a mão que tu precisas. Eu vou te ouvir com atenção, posso te fazer um bolo (o pão de ló da receita da tia Dudu) e te ler um conto. Posso te falar com a propriedade de quem agora é grande, que fazes, sim, coisas grandes e belas. E que deves continuar a tua jornada. Às vezes, Andréa, as coisas não saem como a gente espera e algumas pessoas não agem como gostaríamos. Existe o "mal", sim, não sejamos inocentes. Mas ele vem para nos mostrar o quanto o "bem" é bom. Se alguém te machucar, não se machuques na sequência nem te cobres por teres permitido. Vulnerabilidade é uma virtude, uma fortaleza. Não deixe que te criem cascas, escudos, medos, porque é justamente a pele fina que faz a gente sentir o vento e os sabores da vida. Saibas te afastar sem julgar. Tu não sabes das histórias das pessoas. Mas sabes da tua. Cuida dela. Tome banho de chuva, banhos demorados, passeie com tua artista, sozinhas, nutra tua guriazinha com cheiro de livro novo e café recém-passado. Te presenteie fora de datas com pequenas coisas. Sorria. Tens dentes grandes e marcantes. Não dá para não usares. Quando acordares, Andréa, olhe para os olhos de jabuticaba e veja se eles brilham. Pense no que te faz vibrar e não aceite nada menos que isso na tua vida. Não espere para seres feliz amanhã. Saia com quem tire de ti gargalhadas. Sonhe. À noite e, claro, durante o dia. Anote os sonhos em papéis de pão e não os perca pelo caminho. São valiosos. Sei que és séria, comprometida, focada, preocupada. Mas não deixe que estas tuas virtudes comprometam a leveza da tua alma. Não te leve tão a sério, menina! Tire essa ruga da testa e essas dores do peito. Respire, inspire, pire! Use mais roupas de cor, tenha mais dúvidas e menos certezas. Sigas curiosa, desbravadora, inquieta. Não pare, mas, de vez em quando, pare tudo e não faça absolutamente nada. Sei que sabes bastante e que sabes que, justo por saberes um pouco, sabes quase nada da vida. Siga sabendo disto e faça desta sede uma mola gostosa onde possas te impulsionar, mas também brincar. Solte o teu corpo, as tuas amarras, as grandes certezas e o medo, querida. Estou aqui, contigo, para o que der e vier. Feliz dia, minha artista. O mundo é todo teu. Faça dele o teu jardim.

Coisa mais linda

Publicado em 30 de março de 2019 (no fechamento do livro).

Este texto quase não entrou. Mas teve que entrar, porque mal eu cabia em mim depois de tê-lo escrito. A série borbulha enquanto escrevo estas palavras. Ame ou odeie é o seu mantra. Não acho que tenha sido a obra mais primorosa a que já assisti na vida. Mas sei o quanto sua entrelinha me tocou. Acho linda a ousadia e coragem dos escritores, roteiristas, diretores e produtores em colocarem de pé algo tão cheio de desafios e possibilidades. Ainda não sei onde tudo isto vai dar, mas, para mim, já deu bastante coisa. Recebi muitos retornos do texto, pessoas tocadas, outras incomodadas. Teve gente que não "entendeu" a brecha onde me enfiei quando contei o quanto o texto me tocou. Não serei unanimidade. Tampouco esta ou outra obra o será. Mas precisava falar e assim foi feito. Se ainda der tempo, ao menos espie. É só uma série. Se não gostar, é só desligar.

Tenho graves problemas com séries. Na verdade, eu não tenho maturidade mesmo para assistir um episódio e, no dia seguinte, ver outro e outro. Se eu engato uma primeira, vou até o final. Por isso, acabo fugindo delas. Me contento em saciar minha sede de narrativas visuais com lindos filmes, que sempre prefiro assistir no cinema. Adoro me arrumar para ir, comprar pipoca, ser uma das últimas a sair, depois de assistir até a música dos créditos. *Nasce uma estrela* foi um dos últimos e me transtornou, no melhor sentido da palavra. Ontem à noite eu tinha prometido quietude a mim mesma. Minha filha de seis anos viajou e teria uma rara e inteira sexta à noite só para mim. Amigas bem bonitas chamaram para ir ao teatro e amarelei aos 45 do segundo tempo, feliz com a possibilidade de escrever sem pressa, rodeada de ideias e papéis. Eis que outra, tão bonita quanto, me provocou, já no apagar das luzes, a assistir uma série brasileira chamada *Coisa mais linda*. A Karine foi mais enfática que a Ellen (uma das amigas do teatro que tinha me falado da série na quinta) e me disse que eu tinha que ver e ponto. Adoro ser provocada! Fui espiar e acabei tendo uma madrugada adolescente. Assisti, claro, a série inteira. Felizmente, até agora, foram só sete capítulos. Acordei com ressaca de alma. Por ter dormido tarde, também. Mas muito mais por ter acessado em mim tanta caixinha feminina adormecida. Neste março que passou, para comemorar meu fim/começo de vida (fiz 43 anos no dia 20, último dia do zodíaco), fiz um "festival de costuras". Tenho "costurado" possibilidades e encontros e meu livro (este), que sai do forno por esses dias, como símbolo deste ciclo de reaprender a voar depois de alguns tombos, vai se chamar "Costuras". Pois bem, dos temas que abordei, fiz "costuras ancestrais" (Butão e Egito), costuras de novo mundo ("estar pronto e inteiro para o que vier, seja o que for") e uma releitura da "costura de inquietações femininas" que prototipei há alguns poucos anos e que me inquieta cada vez mais. Na minha dor feminina de ter tido que lidar com questões bem profundas (e ancestrais), acabei entendendo que o "novo mundo" segue meio velho mundo quando o assunto é o feminino. Já comentei com algumas amigas que mesmo tendo chegado na tal Era de Aquário, ainda é desafiador ser uma mulher separada em São Paulo. Ouvi de outras mulheres que eu não daria conta e que precisaria, necessariamente, de um homem para me bastar. A tal série, *Coisa mais linda*, fala disto. E de tantos outros dilemas e dores femininas. Acontece no deslumbrante Rio de Janeiro, no fim dos anos 1950, e é duramente atual. E mostra uma outra faceta, cuja tecla eu bato há tempos: a força da cumplicidade feminina. Nas suas dores tão reais, mulheres fortes e belas se aproximam e se apoiam. Cada uma no seu processo, afundam em suas dores e voltam, renascidas, para novas possibilidades. Sei bem da força do feminino que se ancora e posso falar com propriedade que tenho grandes amigas/irmãs que são esteio na minha vida. A série aborda a maternidade com dureza e alegria, mostra relações abusivas e hipocrisias sociais, que seguem bem atuais, ainda que veladas em uma suposta liberdade.

Eu não conhecia a origem da palavra "virgem". E não estou falando de uma origem biológica. Descobri, na minha imersão de um ano atrás ao Egito que Ísis foi uma das grandes virgens do mundo. E que virgem é aquela que não pertence a ninguém, que não a si própria. A Virgem Maria, do jeito que nos contaram, foi uma reinterpretação feita pela Igreja Católica, tempos depois de Ísis, dando um ar imaculado e intocável àquela que, dizem, era forte demais para o padrão da época. As mulheres foram por milênios virgens e donas de si. Eram grandes costureiras de almas. Livres, libertas, usavam com maestria a intuição. Os homens, inclusive, demoraram a entender como elas geravam filhos. As admiravam, consagravam, honravam. Grandes homens foram filhos dessas tais grandes mulheres: Buda, Osíris, Dionísio, Jesus, para citar alguns. Eis que surgiu a propriedade privada e a necessidade de todos estarem seguros de que a prole seria, de fato, dos homens. Para passar o papel da posse depois. Não havia DNA e foi instituído que as mulheres deveriam ser fiéis. Desculpe contar, mas a origem do casamento monogâmico atual tem a ver com posse e papéis. Não questionamos a tradição e, muitas vezes, traímos a própria alma quando a seguimos (*A alma imoral*, de Nilton Bonder). Não sou a favor de nada. De se ser separada, divorciada, amigada, casada, de seguir livre ou solteira. De relações fechadas ou abertas, de não relações. Sou a favor de não trairmos mais as nossas almas. Também não sou contra os homens. Eu adoro os homens, aprendo muito com eles e acho que, em uma maioria, eles são generosos e admiradores da força feminina (na série, a protagonista, Malu, amoleceu grandes homens "cheios de verdade", mas não conseguiu tamanha proeza com algumas mulheres amargas e inquisidoras). Os que agridem, física ou de forma invisível, são, para mim, pequenos grandes meninos feridos. Sou a favor de grandes amizades femininas, de respeito, de voltarmos a nos reunirmos ao redor do fogo para intuirmos e passarmos saberes ancestrais. Sou a favor da paz de espírito, de criar "nossos filhos" por grandes comunidades que extrapolam as famílias tradicionais, de ter filho e trabalhar, de não trabalhar, de escolher não ter filho, de não ser julgada, queimada na fogueira (a literal ou a invisível), de não ser obrigada a transar por protocolo ou pressão, de não caber em réguas, expectativas alheias ou convenções sociais. Sou a favor de ser forte, inteira, de dar conta como for e com o jeito que a narrativa de vida pedir. Mas, acima de tudo – e atemporalmente –, sou defensora de uma busca incansável e desejada de construção de uma vida leve, bonita e divertida, que amplie e transcenda.

* Lembro sempre de grandes mulheres "virgens", que não cabiam em si e que seguem hoje, felizmente, meio "sem cabimento". Elas me inspiram: Joana d'Arc, Frida Kahlo, Hilma af Klint, Julia Cameron, apenas para citar algumas. Há tantas outras, anônimas, em cantos de vida por aí. Olhem para elas com olhos de reverência. São pioneiras, primeiras, *makers*, gestadoras do mundo.

* Fora a série, que está na Netflix (*Coisa mais linda*), mais alguma dica? Sim! Assista sem medo de ser feliz *A tenda vermelha*, também na Netflix. Neste caso, felizmente, são só dois episódios.)

COSTURAS ANCESTRAIS

Quando eu morava em Cachoeira, não conseguia entender direito o tamanho do mundo. Mas ele já cabia em mim. No quarto do meu irmão, que servia meio como quarto de estudos para nós três, meu pai colocou nas paredes os mapas do Rio Grande do Sul, do Brasil e o mapa-múndi. Eu me lavava observando a grandiosidade daquilo tudo e não imaginava que um dia desbravaria um pedaço dele. Minha primeira "grande" viagem internacional (fora as anteriores pelo Mercosul) foi para Cuba. Aconteceu por necessidade (meu namorado na época precisou fazer um tratamento) e já me fez pegar gosto por essa coisa de ampliar o meu próprio mapa. Fiz outras, mais "normais", já meio tarde, mas com o gosto de quem paga do próprio bolso. E fiz algumas bacanas a trabalho, com mala de consultora/empresária, mas levando o olhar curioso e atento de sempre. Mas foram as não tão óbvias, de estudos, de busca de mim, as que me ampliaram bruscamente. Cito aqui as que dividiram águas na minha vida: Índia e Butão (2011), Schumacher College, no sul da Inglaterra (2015), e, recentemente, Egito (2018). Se puderes, embarque comigo.

Felicidade interna bruta

Índia e Butão, maio de 2011.
Publicado na *Revista de Marketing Industrial* nº 55, (p. 72-77), em meados de 2011, e depois no blog, em 24 de fevereiro de 2012.

Eu fui até o Butão tentar desvendar a tal Felicidade Interna Bruta. Não era a viagem dos meus sonhos, nem sequer foi planejada. Ao menos não por mim. Entrei de carona nos planos de uma amiga e acabei embarcando, literalmente, em uma aventura em um país desconhecido e praticamente intocado. Antes, para aquecer, estive na Índia. Melhor, nas diferentes Índias que formam a Índia. Muitas semelhanças com nosso Brasil enorme e cheio de histórias. Dehli, cosmopolita, intensa, agitada, estridente, abafada, sorridente. O Parque Nacional de Kaziranga, no Assam, nordeste, com novos rostos e aventuras. Lá andei de elefante, de jipe, dormi em uma antiga casa de caça inglesa que fica boa parte do ano inundada, vi enxames de vagalumes à noite e, acreditem, um tigre. Assim, na minha frente, depois de mais de quatro horas de muita paciência.

De lá, outro extremo ainda indiano: o Darjeeling, na parte ocidental, cadeia inferior do Himalaia, com suas plantações poéticas de chás, rostos ainda mais exóticos, macacos por todos os lados, temperaturas baixas, templos budistas e hinduístas convivendo no mesmo espaço. Para completar, uma experiência inexplicável com um monge que nos chamou para conversar e nos deu uma aula de vida: *"You have to share all the things"*, *"We have lots of lifes to change all the lifes"*, *"The life is like a monkey. It's not here. Try to remind the power of now"*, só para citar alguns *insights*. Bom aquecimento para desplugar a cabeça do Brasil e preparar a minha alma para entrar no território desconhecido butanês.

Por indicação dos nossos guias (verdadeiros irmãos mais velhos, prestativos, preocupados, atenciosos – uma aula de cortesia e atendimento), entramos no Butão de carro. Tudo foi planejado, pensado. Chegamos em meio a uma tempestade de areia em um final de tarde bem estranho, já ensaiando algumas palavras em butanês com nosso guia e grande companheiro de jornada, o Sonam. Chegou todo sorridente contando contos e causos, falando da paixão dos butaneses pelo futebol, da medicina, da invasão de nepaleses no sul do Butão em 1999 (episódio raro e marcante), do rei, das rainhas, do Himalaia, das roupas, dos templos, da vida, enfim. No dia seguinte, bem cedo, uma grande aventura e muitos quilômetros de estrada pela frente. Penhascos, paisagens inesperadas, neve ao fundo, cachoeiras, vento fresco, flores e cores.

A palavra Butão significa "terra do dragão". Um belo lugar para ele se esconder, encravado entre a China, a norte e oeste, e a Índia, a leste e sul. Estivemos em quatro cidades e alguns vilarejos, com destaque para Thimphu, a capital, com pouco mais de 50 mil habitantes, e Paro, segunda em importância no território butanês.

Como a viagem foi repentina, não pude ler a respeito nem me informar tanto quanto faria habitualmente. Conversei com um ou outro, mas entrei o mais despida possível de informações e pré-conceitos. Construí, com isto, um Butão muito meu, talvez não compartilhado da mesma forma por outros aventureiros que lá estiveram.

Tomei a liberdade de selecionar alguns episódios que mais me marcaram. Difícil eleger, foram muitos.

1) Hábitos (roupas, comidas, casas)

O Butão tem uma cor bem própria. Vermelho com amarelos marcantes formam a bandeira e boa parte dos pigmentos das vestimentas típicas que tão lindamente cobrem a população. Praticamente todo mundo veste os trajes locais, em uma dança deliciosa de tons e tecidos. Há muito de artesanato local nos principais pontos das cidades e um exercício, mais uma vez, de extrema paciência e dedicação daqueles que tecem os tais panos. As comidas, nem tão exóticas, nem tão apimentadas quanto as indianas (come-se muita batata e legumes por lá), têm um outro quê de interessantes: são ingeridas, quase sempre, com as mãos. Há um arroz vermelho bem típico, encontrado em todo canto, servido em uma cumbuca simpática e devidamente amassado com os dedos para formar uma espécie de bolinho antes de ser levado à boca. Os butaneses apreciam a comida com outros sentidos. Apalpam, sentem, experienciam a arte de comer.

2) Felicidade interna bruta

Fui apresentada a Dasho Karma Ura em uma situação muito além da que eu poderia imaginar. Mestre em política, filosofia e economia pela Universidade de Oxford, na Inglaterra, vice-presidente do Conselho Nacional do Butão e Presidente do Centro para os Estudos do Butão, fundado pelo Programa de Desenvolvimento das Nações Unidas (PNUD) para formular as análises estatísticas do FIB – um indicador para a Felicidade Interna Bruta. Ele me recebeu na sua casa para um jantar em família. Graças a um amigo em comum no Brasil, fomos juntas, eu e Monique (aquela que me convidou para a viagem). Imaginava, quando soube do *link* com esse amigo da USP, que conseguiríamos uma "conferência" com ele no seu gabinete. Braço direito do rei, ele não teria tempo para receber turistas. Não só teve, como o usou sem pressa conosco, em uma conversa deliciosa, regada a uma bebida típica (e forte) de boas-vindas (uma espécie de whisky quente – ai de quem fizesse desfeita) e comida em abundância. Para nós, visitantes, talheres ocidentais. Ao redor da mesa, a esposa, a filhinha curiosa e cheia de questionamentos (fluente em inglês, contou o que devia e o que não devia, divertindo e preocupando o pai).

Falando sobre a tal Felicidade Interna Bruta, disse: *"It's a very old idea, not so easy to practice"*, *"A world for people, and not for things"*. Basicamente, e muito simplificadamente, a conversa girou em torno da busca de boas relações com as pessoas, de estar bem com sua consciência e saber balancear o seu tempo 24 horas por dia. Ter saúde, meditar e trabalhar de cinco a seis horas por dia faz parte do tal jeito butanês de encarar a felicidade.

Na verdade, não há muito mais a ser feito por lá, nada que ocupe mais que cinco horas diárias. O país vive muito de agricultura. Não tem indústrias. Ainda mantém um estilo pacato, parece ter outro relógio para medir o tempo. O trabalho bem manual, mas em pouca quantidade, e muito tempo livre faz parte da rotina do país. Claro, o FIB é bem mais que isto. Tem indicadores, métricas, estudos. Cheguei com meu caderninho em punho para anotar tudo, pegar dados, estatísticas. Aí relaxei diante da paz daquele homem e apenas ouvi. Em momento algum, ele falou da "magia" do FIB e do quão maravilhoso ele é. Apenas contou no que acredita e como imagina que isto pode virar prática.

3) Os templos

Das montanhas mais remotas surgem inesperados templos budistas lindamente enfeitados e cheios de simbolismos. Ao redor (e por toda parte), centenas de bandeiras de orações coloridas completam a paisagem e, embaladas pelo vento, completam o cenário de paz e tranquilidade. Cada templo tem uma história e não faltam monges e simpáticos moradores locais para explicarem suas sutilezas e rituais.

Em um deles, o da fertilidade, desvendado depois de uma longa caminhada por meio de trigais, há um ritual um tanto inusitado para nossos padrões ocidentais: depois de sortear algumas moedas, o visitante chega a um número e, dependendo de sua "sorte" recebe uma benção da fertilidade, uma espécie de sinal da cruz feito por um monge com um falo de madeira nas mãos. Sim, um pênis. E os rituais não param por aí. Na chegada a cada templo, faz-se três voltas no sentido horário pelo lado de fora, como um sinal de respeito antes de entrar e fazer as orações. Há ainda as rodas de orações, grandes espaços ao ar livre com imensas esculturas cilíndricas cheias de textos e mantras impressos. Em um dos templos vivem os velhinhos butaneses que, com a chegada da idade, migram das montanhas para a cidade e passam boa parte dos seus dias girando as rodas de orações. Já que não têm nada para fazer, espalham aos quatro ventos mensagens positivas para a humanidade.

4) As artes

Os butaneses investem muito em arte. As crianças estudam em turnos, integram e intercalam atividades tradicionais com aulas de escultura, pintura, desenho, teatro, marcenaria. As casas das pessoas em si já são verdadeiras obras, construídas colaborativamente e pintadas à mão, formando mosaicos e desenhos vibrantes e marcantes. As atividades manuais ainda estão bem presentes nas comunidades. Os butaneses são sensíveis e têm um bom olho para a estética.

5) A "ocidentalização" butanesa

Ainda são poucas as influências externas no cotidiano butanês. É muito recente a abertura do país para o turismo e para a entrada de referências de fora. Para se chegar lá é preciso muita disposição (física, inclusive), documentação e a autorização do rei. Mesmo assim, recentemente, muito dos hábitos ocidentais começou a chegar ao país. Com o aeroporto, em Paro, com a liberação da internet e, claro, com a influência dos turistas que começam a circular. Há espaço para turismos bem específicos no Butão. Um deles, o de *bird watchers*. Amantes de pássaros do mundo inteiro vão até lá para observarem, fotografarem e interagirem com espécies raras. Chegam com suas grandes câmaras e deixam muito de seus hábitos e jeitos de ver e viver o mundo por lá. Objetos simples, como o chiclete, são excessivamente valorizados pelos curiosos butaneses, que sopram bolas pelas ruas com a alegria de uma criança.

6) A supervalorização do pênis

No Butão, o pênis é sagrado. Representa o símbolo da fertilidade e é cultuado explicitamente nas paredes externas das casas. Praticamente toda casa butanesa tem um membro sexual masculino artisticamente pintado, com uma riqueza de detalhes que faz corar qualquer ocidental.

7) O Tiger's Nest

O ponto alto da viagem foi a subida do Tiger's Nest, ou ninho do tigre, uma montanha cheia de mistérios e de desafios. Segundo reza a lenda, o santo Padmasambhava, o guru Rinpoche, teria voado até a montanha no lombo de seu tigre, que escolheu o lugar, reconhecendo-o como sagrado.

Subir a montanha, a mais de 3 mil metros de altura, é um exercício e tanto. Mais mental do que físico. Fiz parte do trajeto em um burro e, de determinado ponto em diante, segui a pé. Dá muita vontade de desistir pelo caminho, mas a paisagem, as mensagens de incentivo dos aventureiros que descem a montanha e a curiosidade em estar em um lugar onde tão poucos estiveram revela uma coragem que eu nem sequer sonhava existir. Ao final, nos degraus da subida definitiva do templo, não dá mais para pensar no quanto falta. No meu caso, decidi "vencer" degrau a degrau, respirar e só me contentar ao chegar ao último deles, sem pensar no tempo, nas pernas adormecidas, em nada.

8) As minhas (descontraídas) conclusões

Mario Quintana já dizia que "viajar é trocar a roupa da alma". No caso da Índia/Butão, a frase torna-se ainda mais literal. Me peguei vivenciando situações de um jeito que nem eu mesma me reconheci. Quando, na batida frenética de São Paulo, eu teria paciência para esperar quatro horas dentro de um jipe, com sol escaldante, a chegada de um tigre, que nem sequer havia dado garantias de que viria? O que me fez subir uma montanha gigante, com ar rarefeito e ainda assim sorrir o percurso todo? Que lições são essas que os nossos guias nos deram de cidadania, respeito, paz interior e dedicação? Às vezes, trocar de contexto ajuda a exercitar novos olhares e a despertar em nós novos jeitos de ver e viver o mundo. Nas nossas vidas corporativas ou mesmo nas nossas vidas pessoais, esquecemos de exercitar estes novos olhares simplesmente porque estamos "acostumados" demais com nossos contextos. Deixamos de lado as conversas significativas, o tempo para o vazio, o nosso tempo. Sempre foi assim, afinal. Se o FIB é um indicador confiável? Não sei. São os butaneses felizes de fato? Depende. Talvez com nossos óculos ocidentais, materiais, nem tanto. O que eu vi por lá não se mede com números ou gráficos.

Kadinchey ("obrigada", em butanês).

* Nota de redação adicionada pela editoria da revista (Gerson Edson Ferreira Filho): Indicadores econômicos tradicionais medem o desenvolvimento dos países pela renda, ou seja, pelo PIB per capta. A preocupação com a qualidade de vida introduziu o IDH, um indicador que considera, além da renda, a educação e a saúde das populações. Mais recentemente, porém, preocupações maiores com sustentabilidade e meio ambiente mostraram a insuficiência desses indicadores. Foi quando o pequeno Butão apareceu no noticiário como um Éden, em cujo isolamento se construiu, ao longo dos séculos, uma civilização de pessoas felizes, governadas por reis bondosos. Ao que parece, lá não há crimes, poluição ou estresse. Lá estaria o povo mais feliz do mundo, não o mais rico ou o mais culto. Como medir isso? Como calcular o FIB de um país? O PNUD/ONU criou, lá mesmo, um centro de estudos sobre a felicidade, em um contexto coletivo, que é dirigido por Dasho Karma Ura.

* Finalmente, depois de alguns meses, nasceu um texto *full* da minha experiência na Índia e no Butão, generosamente publicado na última edição da *Revista de Marketing Industrial*. Obrigada, Gerson Ferreira Filho, editor e amigo. Obrigada, Monique, por teres compartilhado este sonho lindo da viagem comigo.

Schumacher College, raízes, asas e setembro

Sul da Inglaterra, Schumacher College, setembro de 2015.

Publicado no fim do ano de 2015, na *Revista de Marketing Industrial*.

Resolvi passar a limpo com muito carinho algumas das memórias do que eu vivi em alguns dias de imersão no Schumacher College, no sul da Inglaterra. Cada vez que transformo meus "papéis de pão" em um texto, revivo momentos e reaprendo com letras e memórias. Foi muita coisa que vivi por lá e fica impossível colocar tudo em um só "papel". Aqui, uma primeira leva para quem ficar com vontade de espiar. Tomara que alguma parte destes escritos possa presentear suas crianças internas de alguma maneira. A minha voltou feliz da vida!

Setembro sempre foi para mim um mês de coisas boas. Talvez porque minha mãe sempre tenha nos dito que com a primavera viria algo de bom. O sofá novo sempre chegava na primavera, os presentes inesperados, acontecimentos gostosos. Não sei se tem a ver com a estação do ano ou com a teoria da minha mãe, mas eu cresci acreditando nesta história e acabei fazendo de setembro um mês muito desejado. Não me decepcionei. A Sarau, quando veio para São Paulo, foi "inaugurada" em um 20 de setembro. Mas essa é uma outra história, ainda mais profunda (só os gaúchos vão entender esta parte).

Pois bem, neste setembro de 2015, eu finalmente consegui me presentear com a ida ao Schumacher College, em Totnes, no sul da Inglaterra. A escola, fundada há 25 anos pelo indiano Satish Kumar, que fará oitenta anos em breve, já faz parte da minha vida há alguns anos por inúmeras pessoas que me falavam de lá, pelos autores, temas, pelo "jeitão" meio único. Só faltava ir. Agora não falta mais.

O *college* tem cursos longos, de mais de um ano, mas, há algum tempo, oferece um *taste* interessante em formato de cursos curtos de uma ou duas semanas. Acabei indo com uma turma de brasileiros, dentro do programa chamado Liderança para a Transição. Uma semana lá e alguns encontros depois no Brasil. O nome me chamou bastante a atenção, sem contar que seria a oportunidade que eu esperava há tempos.

Conheci alguns dos conceitos da Schumacher há quatro anos, em Porto Alegre, em um evento chamado *Art of Hosting*. Lá, fui apresentada, em uma grande roda de conversa de quatro dias, a alguns inquietos transformadores do mundo, pessoas que entraram na minha vida e mexeram com ela desde então. Eu desconfiava de muita coisa, de que haveria um novo mundo saindo do forno, de que algo não cabia mais e que havia espaço para uma coisa nova ser construída. Aquele *Art of Hosting* foi um importante "portal" para eu conhecer gente, ouvir histórias e ver que minhas "desconfianças" tinham algum sentido.

Dois dias antes de partir para a Inglaterra, ainda em São Paulo, participei do Fórum de Marketing Industrial. Foi um período de total imersão "executiva" que, felizmente, cada vez tem menos de *"case"* e muito de filosofia, como já escrevi anteriormente. Fui para Schumacher, acredite, para reforçar o que eu tinha visto poucos dias antes no fórum e para relembrar algo de essencial que sempre acreditei e que não tinha coragem de perceber que fazia tanto sentido. Sim, atravessei o Atlântico e, felizmente, voltei com muito pouco de novo na bagagem. Justamente por isto foi maravilhoso.

O local

O Schumacher College (eu chamo de "a" Schumacher mas é "o" *college*) fica em um cantinho ao sul da Inglaterra, no estado de Dartington, a poucos minutos de carro do mar. Um local perdido no meio do nada com florestas mágicas e um contexto bem único de arte, criatividade e ecologia. O prédio onde fica o *college* foi construído em 1300. Ao redor, recantos lindíssimos, uma árvore de 2 mil anos (visitada por gente do mundo todo). Parece que o tempo corre de um jeito diferente por lá. Cheguei no começo do outono europeu e, com exceção de uma chuva forte que embalou nosso sono na segunda pela manhã, quando nos deslocávamos de van de Londres para lá, fomos presenteados com dias de sol intenso e frio. Não vimos nuvens. Sol + frio + outono é ouro para quem cresceu em uma fazenda gelada de Caçapava do Sul, no Rio Grande do Sul, como eu.

Mais do que a paisagem, os detalhes internos são uma aula de contexto. Tem piano, biblioteca gigante, lareira, pão quente disponível a qualquer hora, biscoitos amanteigados com bilhetes de amor fora de hora e uma simplicidade que dá um banho de sofisticação. Os quartos são pequenos e aconchegantes e da janela dá para ver a horta e as árvores.

O começo de tudo

Curiosa que sou, fui bisbilhotar como aquele cantinho no meio do nada virou um espaço tão marcante e de conversas tão profundas. Além do Schumacher College, que é incrível, Totnes, a cidade vizinha, é hoje berço do *Transition Towns*, movimento mundial que cria microrrevoluções dentro de cidades e que agora já tem braços no mundo todo. De onde veio tanta inspiração? Por que justo ali? Cheguei à história de um casal muito especial, Dorothy Elmhirst e Leonard Knight Elmhirst. Em 1925 eles foram para Dartington, a região que hoje abriga Totnes, vindos dos Estados Unidos e, aos poucos, revolucionaram aquele pedaço de terra. Já eram inquietos e pensadores em suas vidas americanas e levaram suas dúvidas existenciais para lá, onde criaram um campo fértil para conversas filosóficas e artísticas. Dorothy era uma milionária americana que perdera o marido muito jovem. Feminista, corajosa, revolucionária, conheceu o segundo marido na academia e, juntos, decidiram começar algo realmente novo em terras inglesas. Abriram mão da cidadania americana e, literalmente, fincaram raízes e ganharam asas no novo lar. Leonard conheceu em suas andanças um indiano igualmente inquieto, Rabindranath Tagore, poeta, romancista, músico e dramaturgo. Foi o primeiro não europeu a conquistar um Nobel de Literatura, em 1913. Começaram, juntos, um instituto de reconstrução rural e viajaram o mundo com suas ideias. Iniciaram, posteriormente, uma verdadeira revolução na região de Dartington Hall, em Devon, preparando terreno para algo que, muitos anos depois, daria origem ao Schumacher que hoje conhecemos. Schumacher como homenagem ao autor do livro clássico *Small is beautifull*. Não tem nada a ver com o piloto de corrida.

E foi também um indiano, o Satish Kumar, que, anos depois, começou a escrever um novo capítulo da história daquele pedaço de chão. Suas andanças de vida não são poucas. Com pouco mais de 20 anos o então ex-monge foi a pé da Índia até Washington e em outras capitais relevantes mundiais, em uma caminhada pela paz, contra armas nucleares. Nesses 12.900 quilômetros, fez história, conheceu gente influente e tornou-se um grande líder mundial. Foi Satish que, há 25 anos, fundou o Schumacher College. E não foi por acaso que o fez na terra que o tal casal escolhera para passar a vida e onde araram boas relações muitos anos antes. Contexto é tudo.

O Satish

Imaginem um senhorzinho indiano franzino e intenso. Ele sorri de um jeito gostoso. É gentil e profundo. Imagine que este mesmo senhor vai começar uma conversa ao pé da lareira e, já concentrado, percebe que algumas pessoas seguem em pé. Faltam cadeiras. Ele, no auge da vitalidade dos seus quase oitenta anos, prontamente levanta-se e as busca. Em um outro dia, já embalado pela conversa da aula, é interrompido por três brasileiros de outro curso que resolveram deixar de lado a aula oficial para ouvirem o mestre indiano. Nós, os alunos, olhamos para os três visivelmente incomodados. Satish, não. Para a conversa, sorri e os convida para entrarem no círculo. Então, gentilmente, os contextualiza sobre o ponto da conversa. Naquele mesmo dia, à noite, este senhor dançou conosco em uma ciranda da roda energética movida por nossas "crianças internas". Este é o Satish.

Algumas memórias

Como comentei, é praticamente um pecado tentar transformar em um único texto o que eu respirei na (no) Schumacher. Resolvi, então, fazer aqui apenas uma provocação e contar, aos pedaços, alguns pontos que me tocaram por lá. Preciso dizer que, para mim, foi extremamente reconfortante minha estada lá, como se eu estivesse revivendo parte da minha infância e formação. Cresci em uma fazenda no meio do mato em um lugar frio no Rio Grande do Sul. A lareira e o fogão sempre acesos, os livros por todos os lados, a mão na terra, tudo foi, para mim, um grande resgate. E as conversas, um conforto para minha alma.

Os dias começavam cedo com uma meditação opcional (que deixei opcional mesmo e preferi dormir mais um pouco). Depois, café coletivo com os alunos de outros cursos (de todo lugar do mundo). As tarefas "da casa" são tocadas por voluntários que vivem no *college*, mas cada aluno tem, todo dia, uma função para cumprir, que vai desde lavar a louça e cuidar do jardim, a lavar os banheiros. Todos participam. Detalhe para a generosidade da *chef* da cozinha, uma senhorinha que parece saída dos contos de fada que recebe, todo dia, seis atrapalhados ajudantes por turno (nós, os alunos). Se tinha previsto que os tomates seriam cortados em fatias, corre, todo dia, o sério risco de encontrá-los aos cubos. Nestes poucos dias em que estivemos lá, nunca reclamou da nossa inexperiência e todo dia reinventou o plano da cozinha com um sorriso nos lábios. Chama-se Julia Ponsonby e é casada com o também lendário Stephan Harding, que nos deu uma aula memorável sobre Gaia, mostrando, de forma totalmente vivencial em uma caminhada, como somos pequenos diante da imensidão de nossa "verdadeira mãe" e da imensidão do tempo. Eles se conheceram no Schumacher. Se apaixonaram, se casaram e vivem dentro daquele lugar.

O que vimos por lá?

Noções de cosmologia, ecologia, Teoria de Gaia, *anima mundi*, movimentos sociais em cidades (*Transition Towns*), liderança e economia para a transição. O *college* propõe-se a ser um centro internacional que oferece transformações no aprendizado sobre viver de forma sustentável através de uma educação holística preocupada com questões ambientais e sociais. Integra um viver comunitário que enxerga como tudo está conectado. Somos parte de um todo.

Passei "a limpo", com liberdade poética de tradução, algumas frases, ditas pelo Satish, pelo Stephen, pelo professor de cosmologia, por tanta gente, escutadas pelas paredes centenárias daquela casa, pelos troncos de árvores antigas e acolhedoras da redondeza.

Não vou dar aqui a fonte de cada frase, nem o contexto, porque não há tempo ou espaço para isso agora. Poderiam ter sido ditas por todos eles ou por qualquer um de nós se, no auge da simplicidade de nossas sabedorias essenciais, soubéssemos ler o que a nossa alma nos sussurra. Às vezes é preciso pegar um avião para nos reconectarmos com a nossa "primeira intenção".

> "Nós não podemos mais pegar, pegar, pegar. Chegou a hora de devolver."
> "Estamos em um momento de '*in between story*'. Algo está acontecendo. Há uma nova história, um novo entendimento."
> "No Leste, perdemos algo."

"Temos que retomar o senso místico do feminino, uma reflexão divina."

"Precisamos de novas histórias."

"Como você trata a sua mãe? A Terra é nossa verdadeira mãe. Como nós a tratamos?"

"Como a humanidade encontra sentido? Colocando as coisas em uma ordem. As estações do ano estão aí para nos lembrar que há um ciclo e que precisamos celebrá-lo e honrá-lo."

"A glória da humanidade virou a desolação da Terra."

"Precisamos resgatar um senso de reverência, um senso de humildade."

"Nós estamos terminando um período da humanidade!"

"Existe um poder nos sonhos, nas histórias, na arte, na ação."

"Imagine que você seja um médico e que o seu paciente seja o planeta Terra. O que você diria da saúde desta pessoa? Por onde começar?"

"Estamos diante da maior crise que a humanidade já passou."

"Por que o Western é tão devastador?"

"Por muito tempo, acreditamos que o universo era uma máquina e que, como tal, estaria morto."

"A nossa própria mão está nos estrangulando e não conseguimos ter consciência disto."

"Temos que voltar a falar de *anima*. De *anima mundi*. *Anima* em um sentido de psique, de alma."

"Nós somos 'animistas' por natureza. Podemos ver este '*anima*' em uma criança. Onde foi parar?"

"A nossa natureza é ver a alma em todas as coisas."

"Aprendemos a olhar a ecologia como fatos, mas esquecemos de olhá-la também como relações."

"Precisamos de experiências profundas, questionamentos profundos e compromissos profundos."

"No Leste, a palavra 'Gaia' foi proibida por mais de 2 mil anos. Era pecado falar sobre isto!"

"Retomar um olhar sobre Gaia está completamente ligado à compreensão indígena."

"Nós esquecemos algo, perdemos algo. Perdemos o fogo da criança, a chama."

"Antes de qualquer coisa, precisamos entender que somos filhos e filhas, irmãos e irmãs!"

"Criamos uma sociedade desconectada!"

"Um bebê de uma tribo colombiana quando era reconhecido como um potencial xamã, era isolado e vivia por sete anos em uma caverna escura, sem sons ou cores externos. Ao sair, precisava dar os passos aos poucos para conseguir dar conta de tanta luz. Então, era capaz de entender que sempre fora amado e alimentado e que teria, ao seu redor, para sempre, toda a possibilidade do mundo."

"A palavra *responsability* significa ter a habilidade de dar conta de si, de tomar conta de si mesmo."

"Ser líder é ser íntegro, nunca perder o senso de quem você é. É ser bravo o suficiente para agir."

"Em qualquer lugar onde você for, empodere os outros para que também se tornem líderes!"

"Quando você decide ser um líder, isto inclui inconvenientes."

"A passividade das pessoas que decidiram não se engajar deixou o mundo como está!"

"O que o levou a ser um líder não pode ser a condição para sua felicidade acabar!"

"O futuro é feminino."

"O corpo é feito de solo. As roupas vêm do solo, a comida. O solo é tão fundamental e não falamos sobre isto!"

"Como as árvores sobreviviam antes dos fertilizantes?"

"Por que os fazendeiros não tocam mais o solo?"

"Devemos reverência ao solo! Devemos cuidar do solo, beijá-lo!"

"O nosso conceito de sujeira não é sujo de verdade. Coisas com terra não são sujas!"

"Se você está com dor de cabeça, coloque um pouco de terra sobre ela!"

"Você não precisa de nenhum cosmético. Você precisa de comida saudável!"

"A separação é um paradigma antigo. O novo paradigma fala sobre integração! Somos parte da natureza. Somos a própria natureza!"

"Economia não é algo sobre dinheiro!"

"A lógica da economia atual é: quanto mais eu consumo, mais feliz eu sou."
"Há uma nova economia emergindo."
"Nossas necessidades básicas: casa, comida e energia."
"Nós estamos todos conectados. Tudo está conectado!"
"Não permita que o medo habite o seu corpo!"
"Se você pode resolver, resolva. Se não pode, ok. Mas não sofra!"
"Precisamos de hierarquia de menos e mais conversas, minimizar a hierarquia e maximizar a participação!"
"Esquecemos de celebrar! Sem celebração, a vida fica muito chata!"
"Precisamos de tempo para apreciar!"
"Encontre um novo trabalho que te dê uma boa vida!"
"A nova educação é a educação para a vida!"
"Nos modelos atuais de educação, eles não te ensinam como sentir!"
"Não fazemos praticamente mais nada com as nossas próprias mãos!"
"Apenas através das mãos conseguimos expressar nossa imaginação."
"Confie, encare os problemas, seja benevolente com o universo!"
"Confie nas suas mãos, no universo, confie na sua imaginação! Você é um poeta, você tem todo o potencial!"
"Sonhar não é ambicioso. Quando você sonha, você age!"
"Se você sonha em conhecer o mundo, comece a caminhar!"
"Dentro de cada semente já tem uma árvore!"
"Não veja os problemas como problemas. Os veja como oportunidades!"
"Seja o que você ama. Ame o que você é."
"Você é o CEO da sua vida!"
"Faça o que você realmente deseja fazer. O dinheiro virá!"
"O propósito da vida é aproveitar a vida!"
"Há uma grande diferença entre desistir e deixar partir. Continue agindo. Faça seu melhor. Se não é para ser, não será. Mas não o foi porque você desistiu."
"Uma criança de dez anos é líder do seu irmão de oito. Assim é."

"Um guru é um líder interno. Ele é líder da própria vida."
"Humano, húmus e humildade têm o mesmo radical!"
"O solo é o grande líder!"
"Liderar não é tomar. É dar!"
"Dê sem expectativas. Não espere seguidores. Como você ganha amigos? Sendo um amigo!"
"Seja um amante. Se você o for, será realmente amado."
"Não tente copiar ninguém. É melhor ser original do que uma cópia."
"A vida é uma grande jornada. Uma jornada que leva tempo."
"Não julgue os outros. Aprecie-os como são. Permita que sejam quem são."
"Seja um peregrino, alguém em movimento."
"Uma opinião fixa não é uma boa coisa. Um bom líder é 'open mind' e 'open heart'. É fresco, dinâmico, está sempre em movimento."
"Os problemas são bem-vindos."
"Para um líder, os problemas não são problemas."
"Peregrinos marcham!"
"Os princípios femininos são muito importantes. Toda mãe é uma heroína."
"O parto dói, mas não é um problema. Você está em contato, ao mesmo tempo, com uma grande dor e um enorme prazer."
"A qualidade de ouvir é muito feminina. O masculino fala."
"Escute duas vezes. Fale uma."
"Sem erro não há vida."
"Não desista. Não tenha medo de falhar."
"Você ainda está aprendendo. Erros devem ser bem-vindos."
"Se você tem medo, você não voa. Arrisque-se!"
"Nunca é tarde demais. Nunca é longe demais."
"Verdadeiro e errado são relativos."
"Sua vulnerabilidade é sua força."
"Transformação é a qualidade de um líder."
"Lidere fazendo."

Egito em 92 pontos

Egito, fevereiro de 2018 (retomada da vida).

Este texto eu consegui "desencantar" um ano depois da viagem. Foi tudo tão, tão, tão profundo que, assim que tentei mexer nos meus "papéis de pão" e fazer uma "costura" formal, pincei um nervo e fiquei uns dias imobilizada. Entendi o convite "à quietude" para, então, conseguir "decantar" tudo o que vi, vivi e resgatei naqueles dias tão preciosos. Agora sim, ei-lo.

Nem nos meus sonhos de infância mais remotos eu poderia imaginar que acabaria indo para o Egito. Não que não sonhe alto, mas esta viagem caiu no meu colo de forma realmente muito inesperada. Há algum tempo faço as "costuras", uns encontros/aulas onde compartilho teorias que me transformaram e as biografias de alguns dos *makers* que as desenharam. Comecei meio sem querer, fiz uma, duas, dez, mais de trinta e, em uma delas, conheci a Marcela. Foi a Luiza, colega do Schumacher College, que me falou que eu precisava conhecê-la. As pessoas me dizem isto todo o tempo: "Você precisa conhecer 'fulano'". Se confio na fonte, e geralmente superconfio, eu aceito. Têm sido, desde sempre, uma linda descoberta conhecer mais e mais gente incrível. No dia em que a Marcela foi à costura havia poucas pessoas. Fiquei triste e quase pensei em cancelar. Mas aprendi que nesses encontros e em tantos outros da vida, "vai quem tiver que ir", "começa quando tiver que começar" e "termina quando tiver que terminar" (princípios do *Art of Hosting*). A Luiza tinha razão e desde então Marcela faz parte da minha vida de um jeito bem forte. Isto foi em 7 de junho de 2017, poucos meses depois de eu completar 41 anos. Seguimos próximas, trocando figurinhas e impressões sobre a vida, até que, no fim desse mesmo ano, ela me convidou para um café e me contou que iria para o Egito com um grupo de 92 pessoas do mundo todo, junto com o Matías de Stefano, um argentino bem especial de quem eu já tinha ouvido falar por uma outra amiga, a Paula Rocha. Já tinha visto vídeos dele e sabia que suas falas eram profundas e belas. Segundo consta, ele tem acesso aos registros akáshicos da humanidade. É mais ou menos como se tivesse baixado para si o conhecimento de todos os tempos, de vidas passadas (dele e do mundo). Uma "viagem", loucura, algo difícil de digerir para quem usa muito a racionalidade como trilho. Entre tantas outras coisas, ele fala sobre uma necessidade de "desaprender" para que possamos relembrar o que, de fato, importa. Achei tudo aquilo fascinante, ainda que não entendesse exatamente o propósito da viagem. Marcela aproveitou o embalo da conversa para me convidar para ir com ela. Faltava muito pouco tempo e a decisão precisava ser breve. Claro, ri da situação, agradeci e comentei que aquela viagem seria impossível para mim, ao menos naquele momento. Por "n" fatores sobre os quais nem vale a pena discorrer. Quando fui pra Índia e pro Butão em 2011, algo parecido aconteceu. Minha *coach* na época, a Monique, me provocou e me disse que eu tinha que ir. Também ri e acabei indo. Parece que às vezes eu sou "tomada" por algumas decisões que já estão "prontas", ainda que eu não consiga ver de antemão. Foi o caso do convite da Marcela. E o universo trabalhou para que tudo desse certo. Absolutamente tudo, fora o fato de que a própria Marcela não conseguiu ir. Acabei indo com a Renata, amiga antiga dela, junto com noventa pessoas de todo o mundo que eu nunca tinha visto antes. Às vezes a vida me prega essas peças e, toda vez que algum desafio com gosto de impossível bate na minha porta, anjos trabalham para que a chave apareça. Apareceu. Inclusive um trabalho grande no finzinho do ano, lindo e inesperado, que pagou a conta toda. Era para eu ir e eu fui. Como no Butão, esta seria uma viagem única, e já estava preparada. Mais uma vez, era só "embarcar". Cavalo encilhado galopando e o universo chamando. Não se vai ao Egito sem um preparo e um amparo de pessoas locais. Nem seria seguro. Como na viagem do Butão, estava tudo pronto e me esperando.

Até um mês antes de eu me divorciar, quando fui para o Schumacher College, no sul da Inglaterra, em setembro de 2015, eu não tinha feito, até o Egito, dois anos e meio depois, nenhuma outra grande viagem, a não ser as que fiz às minhas profundezas nos anos que se seguiram. Eu acessei dores antigas e mergulhei em mim e na minha filha por longos e inesquecíveis meses. Ir para o Egito parecia um prêmio grande demais para quem esteve por tanto tempo no modo "sobrevivência". Parecia que não me era permitido nem sequer ousar pensar em algo tão maravilhoso. Desconfio que tenha tido mais forças para ir porque sabia que não seria um passeio turístico. Era trabalho. Um novo trabalho, um acesso a outras camadas e possibilidades na vida. E porque era "um trabalho", uma viagem de estudos, eu permiti que se tornasse realidade.

Uns dias antes da viagem, recebemos algumas "instruções" do que nos era esperado. Ficou claro que teríamos muito pouco (ou nada) de turismo e muito de trabalho espiritual. Mas teria também um gosto de história bem antiga no pacote, mais antiga dos que as que estão nos livros, e isto me fascinava. Hoje, quando escrevo, quase um ano depois, começo a entender o que se passou naqueles dias em que o berço da civilização me abrigou de braços abertos. Ainda demoro para acreditar que tive este privilégio. Voltei transformada e sigo mexida. Daquelas coisas que ninguém te tira na vida. Experiências são isto. Têm gosto daquele presente que nunca termina.

Como recomendações que nos foram enviadas previamente, além das tradicionais, de levar roupas confortáveis, algumas brancas, nos foi pedido um preparo do corpo: que nos dias anteriores comêssemos de forma leve e que pudéssemos chegar o mais conectados e centrados possível. O trabalho demandaria energia.

Eu tinha encontrado a Renata, minha companheira da jornada, meia dúzia de vezes antes de partirmos e sabia que dividiríamos o quarto no hotel e no barco (navegaríamos por dias no Nilo, em um barco-hotel) e, também, que teríamos uma rodada intensa pela frente. É sempre delicado conviver, principalmente quando não se conhece a pessoa. Mas, de fato, a gente só conhece alguém de verdade no bastidor da vida real. Renata mostrou-se uma linda companheira. Divertida, disponível, sabia a hora de estar presente e teve a elegância de deixar-me só em vários momentos, enquanto eu escrevia ou digeria os acontecimentos do dia. Me deu espaço e isto, para mim, é ouro.

A viagem até lá é longa e cansativa e não existem voos diretos. Chegando ao aeroporto, um guia simpático nos buscou e nos conduziu ao hotel. A cidade do Cairo é assustadoramente caótica e "suja" e lindamente cheia de cores e cheiros. Estávamos exaustas e ainda demoramos mais uma hora para "chegar". Mas a euforia de estar em um hotel cuja paisagem eram as pirâmides (ficamos ao lado delas) me fez esquecer qualquer *jet lag*. Na entrada, homens armados e cães farejadores. E aí me dei conta de que eles sofrem muitos atentados terroristas. A sensação veio e passou em dois segundos. Queria conhecer logo as pessoas e entender mais o que aconteceria.

No primeiro dia, ainda não o oficial, enquanto os demais viajantes chegavam, embarquei, no instinto, com meia dúzia de colegas e a Renata, em uma van guiada por um muçulmano simpático, que nos levou a Alexandria, o berço da biblioteca da humanidade. Um bônus, um *plus*, que não estava no *script* e no qual, claro, me joguei quando soube que seria possível. Minha menina de biblioteca tinha olhos incrédulos e se beliscava enquanto a van chacoalhava naquele deserto todo. Os colegas eram simpáticos, queridos e estavam igualmente fascinados e curiosos. No caminho, nosso guia me deu uma aula de como eles, os muçulmanos, enxergam a vida. Um ponto de vista para juntar às vistas de alguns pontos que eu tinha na vida. Tudo tão diferente! E eu, respeitosa e muito curiosa, o sabatinava, morrendo de medo de errar a mão no tom das perguntas. Sinto que estava tão eu, tão leve e cheia de vontade de interagir com ele, que em momento algum ultrapassamos alguma barreira do conforto. Ele me emprestou os óculos. E eu os usei. Estava feliz e honrado de poder contar para mim, do outro lado do mundo, como ele vê o mundo. Nos deu uma aula também de civilização, mas de uma bem "novinha", se comparada à que veríamos nos dias seguintes com Matías. Achei que não seria de bom tom contar a ele que estudaríamos o que não estava nos livros "oficiais". Até aquele momento, éramos turistas quaisquer.

Me emocionei em Alexandria. Nos vestígios da "primeira biblioteca", encontrei ruínas com túneis onde eram guardados os papiros e, em um segundo momento, dentro da nova biblioteca, senti transpirar tecnologia e história. Eu estava lá, em Alexandria, terra de Alexandre, o Grande, onde ele desbravou e fez história. E isso tudo era só o começo.

Nas noites iniciais da viagem, a lua estava cheia e "sangrava". Lua vermelha, rara, cheia de simbolismos e de potencialidades. Faz pouco que voltei a admirar a lua e, desde que recomecei a fazê-lo, gosto de admirar seus ciclos e sua potência. No hotel, ela vibrava no céu e antevia que algo de grande iria nos transbordar nos dias que seguiam. Aos poucos, íamos interagindo com as pessoas. Todas falavam espanhol, algumas poucas, inglês, e eu, feliz, exercitava meu castelhano adormecido.

Ahmed, nosso guia local, que já nos tinha anfitriado por mensagens desde o começo do processo, foi uma das primeiras "paisagens" ao chegarmos nas bandas de lá. Abriu um sorriso largo como a mãe Terra assim que nos encontrou e, a partir dali, nos ancorou e cuidou como um irmão mais velho. Foi impecável no gesto de servir e ficou claro que o fazia muito mais do que por uma obrigação de "trabalho". Ele é alguém que admira o Matías, ele entendeu a beleza daquelas pessoas todas, que chegaram com energia e vontade de sobra de estudar e de fazer algo de bom para si e, quem sabe, para a humanidade. Aliás, era mais ou menos esta a proposta da viagem. Descobri um pouco mais na "primeira noite", em uma conversa em espanhol, do Matías, no jantar. Íamos refazer o caminho que os guardiões do território de Khem fizeram há uns 12 mil anos, quando a civilização recomeçou às margens do Nilo, uns "dias" depois de Atlântida ter afundado. Calma, eu sei. Como assim, Atlântida? Juro que conto mais logo ali na frente.

O que me chamou a atenção assim, de cara, é que Matías, além de lindo, é leve. Um "menino" que fala profundamente de coisas inacreditáveis. Em alguns momentos, me sentia personagem de uma fábula. Como assim, vamos fazer o caminho dos "sacerdotes" que recomeçaram a civilização para aprender algumas poucas lições que eles estudaram por uma vida? Como assim Atlântida, 12 mil anos, flor da vida, reativar a sabedoria de cada chakra para, então, emanar luz para a humanidade? Como assim, falar disto tudo sorrindo, com humor, sarcasmo e brilho nos olhos? Vamos à Esfinge? Vamos entrar na Grande Pirâmide? Vamos navegar o Nilo e acessar os templos de madrugada? Me sentia meio Indiana Jones, em busca de um tesouro perdido que, cada vez mais, parecia estar dentro de mim. O mais inesperado disto tudo é que Matías nos contava, em detalhes, o tamanho da proposta, compenetrado, sério, detalhista e, segundos depois, relembrava que se tudo aquilo não passasse de um sonho, que ao menos fosse um sonho bom e que, ao final, pudéssemos ter desfrutado, juntos, lindas *vacaciones*.

Matías nos havia dado algumas poucas pistas de que dormiríamos bem pouco, principalmente nos primeiros dias. Não imaginava que seria assim tão pouco. Madrugamos muitas vezes, depois de dormir raras horas. O corpo chegava exausto aos encontros, no meio da noite, lua ainda brilhando lá fora, realmente bem cedo, tipo duas horas da manhã em muitos casos. Igualmente, comeríamos pouco, de forma leve. Era para sairmos das cascas, das caixas e dos padrões mentais e corporais para, aos poucos, irmos alcançando caminhos desconhecidos dentro de nós. Tive medo de passar mal, de ter dor de cabeça, de não dar conta da proposta. Estaria eu preparada? Não tive nada, não senti nada, que não uma plenitude e alegria de lá estar. Estive plena em onze dias que, sem sombra de dúvida, valeram por um calendário completo. Começamos os "trabalhos" no dia 2 de fevereiro, na Esfinge, e os fechamos no dia 11, "ativando" a energia de 92 pontos planetários, em um ritual de reconexão com os 92 nodos da flor da vida, dentro da Grande Pirâmide. Primeiro, trabalharíamos coisas "nossas" e, em um segundo momento, da humanidade. Se as "pontas" da viagem tiveram esta força toda, imagine o recheio!

No dia 2 de fevereiro, primeiro dia oficial da história toda, quase sem dormir porque era cedo e porque, de fato, dormir era pouco perto do tamanho da nossa ansiedade, fomos, silenciosos e banhados pela lua cheia, à Esfinge. Pedimos, a seus pés, "permissão" para começar a jornada. Não havia mais ninguém, que não nós, 92, os guias e alguns seguranças. A Esfinge nos anfitriou como convidados especiais. Não que ela nos tenha dito isso, mas, de fato, me senti a pessoa mais especial do mundo. Eu me beliscava, emocionada, com a grandeza e a beleza de poder estar ali, àquela hora, naquele contexto. Um privilégio. Me senti tão pouco "espiritualizada" perto daquelas pessoas tão "iniciadas". Mas sabia que se ali estava, tinha algo para viver. E vivi. Ficamos algumas horas nos pés daquela criatura que me era familiar dos livros, que fazia parte da minha infância e das minhas histórias. Eu pude tocá-la, senti-la e conversei, do meu jeito, com toda aquela sabedoria. Depois disso, já com o sol alto, tive meu primeiro contato com a pirâmide e sua enormidade. Tivemos uma primeira "aula/conversa" com o Matías ali mesmo e caminhamos até um antigo templo atlante ao lado, ainda no território das pirâmides. São três as pirâmides e a esfinge fica à frente delas todas, "protegendo". Tudo em um grande parque cercado de muros, do ladinho da cidade. Achava que era mais deserto. Também não sabia que havia outras, que não somente essas três, em outros lugares, há algumas horas dali. Parece que a Esfinge foi construída bem antes. Quanto às pirâmides, foram feitas de blocos gigantescos e, dizem, eram recobertas por uma pedra linda e reluzente, parecida com o mármore. Tinham ouro nas extremidades e estão localizadas em pontos geográficos cercados de coincidências e histórias. Eu sabia tão pouco! Ah, preciso contar: a mesma massa (e desenho) da pirâmide que está na superfície, existe, espelhada, para baixo! Sobre tesouros? Sim, parece que existiram. Mas eram diferentes dos da nossa imaginação. Nada de ouro ou pedras preciosas. Ao que tudo indica, dentro das pirâmides havia grandes jarros de água. A "sabedoria" que devia ser passada era codificada na água.

Quer mais? Aprendi também (e comprei muitos livros depois sobre o assunto) que não teriam sido escravos fortes que subiram as pedras em grandes rampas para construir as pirâmides, mas que os egípcios, na época, detinham o conhecimento de uma tecnologia absurda e potente, atlante (que, também, ao que parece, Hitler tentou acessar), chamada *"vril"*. A energia *vril* conseguiria formar uma inversão no eixo gravitacional de grandes materiais, que poderiam "se desprender" do solo e levitar. Tenhamos agora dois dedos de prosa sobre Atlântida: parece que ela realmente existiu (cadê de os livros do colégio contarem?), em um território imenso entre a América do Norte e a Europa. Parece que era um território incrível e cheio de sabedoria e que realmente afundou. E, finalmente, parece que alguns sacerdotes muito evoluídos anteviram que aquilo tudo aconteceria, pegaram barcos e foram "recomeçar" em outros territórios, como o próprio Egito (qualquer semelhança com a história do dilúvio não parece mera coincidência). Esta sabedoria teria sido codificada na água dos tais jarros. Platão e Rudolf Steiner, entre tantos outros autores, falam com autoridade sobre Atlântida e suas descobertas. Basta procurar. Descobrir dos jarros e da energia *vril*, de Atlântida e ver que tudo pode fazer sentido, para mim, já teria valido a viagem! Muitas histórias e descobertas! Somente depois deste primeiro "conhecer de território" é que voltamos ao hotel para alimentar o corpo, já que a alma transbordava. Arrumamos as malas e partimos rumo ao Nilo. Sim, ficaríamos alguns bons dias "embarcados" em um barco-hotel que desceria pela "grande serpente" e nos deixaria, a cada amanhecer, em um novo porto seguro. Eu navegaria pelo rio que fez parte das minhas aulas de história, estaria nas margens mais férteis de todos os tempos, teria acesso àquela cultura, pessoas, saberes e à beleza desta água que corre "rio acima" e que inunda a minha imaginação desde a minha tenra infância! Tudo lindo, mas, claro, cercado de provações. Pegamos um voo no aeroporto do Cairo e, em seguida, um ônibus (dois porque éramos muitos). Estavam caindo aos pedaços e, para aumentar a emoção da viagem, o nosso estragou uns quilômetros antes de chegarmos. Até aí, ok. Mas o carburador estourou e descobrimos, chegando ao barco, que nossas malas estavam inundadas de um caldo marrom. Todas as roupas, de muitas das malas, incluindo a minha e a da Renata, vertiam água. Tínhamos pouco tempo para ajeitar tudo, dormir, e decidir o que vestir algumas poucas horas depois (madrugaríamos). Era para ser desesperador. Acabamos rindo da desgraça. Teríamos sido, certamente, mais exigentes, cheios de "direitos" em uma viagem de turismo tradicional. Mas aquilo tudo quase não importava, ainda que tivesse nos trazido um desconforto adicional ao cansaço dos corpos. Ahmed, nosso guia e anjo, agiu rapidamente e, daquele jeito egípcio e intenso de se expressar, que dá medo de estar perto, nos defendeu, aguerrido. Em minutos, o "dono" do barco mandou buscar tudo no quarto, para "dar um jeito" no estrago todo. Umas poucas horas depois, não me pergunte como, as roupas estavam lindas, limpas e passadas e nós, aliviadas, pudemos finalmente dormir.

Dia 3, também muito cedo, com roupas devidamente limpas no corpo, mal dormidas e eufóricas, do barco grande embarcamos em outro, menor. Fomos a Filae, em Aswan, visitar o Templo de Ísis. Mal sabia eu que tinha encontro marcado com a "grande mãe", a mãe de todos, a que, milhares de anos depois, inspirou a história de Maria e de outras tantas mulheres. Fomos beber na fonte, no útero, começamos das entranhas, do feminino. Justo de onde eu evitara tanto estar nos últimos tempos. Meu feminino machucado, meio assustado, não tinha se preparado para tanto. Talvez se eu soubesse, teria desistido. Foi bom chegar assim, meio sem querer, de pronto, nesse território tão visceral. Ísis me tocou como poucos. Era escuro ainda, templo exclusivo para nós, e entoamos mantras enquanto desbravávamos, no tato, os recantos daquele lugar ancestral. Eu chorava, vibrava, me senti a parte e o todo e, quando tudo passou, me senti tão maior que mal cabia em mim. Quando o sol chegou, trouxe consigo uma "aula" do Matías em nada menos que as ruínas da "escola" onde Ísis teria formado suas sacerdotisas. Me senti também sacerdotisa, feminina, me achei bela, fui arrebatada pela beleza e potência daquela ilha. Dizem que quem vai a Filae cura dores femininas ancestrais. Sinto que limpei algo que nem sequer era "meu", dores de mulheres que me antecederam e que estiveram, todas, comigo naquela madrugada. Enquanto o barco se afastava da ilha, deixava naquele chão pedaços esfarrapados de mim que decidiram ficar e virar novas sementes na minha vida. Descansamos, almoçamos e partimos novamente de barco, desta vez rumo ao Deserto do Saara, às margens do Nilo. Fomos visitar os Núbios, povo festivo e antigo, que nos levou alegria e música durante o trajeto no barco. Com uma areia escaldante, fizemos um primeiro círculo pertinho do rio e combinamos os próximos passos: nos banharíamos no Nilo (dos pés à cabeça para os corajosos, ao menos os pés para os menos, como eu – fazia frio) como forma de pedirmos permissão para navegarmos por ele nos dias seguintes. Nesta conversa, apareceu um escaravelho, tipo um cascudo, no meio da roda. Dizem que antevê sorte. Depois do "banho" de Nilo, fomos até o topo das montanhas de areia (peguei carona em um camelo – estava exausta) e lá fizemos um grande e lindo círculo com um raio gigante, areia por todos os lados, entardecer apontando e cores inacreditáveis emoldurando aquilo que parecia uma miragem. Acendemos velas e abrimos canais do passado, presente e futuro, em uma grande e poderosa Constelação ancestral que nos arrebatou a todos (incluindo o Matías, que caiu ao final) com absurda força e beleza. Que dia! Voltei dormindo no barco. Não tinha mais nenhum fio de força.

Ísis foi arrebatadora. Sobek, o deus crocodilo, em Kom Ombo, no dia seguinte, 4, foi avassalador. Enquanto ela, Ísis, trouxe o útero, Sobek chegou cheio de fertilidade e criação. Ele representa o chakra básico, nossos medos e instintos. Vendados, para garantir que os resquícios de lua cheia não atrapalhariam o processo, fomos convidados a andar pela escuridão da madrugada. Naquele lugar, milhares de anos atrás, os sacerdotes eram colocados à prova e tinham que enfrentar todos os seus medos. Dizem que eram postos em tanques com crocodilos e que, ao enfrentarem seus medos mais básicos, sairiam fortalecidos. Saí feito louca, no tato, subindo pedras, desbravando o lugar. Ahmed, o guia/anjo, me contou, depois, que me seguiu o tempo todo, preocupado. Fomos provocados a nos provocar e eu o fiz, entregue. Era para acessarmos medos bem primitivos. Quando chegamos, era breu e eu não sabia se o lugar tinha algum risco real. Mas eu sabia que estava com o Matías e os seus e me sentia absurdamente segura e protegida para viver o que tivesse que ser vivido, entregue e cheia de coragem. Foi um processo forte, que me deu musculatura e possibilidades. No final, antes de tirarmos as vendas, Matías nos provocou: "Estão prontos para morrer?" (na verdade, na vida, deveríamos sempre estar). Foi forte. Sobek tinha tudo para assustar. Era feioso, cheio de dentes, meio básico, ogro. Mas tinha a simpatia da carta do louco do Tarô, um ser tão primitivo, que beira a inocência. Todos o temeram. Todos o amaram no final do processo. Eu trouxe um Sobek para casa, um crocodilo de madeira articulado que, supostamente, seria um presente para minha filha Carolina que, claro, adorou. Mas ele acabou indo morar na sala de casa e recebe cada pessoa que chega, na porta. Até hoje ele me acompanha nas costuras e em algumas palestras e, toda vez que o levo comigo, gera fascínio e admiração dos adultos que, com suas crianças internas curiosas, pedem para tocá-lo. Sobek vive em nós, nas entranhas, nos medos adormecidos, naqueles momentos em que nós, "seres tão evoluídos", sucumbimos e mostramos nosso pior ao outro. Ele é bem-vindo quando há um risco físico real. Nos protege. Mas devemos convidá-lo a ficar adormecido quando vem de um lugar que faz mal a nós mesmos e aos nossos próximos. Depois da aventura com Sobek, fomos descansar. Marquei uma massagem no barco depois do almoço. A massagem foi nota cinco, mas a conversa com a moça, uma muçulmana que sorri com os olhos, dez. Quis saber de mim, se eu era casada (ficou fascinada quando disse que era separada) e me contou da sua vida. Depois, no *deck* do barco, Matías deu uma aula onde falou de coisas inesperadas. Contou, por exemplo, que o futuro vem antes do presente porque "vamos até ele", imaginamos, e aí voltamos para o aqui e agora para fazer o que tem que ser feito. Falou em ação como caminho e que, ao nos movermos, nos iluminamos. Lembrou que há uma sutil diferença entre o veneno e a dose e que temos tudo para construirmos o que quisermos. Fez desenhos lindos e ligou pontos com maestria e simpatia.

No dia 5 fomos visitar o Templo de Hórus em carruagens (os modais estavam mesmo criativos: carro, ônibus velho, barcos de todos os tipos, carruagem!). Era mais tarde do que o habitual e o sol já tinha dado as caras. Foi o primeiro templo que fomos com outros turistas e quase pagamos o preço de estarmos em um território muçulmano "meditando". Nossa "tarefa" seria ativarmos nosso "sol interior" em cada um dos recintos do local. Mas teríamos que fazê-lo de forma absolutamente discreta e sem emanar nenhum som ou mantra (nos templos anteriores, que tivemos acesso exclusivo, fomos bem menos discretos). Tinham poucos turistas até, tendo em vista o que seria esperado. Mesmo assim, fomos "flagrados" por um guarda local que pegou a Judite, uma argentina cheia de luz, com as mãos para cima, em direção ao sol. Ela não fazia nada que qualquer um de nós não poderia ter feito. Mesmo assim, foi um momento muito tenso e ali senti novamente um fio de frio na espinha como o da chegada ao hotel do Cairo, quando vi os guardas armados e cães farejadores. Estávamos, sim, protegidos e ancorados pelos guias, pelo Matías e, certamente, por um bando de anjos invisíveis, mas tive, sim, meio metro de receio. Matías contornou a situação e nos convidou a fazermos o percurso silenciosos e discretos, "dissimulados", com o máximo possível de suavidade e de caras de turistas tradicionais que pudéssemos ter. Que mal haveria em saberem que estávamos emanando luz para nossos chakras? Nenhum. Mas aos olhos dos que "cuidavam" do templo, não havia espaço para este tipo de manifestação. E, se fomos, cabia a nós aceitarmos essas "regras" e não incomodá-los com nossas esquisitices de uma "religião" que não cabe nos livros. Partindo dos tornozelos, devíamos fazer três respirações fundas em cada uma das câmaras, imaginando uma luz dourada que partia dos tornozelos, passava por joelhos, genitais, útero, intestino, plexo solar, coração, laringe, terceiro olho e tampo da cabeça. Na última das câmaras (umas salinhas), fomos recebidos, um a um, pelo Matías, com um prato dourado de espelho e podíamos nos ver, transformados. Neste dia, exausta, chegando no barco, recebi uma mensagem da enfermeira que cuida da minha mãe. Ela está em estado vegetativo há alguns anos e quase não fala. Fica semanas sem se comunicar. Neste dia, tinha chamado por mim e a Amanda, a enfermeira, com sua sensibilidade, gravou a fala e me mandou. Algo foi curado. Em mim, na minha mãe, talvez em antepassados queridos que nem sequer eu tenha conhecido. Depois de Ísis, Sobek e do Deus Sol, uma mensagem simples em forma de luz, vinda de outro continente, me levou aos prantos no corredor do barco.

Já sentíamos falta das madrugas mal dormidas. No dia 6, acordamos às 2h30 novamente para irmos ao Templo de Amon-rá, em Karnak, na busca da nossa luz interior. Lá, fomos também à "casa" da poderosa Sekhmet. Tínhamos a "tarefa" de ativarmos a parte superior do Plexo Solar, entrando, aos poucos, no templo. Um ritual forte aconteceu junto de uma pedra. Ainda era escuro, emanamos durante um bom tempo cânticos e sons. A parte do cardíaco foi a mais forte. Pulsávamos num só corpo. Neste templo também acessamos um pouco da história de Hórus, filho de Ísis e Osíris, para juntar as partes do corpo do pai – Osíris foi esquartejado e "ressuscitou" graças ao amor de sua esposa. A ideia era refazermos esta metáfora de reconstruirmos nossos "pedaços". São tantas as lendas e histórias que nos foram recontadas, milhares de anos depois, pelas religiões, que, confesso, me atrapalho um pouco e misturo as coisas. Na verdade, descobri lá que eu não sabia quase nada. Voltei muito tocada por todas estas e sedenta por saber mais. O trio, Ísis, Osíris e Hórus, é uma primeira "trindade" familiar. Foi o irmão dele, Set, quem o assassinou, porque cobiçava o trono. Foi Ísis, com seu amor, quem conseguiu juntar seus pedaços e, virando pássaro, pousou sobre o corpo do marido e fecundou-se com um filho do seu amor, o menino Hórus. Ísis, Osiris e Hórus (uma trindade que acolhe o feminino) estão por toda parte, bem acompanhados por outros deuses cheios de simbolismos. Um capítulo à parte para os sedentos por narrativas humanas fantásticas e atemporais. Ilustram os templos e a nossa imaginação. Quando findamos a "missão" e o sol já ameaçava despontar, fomos visitar Sekhmet, a deusa com cabeça de leoa. Ela representa a força da guerra, um feminino que faz justiça e a aplica de um ângulo que favorece os que mantêm o bom caráter. É forte, guerreira. Conta-se que Rá se cansou dos pecados dos homens e, então, criou a deusa para punir aqueles que deviam ser punidos. No entanto, Sekhmet não teve controle e, tomando gosto pelo sangue corrupto, foi além do planejado. As mulheres do grupo, em geral, ficaram muito emocionadas diante da força de sua estátua e de seu simbolismo. Na saída do seu templo, balões sobrevoavam o céu. Foi lindo de ver. Depois de tudo isto, em uma das "conversas" de esclarecimentos do Matías, numa "sala de aula" no meio de paredes milenares, tínhamos, como pano de fundo, uma árvore da vida "tatuada" na pedra, com seus doze ramos e doze raízes. Linda.

No dia 7 nos deixaram dormir. Acordamos com o barco em movimento e o sol rasgando, na janela, as águas profundas do Nilo. As margens férteis dos meus antigos livros de história emolduravam a janela do meu quarto e eu, quase sem acreditar, bebia do calor daquela luz refletida. O barco não teve permissão para navegar à noite (o Nilo é quem sabe) e o capitão, prudente, decidiu retomar a rota ao amanhecer. Tivemos que mudar os planos e fomos a uma *"charla"* no bar do hotel, passando por assuntos como geometria sagrada, mitose, toroide e constelações sistêmicas. Sim, está tudo conectado! À tarde, fomos ao Templo de Dendera, que representa as asas da grande mãe, a maternidade, nutrição, a vaca que dá leite e, também, que origina a palavra via láctea (essa eu também não sabia). Este é um templo com as pinturas bem preservadas e está cravejado de desenhos sobre o Zodíaco. Um primor. Fizemos um ritual para abrir o coração. Senti uma pressão doída no peito. De volta ao barco, à noite, fomos recebidos pela tripulação, que nos ofereceu um coquetel em agradecimento. Foram sempre muito simpáticos e cordiais.

Dia 8 teve gosto de despedida do barco. Fomos a Abidus. Lá, chegamos ao Templo de Osíris (aquele que foi esquartejado), o marido de Ísis, com pinturas também bem conservadas e rituais fortes nos chakras. Acessamos muito da geometria sagrada e, nas nove câmaras, as nove dimensões da humanidade. Emanamos boas energias para a África, a Ásia, a Europa, os Estados Unidos, a América do Sul, a Groelândia e a Antártida. Depois, fomos a um templo atlante construído há 12 mil anos (mesma época da Esfinge). Não tem desenho ou escritura, mas uma inscrição que misteriosamente segue intacta da geometria sagrada da Flor da Vida. Trata-se de um padrão geométrico da criação e da vida e está presente em todo lugar, do micro ao macro. Não há nenhum conhecimento no universo que não tenha consigo este padrão da Flor da Vida. Sabe-se, hoje, que seu desenho também foi encontrado em Massada (Israel), no Monte Sinai, no Japão, na China, na Índia, na Espanha e em outros lugares. Vizinhos da Flor, no coração do templo atlante, fizemos cânticos incríveis em três rodas concêntricas e, ao final, amanhecendo, uma revoada de pombas nos reverenciou em um voo circular, nas nossas cabeças. De tirar o fôlego. Este templo costuma ficar inundado, mas dá para ver suas colunas. Naquele dia estava misteriosamente seco e chegamos bem no seu meio. Descemos uma escadaria, em silêncio, e a lua, que já minguava, nos acompanhava junto das estrelas. Estávamos todos de branco e nos sentimos dentro de um grande útero. Lá, recebemos uma espécie de "bênção" do Matías, em um ritual simples e profundo de entendimento de que, naquele instante, deixávamos de ser "eu" para nos tornarmos "nós". Junto com Ísis foi, para mim, um dos momentos mais marcantes da viagem. Deixamos o barco naquele entardecer. O sol deitava-se lindamente sobre o Nilo. No grupo, muitas pessoas tiveram febre. Eu, mesmo comendo bem pouco e dormindo quase nada, me sentia plena e cheia de vigor. Flutuava.

Depois do longo trajeto de retorno ao hotel, no Cairo, feitas as devidas despedidas e honrarias ao Nilo, dormimos decentemente e acordamos, no dia 9, com o sol já de pé para irmos de ônibus a um lugar muito especial, o Lago Faium, a uma hora de distância. Dizem que este lago teve crocodilos por muito tempo e seria o local de purificação e preparo para "a morte". No Egito antigo as pessoas passavam por sete rituais para se prepararem para a morte em vida, o primeiro deles aos sete anos. Fomos colocados, de dez em dez, em pequenos barcos e partimos para dentro do lago para sermos "purificados". Felizmente os crocodilos já não vivem lá. No lago, deixamos "morrer" coisas que não nos serviam e passamos alguns minutos embalados pelas águas, silenciosos. Toda essa jornada de passagem pelos templos, simbolizando a limpeza dos chakras, de baixo para cima, de limpeza no Nilo, no deserto, toda esta caminhada anterior foi, na verdade, parte de um "preparo" para que déssemos conta de estar dentro da pirâmide no último dia, no escuro, com condições físicas e psicológicas para isso. Metáforas, rituais e símbolos para a vida, independente de se "acreditar" em algo ou na história contada. Sentimos na pele a força do que vivenciamos e nos fortalecemos muito como grupo. Estivemos vulneráveis, nos ancoramos, respeitamos e crescemos, todos, como seres humanos. Ninguém voltou igual. À tarde, fomos andar de camelo perto das pirâmides. Íamos tomar chá em círculo. Seria lindo. Mais uma vez, os guardas desconfiaram que éramos mais que turistas e complicaram nosso processo. Depois de tantos dias, era evidente que emanávamos uma luz adicional e que não passávamos por turistas quaisquer. Nossos sorrisos eram grandes demais. O que deu para arranjar foi uma voltinha rápida de camelo (quase cem pessoas) e uma dor de cabeça adicional: justo o camelo do Matías disparou. Ele quase matou o pobre do Ahmed do coração. Contam que um camelo não para depois que dispara. Matías parou o dele, não me perguntem como. Bom é que eu não sabia da "lenda" e, ousada, me achando nos campos de uma fazenda, pedi para o meu guia de camelo (cada camelo tinha o seu) pegar as rédeas do meu e ir sozinha. Ele foi do lado, a pé, mas largou a corda comigo. Não sabia que "não podia" e fui, feliz, na frente do grupo todo, toda toda. Se o meu disparasse, não sei se teria a sabedoria do Matías para pará-lo. Que bom que foi com ele. Esta tarde não teve chá nem círculo, mas demos boas risadas. E fizemos fotos lindas, turísticas.

No penúltimo dia, um sábado, dia 10, já saudosos, fizemos um "ensaio geral" em uma outra pirâmide, a de Dahshur. Nessa manhã, ficamos sabendo qual dos 92 pontos cada um dos viajantes "ativaria" no último dia, dentro da Grande Pirâmide. O meu ponto foi Maryland, nos Estados Unidos e representa o chakra laríngeo, a expressão. Nesta pirâmide, entramos. A descida lembra uma mina subterrânea e não é recomendável para quem tem claustrofobia. Achei que passaria mal e que não daria conta, mas estava tão eufórica que dei um chega para lá em qualquer sintoma que pudesse sonhar em me rondar. Muitas pessoas passaram mal. Senti um misto de algo surreal com exaustão, só comparável ao êxtase que tive depois do parto da Carolina. Algo horrorosamente belo e que testou os limites do meu corpo e da minha psique. No ônibus, depois, demorei para me recompor e interagi bem pouco. Foi forte, muito forte. Minutos depois, fomos para uma lateral do mesmo território e, em um grande círculo, fizemos um ritual igualmente avassalador. Estive plena e cansada, suava muito e estava há bastante tempo sem comer. Mas a sensação era incrivelmente boa. Algo muito potente e centrado me tomou. Uma das melhores sensações da minha vida. A "prova final" viria no dia seguinte e a expectativa de todos era muito grande. De tarde, preferi ficar sozinha no hotel, descansar, escrever e me centrar. Minha menina interna vibrava com a possibilidade de entrar na grande pirâmide algumas horas depois.

Sairíamos meia-noite e meia rumo à pirâmide, no dia 11, domingo. Não daria tempo de comer nada e passaríamos a madrugada toda dentro dela, ativando os tais 92 pontos de luz para a humanidade. Conseguimos, Renata e eu, dois iogurtes com o moço do restaurante. Nunca pensei que ficaria tão feliz com um pote de iogurte. Saboreamos cada colherada ainda grogues de sono e partimos, de branco, eufóricas, na virada da noite. Fazia muito frio (lá é calor de dia, mas de noite refresca muito). Soubemos, na chegada, que a pirâmide tem três câmaras e que poderíamos escolher se iríamos direto para a superior, onde seria o encontro final do grupo, ou se alguém gostaria de conhecer a central e a inferior, antes. Detalhe é que quem descesse, teria que subir, depois, no escuro. Sou corajosa, mas já estava de bom tamanho ter chegado até ali. E se eu não encontrasse o caminho? Preferi garantir e subi direto para a câmara principal. A pirâmide todinha nossa! Mais ninguém! Depois que subimos e que os demais tinham chegado às suas devidas posições (haja coluna!), apagaram as luzes. Matías começou a emanar cânticos e nos pediu que o acompanhássemos. Minha caixa craniana vibrava e eu mesclava "O que estou fazendo aqui?" com "Senhor! estou aqui!!!". Alegria, euforia, confusão, êxtase. Os que foram dar a voltinha nas outras câmaras também subiram e foram chegando, aos poucos. O clima esquentou. Éramos quase cem e a câmara não tem ar-condicionado, claro. É bem alta, felizmente, mas tem meia dúzia de "janelas" de ar na parte de cima. Um pulinho para alguém passar mal. Sabíamos que se alguém não ficasse bem seria muito difícil tirar porque não tinha como carregar no colo. Mas estávamos tão concentrados e honrados, tínhamos nos preparado tanto que, juro, não vimos o tempo passar. Foram quatro horas inteiras emanando vibrações de som e desejando luz para a humanidade. Aquela meditação, aquele som, aquela vibração, me levaram para outros lugares, ou a um "não lugar" inimaginável. Por alguns instantes, deixei de ser eu e fui um pedaço de cada um daqueles. Me senti parte do planeta. Éramos um. Talvez o sejamos. Quem sabe nos esquecemos porque, como Osíris, fomos "esquartejados"? Lá colamos pedaços e "ressuscitamos". O único efeito colateral pós-pirâmide foi uma dor terrível nos músculos da coxa. Bom para lembrar que foi de verdade. Senão, juro, teria achado que foi só um sonho bom.

A viagem terminou e segue reverberando em mim. Voltei para o Brasil renovada, intrigada por saber tão pouco, sedenta por aprofundar o que vi/vivi/lembrei e determinada a não parar nunca de me inquietar e de abrir novos pontos de vista para a vista de um ponto que é, de fato, a vida. Matías me abriu páginas no livro da vida, me surpreendeu pela simplicidade, generosidade e disponibilidade. Fiz amigos do mundo para a vida e fiz de mim, espero, uma pessoa mais completa. Descobri mais do Nilo, dos mitos, dos meus limites e das minhas possibilidades. Que bom que eu "costurei" a aula da Luiza, a da Marcela e as tantas outras, sem saber bem por que, mas sabendo que tinha que ser feito. Que bom que a Luiza me trouxe a Marcela e que ela me trouxe a provocação da viagem. Que bom que, incrédula, aceitei que os "anjos" trabalhassem e me levassem àquela terra que deixou sementes profundas na minha biografia. Eu escrevi muito durante a viagem e ainda não consegui digerir todas as letras, sílabas, frases e parágrafos que me arrebataram nesses onze dias tão surpreendentes. Mesmo assim, separei uma dezena de frases do Matías para compartilhar por aqui. Se uma ou outra fizer sentido para tua alma, estarei feliz. Um beijo.

Frases de Matías de Stefano jogadas assim, sem ordem, durante a viagem:
"Nosso corpo é um templo."
"Preciso ser iluminado em qualquer coisa que eu faça. Ao mover-me, me ilumino."
"Já fomos anciãos, adultos. Chegou a hora de voltarmos a ser crianças. Estamos na adolescência planetária. Há muito hormônio no mundo. Amor de criança é incondicional. É dele que precisamos."
"A única forma de se conectar com a rede universal é a imaginação! Sem medo, imaginar!"
"O jogo (da vida) é tão fácil que complicamos para ficar mais divertido."
"Há uma cura pela vibração e pelo canto."
"Passado, presente e futuro coexistem."
"Nilo é uma grande serpente, a Kundalini da Terra."

"Os crocodilos tinham uma sabedoria. Colocavam ovos no lugar certo do Nilo, sempre um pouco antes do que as águas das cheias alcançariam."

"Deixe-se levar pelo fluxo, não pela mente. Há uma graça de não saber."

"Quando a doença vem, é porque eu faço o que não tem que ser feito. Vem para te alertar."

"Corpo, alma e espírito são matéria, energia e frequência. A alma atravessa tempo e espaço."

"A escuridão nos mostra que é o fim do jogo. Justo aí é que é para ir, atravessar a escuridão e transcender."

"Às vezes eu pinto um quadro lindo e mancho no final. Fazemos isto na vida o tempo todo."

"Tudo está baseado na biologia e na geometria. O olho da serpente e a vagina da mulher têm o mesmo desenho."

"Em todos os lugares estão os guardiões, os escuros e os da luz. Todos ensinam."

"Ísis é o feminino, a criação. Propósito, destruição, útero. Osíris representa fragmento, pedaços, renascimento. E Hórus é um caminhante, o que busca, o que vê além dos olhos."

"É preciso encontrar uma estrela fixa, nossa Ursa Maior. É preciso uma confiança plena em si."

"Seres da escuridão passaram a ter poder há 12 mil anos. Os seres de luz sussurram de outros planos. Nos dizem o tempo todo: é por aqui."

"É preciso chegar a amar o inimigo porque ele te ensina algo."

"Quando o resultado é sempre o mesmo, é porque não está funcionando."

"A tartaruga tem os códigos hexagonais em si."

"Quando a rede está quase pronta, vai alguém e corta um ponto. Aí precisa começar a tecer de novo."

"As serpentes são as protetoras/guardiãs do sul. Têm o veneno e a cura."

"Sobre seu poder interno, você tem duas possibilidades: ficar bravo ou apenas dizer não, não faça! Seja uma autoridade espiritual."

"Medo e dor são ferramentas para nos mostrar o que falta. São recordações, agendas do ser."

"Iluminar-se não é para ir para outro plano. É para usar no aqui e agora."

"Tudo o que se move são as coisas que vão e vêm. Nossa estrela não se move!"

"Para o universo, os que morreram seguem existindo."

"Se esta jornada toda não der certo, que tenhamos tido lindas férias juntos! E que tenha sido divertido."

"O precioso é pequeno e discreto. O resto são pétalas."

"No escuro, precisas seguir a verdade e não ouvir os outros."

"A América do Sul é o nosso terceiro olho. Representa uma nova mãe, uma mãe que gesta a nova humanidade."

"Você deve dominar três ferramentas básicas: alimentação (frutas e sementes), respiração e o desfrutar, passar bem, rir (ha ha ha)."

"Comece curando a família. Depois, o país, o continente. Tem que começar, sempre, pelos seus pais. Una as partes!"

"Não podemos trabalhar a partir da mente. É preciso sair em ação."

"Por onde começar? Gerando coisas o tempo todo: arte, criar, cantar, desenhar, tocar um instrumento."

"Tudo no universo é um sonho. É como se fôssemos os neurônios que criam e vivem este sonho."

"Última lei universal: tudo se regenera."

"Eis que surge a polaridade, positivo e negativo, feminino e masculino. Para gerar circuito elétrico, energia capaz de mover. A energia só atravessa e cria carga quando junta o positivo e o negativo."

"Primeiro eu tenho que me carregar de energia. Depois, viro canal (pilha)."

"Tudo no universo tem um ritmo, um ciclo específico."

"Mais importante que emitir um som, é escutar. Modificar meu padrão de vibração é adaptar-me. Sem perder quem eu sou. Entrar em sintonia com a vibração do outro."

"E se você tivesse que morrer amanhã?"

COSTURAS DE NOVO MUNDO

Faz tempo que eu desconfio que vivemos em um "novo velho mundo" e que estarmos por aqui agora é um grande privilégio. Sinto que as coisas que "cabiam" não têm cabido mais e que este mundo meio "sem cabimento" que vem se apresentando tem, em si, todas as possibilidades. Sinto também que podemos e devemos ser *makers* disso que chega e que daqui a algum tempo olharemos orgulhosos e surpresos para trás.

As chaves do Oswaldo

Publicado em 18 de maio de 2013.

Eu já citei o Oswaldo Oliveira algumas boas vezes. A esta altura da leitura, desconfio que já saibas que ele faleceu assim, sem avisar, em meados de dezembro de 2017. Era uma pessoa que mal cabia em si. Nos deixou ensinamentos, provocações e decidiu ir assistir de camarote o que faríamos com o que nos trouxe. Aqui, um texto que escrevi em 2013 onde ele, já muito à frente do seu tempo, prototipava coisas bem "sem cabimento".

Eu fiquei quebrando a cabeça para saber qual deveria ser o primeiro *post* do resto desta nova jornada, um ano depois. Ano sabático do *blog*, coisa forte, nada a ser dito. E tudo o que eu imaginava como um bom recomeço parecia não ser relevante o suficiente para a tal "volta". Daí eu vi que se continuasse assim, nada seria escrito. E resolvi começar a escrever nos últimos dias as coisas que me intrigavam neste período. As outras todas, de um ano atrás até aqui, ficaram meio para trás. Fazer o quê? Impermanência, desapego, enfim.

Pois bem, uma das coisas que tem me intrigado nos últimos tempos são as chaves do Oswaldo Oliveira. O Oswaldo é um cara bacana que apareceu na minha vida no ano passado e, assim, acabou ficando. Sorridente, inteligente, generoso, provocador, é o "cara das redes" e prega, na teoria e na prática, um mundo compartilhado, mais dividido, menos linear. Ok, "prega" é um verbo meio forte, até porque ele não tenta convencer ninguém a nada. Simplesmente chega e compartilha o que vê, experimenta, sente.

Este papo todo de um mundo mais cocriado, onde os papéis se autorregulam (como na natureza) e tudo flui parece conversa para boi dormir, como dizem na minha terra. Mas não. Há teorias e algumas boas práticas sobre isto.

Justo para "experimentar" esta coisa toda, recentemente o Oswaldo criou uma história muito bacana. Dividiu em pedaços uma casa super astral, na Vila Madalena (bairro charmoso aqui de São Paulo), para que diferentes pessoas pudessem se instalar por lá e, dependendo do número que demonstrasse interesse, dividissem por igual as despesas do espaço. Mais ainda, estas mesmas pessoas, que já começaram a surgir – e que toparam a ideia – têm a missão de se autorregularem por lá, organizando a agenda do espaço e decidindo, juntas, o que tem a ver com a casa, que tipo de atividades pode acontecer, quando, como e com quem. Não tem um dono. Tem um grupo de criaturas ousadas que toparam fazer daquele espaço um espaço seu – e também "nosso". A coisa já começou. Claro, com um empurrão do Oswaldo, mas começou. Para simbolizar tudo isso, ele, o Oswaldo, tirou muitas cópias das chaves e as distribuiu para essas pessoas que, a partir de então, são corresponsáveis pelo espaço. Tão simbólico quanto a entrega das chaves da cidade para pessoas importantes da sociedade. Alguém lembra? E não para por aí. As mesmas chaves daqui de São Paulo serão entregues às pessoas de uma casa com este mesmo espírito que já existe em Porto Alegre, em uma rua, vejam só, chamada Liberdade. No meio disto tudo, têm surgido situações pitorescas e muito animadoras. Em algumas das "entregas das chaves", o Oswaldo recebeu, em troca, as chaves da casa da pessoa. Teve até quem quis entregar a ele as chaves do carro, em um gesto amoroso de "entendi o seu recado, amigo".

Quantas vezes nós não temos ideias assim, tão doidas e maravilhosas? Quantas vezes não imaginamos espaços abertos com pessoas que fazem sentido, a construção de novos mundos dentro dos nossos mundos possíveis? E quantas foram as vezes que nós mesmos desistimos, por vergonha, medo, por não sabermos, enfim, como começar? Pois bem, graças a alguns corajosos malucos, vejo pipocar por aí iniciativas impressionantemente simples e deliciosamente transformadoras. Abrir mão do nosso senso crítico castrador, vez ou outra, tem tudo para revelar muita coisa linda logo ali, do outro lado da porta.

E se?

> Publicado em 22 de maio de 2013.
>
> Esta pergunta segue me perturbando, no bom sentido da palavra, até agora. Acho que um "*crash* financeiro" é algo bem viável e provável e sigo curiosa, pensando, sobre o que faríamos/faremos se algo como o que propus aqui acontecer. A greve dos caminhoneiros em 2018 mostrou que estamos mais "nus" do que imaginamos e que a vulnerabilidade bate às nossas portas toda hora. Eu exercitaria recomeços, ao menos para jogos de conversas divertidos e necessários. E se?

Dizem por aí que sou uma boa estrategista. Isto porque antes de vivenciar uma situação eu imagino tudo o que seria possível de acontecer ligado a ela, nos seus extremos mais criativos para, no caso de alguma realmente acontecer, eu estar preparada. Tem a ver com as polaridades que se usam no design estratégico e em outras tantas áreas, ou seja, imaginar situações extremas para tirar dali possibilidades de inovação e de construção de coisas realmente novas. Na maior parte das vezes nunca é a situação extrema que acontece. Chega a ser divertido. Quando minha filha estava para nascer, pensei em tudo o que poderia acontecer, desde o percurso até o hospital, as pessoas que poderiam me levar, caso o meu marido não pudesse. E se o carro quebrasse. E se tivesse um trânsito terrível. E se não desse tempo... Claro que deu tempo. Carolina ainda escolheu a tranquilidade da cidade vazia em um feriado para anunciar sua chegada. Menina esperta.

Mesmo que às vezes apresente algumas camadas de sofrimento, este tipo de exercício realmente aguça a imaginação e pode, ainda que trabalhando com hipóteses, apresentar possibilidades não imaginadas para as nossas vidas.

No fim do ano passado falou-se muito no tal fim do mundo. Mil teorias e a imaginação das pessoas a milhão, pensando em como seria, como fariam, como enfrentar tudo isto. No meio da história surgiram figuras pitorescas que trouxeram pimentas sutis e provocaram, assim, como quem não quer nada, alguns desses exercícios de extremo. Um deles comentou, em conversas, a possibilidade de os bancos sumirem. Tudo poderia começar com um grande *bug* na internet. Sem conexão, não teríamos acesso aos bancos e, sem termos acesso a eles, não teríamos como provar quanto tínhamos aplicado (ou quanto devíamos – esta é a versão positiva da brincadeira). Sem os bancos e, dali a pouco, sem dinheiro vivo nas mãos, tudo seria diferente. Muito rápido, bem dinâmico. Imaginemos, então, somente para fins de exercícios, que isso realmente possa acontecer. O que você faria?

Tem um vídeo rolando na internet há tempos de um professor que estimula os alunos a pensarem em suas verdadeiras vocações, isolando a variável dinheiro da história. Digamos que o dinheiro não importasse, que suas contas estivessem pagas, o que você faria assim, de verdade?

Eu fico imaginando a cena. Meio inspirada no filme *Ensaio sobre a cegueira*. Os homens, no seu limite, nada de dinheiro circulando e, aos poucos, as pessoas se rearticulando, como em uma grande volta ao tempo das cavernas. Só que em cavernas de concreto, nas nossas cidades. Sem dinheiro para comprar nada, não teríamos tampouco gasolina para os carros e teríamos que, em pouco tempo, nos reorganizarmos em grupos, que somos, para cada um entregar o que tem de melhor. O estatístico, este cuidaria de calcular as provisões e de como utilizá-las. O articulador trataria de sair conversando com os vizinhos, em busca de permutas. E assim, sem televisão, sem internet e, justo por isto, com tempo de sobra, relembraríamos quem somos. Alguém puxaria uma roda de violão, contadores de histórias brotariam cheios de verbos e, certamente, as crianças dariam uma aula de colaboração. O exercício vale para as empresas. E se as contas estivessem pagas? Se os fornecedores que escolhêssemos nos entregassem a matéria-prima que quiséssemos, sem que tivéssemos que pagar. Se os clientes não se importassem com o preço e pudéssemos escolher, de fato, para quem gostaríamos de produzir um produto. Ou oferecer um serviço. Seriam os mesmos? Como ficaria a nossa energia da escolha, da entrega, do processo todo? Iríamos trabalhar? Ou nada mais faria sentido?

Eu não acho que algo desse tipo vá acontecer. Pelo menos, não assim. Não amanhã. Mas me divirto de verdade observando meus amigos, os vizinhos, os atores corporativos, os rostos desconhecidos no supermercado e imaginando quais seriam seus novos papéis dentro de jogos divertidos de desconstrução.

E se?

COSTURAS DO BEM COMUM

Este é um dos meus textos favoritos. Porque ainda não foi publicado, porque nasceu de um jeito "bem errado" e, principalmente, porque fala de um dos temas que mais tem me trazido paixão e provocações nos últimos tempos: o bem comum. Nele, falo sobre prosperidade, abundância, economia do bem comum, *share economy*... Num resgate infantil e lúdico da "língua do p", te convido a rascunhares novos jeitos de enxergar possibilidades e a abundância na vida.

P de prosperidade

> Este texto deu "muito errado". É que ele seria parte de um livro colaborativo e não foi. Claro, sofri, mas entendi tempos depois que ele pedia outro espaço. Nele, ainda inédito, e agora parte do meu livro de *"Costuras"*, coloco para fora um pouco das minhas inquietudes e experiências sobre abundância, prosperidade e generosidade. Sigo inquieta e quero falar mais disto muito em breve. Quem sabe em um próximo livro inteiro só para este tema?

A língua do "P" da Prosperidade

Eu sou a Andréa Fortes. Fortes por parte de mãe, a Irma, e Oliveira pelo Pai, Poderoso Provedor do Padrão Patriarca da sociedade gaúcha, o Jerônimo. Pelos dois lados, minha família chegou ao Rio Grande do Sul em meados de 1700, recebendo terras de Sesmarias. Fomos os Primeiros, Pioneiros, Patrões, Poderosos, Personagens cheios de Personalidade de Parte importante da história. Quando a minha geração chegou, mais de dois séculos depois, grande Parte deste Prestígio tinha sido dissolvido. As terras se foram e, com elas, os recursos. Me vi herdeira de sobrenome, mas não de fato, a Primeira de uma nova história. A que não tinha outra escolha, senão a de se Preparar para Prototipar um novo capítulo do zero.

Foi assim, aos goles, que fui me dando conta das minhas raízes, mas também da força das minhas asas. Que eu não ter herdado recursos tinha um Preço, mas também teria uma Ponta interessante de Possibilidades. Assim eu fui "fazendo América", de Cachoeira do Sul, com pouco mais de 80 mil habitantes, para Porto Alegre, capital, e de Porto Alegre para São Paulo. Passos grandes e transformadores. Talvez inimagináveis para a "guria" que Passou boa Parte da infância em uma fazenda. Se bem que quando eu subia morros e árvores ou enquanto cavalgava pelos campos, aparentemente sem limites ou fronteiras, já sentia o gosto desta tal liberdade. E voava. Literalmente voava nesses instantes infinitos. E foram as Passadas no escuro, os famosos "Passos de fé", esses momentos menos racionais e de grande entrega, que sempre me levaram a Pintar novos quadros de Possibilidades e horizontes na minha vida. Descobri, Proseando, que havia algo de Profundo em ser Precursora. Que quem faz Perguntas, enriquece o mundo. Que novas Perspectivas sempre ampliam Pontos de vista, que a vida é a vista de um Ponto e que quando a gente liga os Pontos, quando vira Ponte, há um prazer enorme nisto.

Foi assim que fui espiando Possibilidades, me tornando Poliglota na diversidade das Pessoas com as quais Passei a conviver e a Plantar, em mim e em alguns ao redor, um Pouco daquilo que Pulsa forte aqui dentro. Prosperidade sempre foi um tema. Descobri cedo que nascer, crescer, reproduzir, Pagar "os boletos" e morrer seria Pobre. E que Poesia nas mãos erradas vira Poeira. A famosa "Pérolas aos Porcos". Mas, então, por onde começar? Talvez por aquilo que nos é muito Presente hoje: os Padrões.

Figuras Paternas

Eu aprendi um tempo atrás com um colega e amigo com quem fiz a formação em teoria integral, o Andreas, que as pessoas, em geral, tinham na vida um Padrão recorrente de buscar alguns "Ps" que poderiam "salvá-las". Seriam, segundo esta teoria que ele citou e cujo autor não me recordo, os desejáveis Pai, Padrinho, Padre, Professor, Patrão. Arquétipos masculinos fortes e "salvadores". Nas minhas andanças e conversas por aí, acrescentei o Profeta. Buscaríamos, pois, um Pai, Padrinho, Padre, Professor, Profeta, Patrão, talvez um Presidente, um Provedor? Eis que, ainda que tenhamos crescido e nos tornado adultos, temos, vez ou outra, a fantasia infantil de que algum herói Potente e Poderoso venha nos dizer o que fazer ou, melhor ainda, nos conduzir à "terra prometida". Essas figuras, tão Presentes nos nossos imaginários e muito fortemente arraigadas à nossa cultura brasileira Paternalista têm, sim, uma importância metafórica, mas preciso contar que tenho desconfiado cada vez mais que somos nós os verdadeiros Protagonistas das nossas vidas. Foi assim, em uma brincadeira da minha Primeira conversa com este amigo, e na tentativa de ampliar este vocabulário da língua do "P", que comecei este jogo do "P" da Prosperidade. Tive, claro, Poetas, Pares, Pioneiros, Parceiros, Polinizadores que me inspiraram nesta jornada. Cito o rabino cheio de Perguntas, Nilton Bonder, autor de, dentre outras obras, *A Cabala do dinheiro* e *A alma imoral*, livro que virou peça e a minha cabeça do avesso, em um sentido lindo. O Nilton fala no dinheiro a serviço, que rico é aquele que usufrui do que tem. Lembro também do indiano cheio de Prosa, o Satish Kumar, que em suas sacadas com letras e Palavras tanto nos ensina sobre abundância. Eu conheci o Satish em uma formação no Schumacher College, no sul da Inglaterra, escola rica de base humana e transformadora para adultos com sede de Potencializar suas vidas. Ele tem pouco mais de oitenta anos e um menino de oito muito vivo dentro de si, que se revela a cada instante no olhar sapeca, brilhante e contagiante. Satish é Profundo e leve.

Ele enriquece cada Pedacinho de lugar por onde passa. Peregrinou, jovem, pela paz, carregando um chá que entregava para grandes líderes mundiais. O fez a pé, com fé, com a certeza interna de que aquilo era o que devia ser feito. Não havia garantias. Ao redor, quase todos duvidavam. No seu livro *Solo, Alma, Sociedade: Uma nova trindade para o nosso tempo*, felizmente já disponível em Português, ele retrata um Poema do também indiano Tagore onde, de forma metafórica e linda, nos dá uma aula sobre este "Passo de fé" da Prosperidade. Somos jardineiros da nossa própria Prosperidade e, quando duvidamos de sua potência, quando espiamos a semente na terra para ver se ela está brotando, matamos na raiz as Possibilidades que estão por vir.

O jardineiro

Por que a lâmpada se apagou?
Eu a cobri com meu casaco para protegê-la do vento, por isto ela se apagou.
Por que a flor murchou? Eu a apertei contra o peito com ansioso amor, por isto ela murchou.
Por que o riacho secou? Eu o cerquei com uma barragem para meu uso próprio, por isto ele secou.
Por que a corda da arpa se rompeu? Tentei forçar uma nota que ia além do seu alcance, por isto ela se rompeu.

Rabindranath Tagore

Lembro sempre também do filósofo Provocador Charles Eiseinstein, com quem estive uma única vez, como ouvinte em uma palestra, e em cuja fonte bebo sempre. Ele, tão novo e cheio de vida, fala sobre a economia sagrada, sobre o *"Gift world"*, sobre o quanto não faz sentido falarmos sobre direitos autorais se enxergarmos que tudo o que existe é, de certa forma, um Patrimônio maior, fruto de nossas vivências e convivências. Nosso Papel é o de ampliar, expressar gratidão e exalar um senso de valor em tudo o que tocamos na vida, material ou imaterial (esta última frase não fala literalmente do que diz o Eisenstein e já esboça, na prática, esta mistura de saberes aos quais ele se refere. Tem de mim nela, na frase, inspirada por ele). E lembro, finalmente, para citar apenas alguns dos meus "musos", tão humanos, simples e profundos, do Joan Melé, ex-diretor de um banco espanhol e um Pioneiro em assuntos de espiritualidade nas empresas, um Perseverante Perseguidor de sentido em um mundo tão "Pobre" e cheio de Poder. Também o conheci recentemente e me enchi de esperança ao vê-lo navegar em ambientes diversos com Palavras e ações Pulsantes. Estes autores que citei, somados a outros tantos Pioneiros na Prototipagem de um novo/velho mundo, têm me trazido *insights* importantes sobre a construção de um novo Pedaço de humanidade.

Inspirada por eles e outros tantos, autores ou não autores, reconhecidos ou não, e provocada por alguns Protótipos que venho rascunhando há dois anos, quero te contar sobre alguns Pingos de Possibilidades que têm formado novas imagens na minha cabeça. Para mim, Prosperidade tem a ver com generosidade. Já explico.

Somos generosos?

Quando eu dou aula sobre "marcas", vestindo a roupa de consultora, lembro também daquilo que "marca" quando passamos na vida de alguém. Marcamos ou passamos? Foram marcas boas ou cicatrizes Profundas que deixamos? Vale para as empresas e vale para nós. O que eu, Pessoa, deixo, tangível, mas também invisível, indizível, nos outros, é também o meu Patrimônio, o Parágrafo que dirá de mim no meu epitáfio. Tem a ver também com o ser/estar, o velho *"to be"* do inglês. Eu sou ou eu estou? Pergunto porque tenho dúvidas sobre alguns conceitos. Pode alguém "estar generoso" por uma circunstância ou "se é generoso" de forma genuína e perene? Há pouco mais de dois anos comecei a provar do gosto de fazer alguns projetos "sem Preço". Tudo começou porque fui convidada a dar uma "palestra-aula" em uma "academia" que se propunha a ser Pioneira na Prototipagem de novas Possibilidades no mundo (se propunha, segue propondo e vem fazendo coisas lindas). Deu "errado" porque tinha que Pagar a "tal aula" no Padrão antigo, com formulário Prévio e boleto Pago uma semana antes do dia, garantindo um Preparo de Pronto de que todos iriam realmente. Não permitia Paciência de confiar no fluxo, Pioneirismo na forma de Pagar ou Perseverança de que as Pessoas que disseram que iriam, realmente estariam lá. Não cabe julgar ou fazer autópsia na situação. Mas o fato é que, na prática, a lógica da abundância que nutria o Projeto bebeu na fonte da desconfiança e como uma semana antes da data as Pessoas ainda não tinham "Provado" que iriam, e Pagado *in advance*, o evento foi cancelado. Pergunto: quantas vezes nós, seres evoluídos e Prósperos, tão iluminados e cheios de conhecimento, nos pegamos perpetuando Padrões de medo e escassez? Foi, claro, para mim, uma vergonha, falta de Prestígio, Pavor, ponto de horror na minha biografia. Perplexa e aos Pedaços, me permiti peitar outra forma de fazer a coisa. E convidei os que viriam e mais meia dúzia de Parceiros e Pares Ponta-firmes para fazerem a Prosa na minha "casa", a Sarau. Para mostrar o quanto sou/era Perseverante e Pioneira, ousei não ter formulário de inscrição (foi quem tinha que ir, com compromisso no "fio do bigode", sem nenhuma divulgação aberta, *People to People*) e a remuneração seria Pós-evento, em uma caixinha de brinquedo de madeira da minha filha. O resgate da boa e velha *"honesty box"*.

A *honesty box*

O conceito de *honesty box* eu relembrei em uma porteira de uma fazenda de apenados no Sul da Inglaterra, quando estava fazendo o módulo de Liderança para a Transição no Schumacher College, que citei há pouco. Os que lá cumpriam pena produziam/produzem verduras, soltas, e as colocam na porteira com uma caixinha. Quem passa, pega e paga. O Satish Kumar fala deste fluxo, desta abundância. O Nilton Bonder, o Charles Eisenstein e o Joan Melé, também. Cada um do seu jeito, falam do mesmo. De uma fonte abundante e inesgotável de cuja origem vez ou outra nos desconectamos. E que há novos/velhos jeitos, possíveis e maduros, de remunerar e de fazer o fluxo, afinal, fluir. Um dia desses fui acompanhar uma amiga na missa (sou católica nada praticante) e me dei conta de que eles também passam a "caixinha", em um ato de confiança, na consciência de quem está doando. Quando minha "aula" "não deu certo" por causa da burocracia de um formulário e boleto, que deveriam ser preenchidos e pagos antes da experiência em si, decidi ousar e confiar na honestidade dos "alunos-coautores" deste protótipo (e somente deste, como objeto de pesquisa mesmo), dando a eles a responsabilidade de decidirem quanto "vale" ou "valeu" a conversa depois dela ter acontecido (ou quanto podem pagar naquele momento, ainda que sintam que vale mais). Não me refiro simplesmente aos custos do espaço, alimentação, às minhas horas, na hora e as de estudos e vivências anteriores, mas também ao quanto o que foi compartilhado, por mim e pelo grupo, acrescentou à vida de cada pessoa naquela noite. De certa forma, falo, aqui, do "equilibrar as trocas", uma lei fundamental das constelações sistêmicas do alemão Bert Hellinger. Em mais de quarenta encontros, em cidades e ambientes diferentes, mantive a proposta do protótipo pós-pago e posso falar, na ponta do lápis, que a ousadia vem se pagando. Não remunerou apenas os custos, mas me ampliou infinitamente como pessoa. Teve aula cuja caixinha não pagou nem sequer o café (uma raridade, felizmente, mas aconteceu). E teve muitas em que uma pessoa só pagou pelo todo, com sobra. Na média, estou muito no lucro e ainda com histórias e "estatísticas" para provar que o brasileiro, sim, é honesto e generoso. Como não divulguei abertamente nenhuma delas, até agora, só vieram amigos de amigos que já fizeram, em uma pré-curadoria promovida por quem presenciou a experiência na pele. Eu conheci gente incrível por causa das costuras (ah, chamei este encontro de "costuras de teorias e biografias"), me identifiquei, finalmente, como costureira de relações por causa dessa coisa toda que "deu errado". Em cada encontro, peço que as pessoas coloquem a mão no bolso e no coração na hora de decidirem quanto vão pagar (e se vão pagar). Deixo a caixinha na saída, com um "papel de pão" cheio de *insights*, uma pequena cola do que apresentei, e aguardo. Há um prazer infantil em abrir a caixinha física na saída, quando as portas se fecham e eu, sozinha, começo a colocar a casa em ordem. Tem dinheiro que pinga depois na conta, um presente para a alma que enche meu dia de alegria cada vez que me dou conta de que as pessoas entenderam a proposta, mesmo que tenham demorado para reagir (tem gente que paga uns bons dias depois). Porque se alguém não pagar, ninguém saberá. É uma conta que precisa fechar com a consciência de quem veio. É mais do que uma prestação de contas comigo. E, para mim, que já fiz tanto projeto sem cobrar, por puro amor, é um grande prazer usar o recurso que vem para ampliar as próximas conversas (me comprometo a usar o recurso das costuras somente com livros, cursos, viagens ou experiências que enriqueçam as próximas turmas). Quem vem paga para que quem venha a seguir tenha um processo ainda melhor. Seguirei pondo em prática estas e outras propostas. Recentemente, fiz o primeiro projeto de pagamento via *honesty box* na minha consultoria, a Sarau, depois de uma conversa provocativa com uma cliente/amiga. Falei que seria um sonho fazê-la em um ambiente "corporativo" e assim foi feito. Trabalhamos em um projeto profundo e lindo (que faríamos até de graça, pela beleza e grandeza) por alguns poucos meses e, ao final, recebemos. Demos parâmetros para ajudar. Recebemos um pouco menos do que receberíamos de uma forma tradicional, em um cliente "típico" e grande e, sabemos, bem mais do que o cliente poderia ter pagado por um projeto deste porte. Na verdade, já foi uma ousadia eles terem nos chamado. Era um(a) cliente/empresa pequena/média. Fora a iniciativa, saímos todos mais ricos do processo. Na escola da Carolina, uma iniciativa antroposófica em forma de cooperativa de pais, já prototipamos duas rodadas deste jeito: uma primeira, no Bazar de Natal, em uma campanha que batizamos de "tijolinho", cada pai estaria pagando, via *honesty box*, um tijolo da obra da escola e a outra, dias atrás, para arrecadarmos a "caixinha da turma". Nos dois casos fomos generosos e sentimos a força da abundância de forma tangível na contagem das notas de dinheiro ao abrirmos, juntos, os envelopes e a caixa, em uma alegria infantil de vermos que deu certo. Quero seguir prototipando, provocando e convidando as pessoas a colocarem a mão no bolso e no coração na hora de pagarem por algo. Tem goles de responsabilidade e um convite sutil embutido, parafraseando o Joan Melé: "O que o seu dinheiro nutre?". Amplio a pergunta: Nutre? Amplia? Tira? Quando você compra algo, está, afinal, investindo em quê? Em quem? Se ninguém estiver vendo, você é realmente generoso?

Um feminino que prospera

Para não parecer que só tenho "musos inspiradores", te conto, a seguir, de algumas mulheres poderosas que admiro e em cujas essências também me nutro. Deixo claro que não coloco ninguém em um pedestal. Para mim, não existem gurus ou pessoas com pleno saber. Somos todos eternos aprendizes ou, por outro lado, velhos sábios esquecidos que precisam "relembrar". Vejo todos como espelho. Voltando às mulheres que abundam e me enriquecem de outros jeitos, cito, para começo de conversa, a Julia Cameron e a Laura Gutman. As duas chegaram na minha vida em um momento muito promissor. Ambas me "tomaram" enquanto eu gestava a Carolina. A Laura, argentina, chegou a mim pelo livro *A maternidade e o encontro com a própria sombra*. A Julia, com a jornada do *The Artist's Way*. Anos depois, muitos livros de ambas comprados e dados de presente para amigas e amigos, cheguei no mais recente da Laura Gutman, *A biografia humana*. Falam do mesmo. Da necessidade de nutrirmos, como adultos, as nossas crianças internas. De certa forma, aos seus jeitos, elas relembram que o senso de abundância (ou o da escassez) nasce na nossa infância e que retornar à fonte, ainda que de forma metafórica, é um bom caminho para curar velhas feridas esquecidas que marcaram nossas histórias com padrões que aprisionam. Hora de voar. Eu ainda não estive nem com a Julia nem com a Laura, mas elas fazem parte da minha vida. Elas me ajudaram a "reconstruir" uma retrospectiva biográfica. Junto com o Rudolf Steiner, pai da antroposofia e outro "muso" de alma tão feminina que deixou de si para a humanidade, eu reencontrei pedaços e parágrafos meus pelo caminho e os reescrevi. Eles me ampliaram, seguem ampliando e reapresentando a mim mesma novos pontos de vista possíveis.

Falando em alma feminina, em algo maior, não posso deixar de citar outros professores da escola da vida que fazem/fizeram da minha algo maior porque passaram por ela. A minha mãe, tão linda e sofrida, tão plena em potência, tão parte de mim e a quem eu devo a vida e a minha coragem (mãe, eu te honro e te amplio), a minha "mãe preta", a Eva, neta de escravos, sem documentos, analfabeta e tão "letrada pela vida", senhora das ervas, abundante em sua simplicidade, e ao Oswaldo Oliveira, o "cara das redes", o grande "profeta" (me mataria se soubesse que o chamei assim) de alma feminina que há muito nos contava que um mundo abundante era possível. Era tão à frente que morreu repentinamente no fim de 2017, com 54 anos. Não cabia aqui. Ele antevia, bem antes da hora, dentre outras tantas coisas, a tal economia do bem comum, deliciosamente descrita pelo economista austríaco Christian Felber. Mas isto é outra história. Juro que te conto em outro texto.

Felicidade Interna Bruta

Em uma dessas minhas entregas ao desconhecido, eu fui ao Butão. O ano era 2011 e minha vida estava plena em transformações. Eu descobri este país do ladinho do Himalaia no mesmo ano em que descobri muita coisa em mim. Foi também o ano em que casei e o que eu conheci muita gente próspera e parceira na vida. Em um desses presentes inusitados que só quem está na chuva pode beber, fui jantar na casa do primeiro-ministro do FIB (Felicidade Interna Bruta). Eu e a Monique, minha amiga e *coach* na época. O país estava por ser aberto ao mundo. Praticamente intocado. Foi um choque e um mar de possibilidades. Eles têm outros indicadores, se importam com as pessoas. Trabalham "pouco", cooperam muito e sorriem sem pudores. Escrevo este texto oito anos depois desse ano tão marcante. Neste pouco mais de um setênio, muito na minha vida mudou. Eu tive uma filha, me transformei, viajei, voltei, me ampliei, colecionei cicatrizes, projetos e paixões, plantei, pirei, provoquei, fui provocada. Eu vivi coisas que não cabem na régua do preço. PQP! Que paradoxo porreta parece ser esta tal vida. Que venham os próximos! E que prosperar seja um verbo cada vez mais abundante e disponível para artesãos de um novo mundo possível que, desconfio, está a um passo de emergir.

A seguir, algumas das fontes abundantes nas quais eu bebi para chegar até aqui, caso queiras ir um gole mais fundo.

Nilton Bonder
Rabino e autor de, dentre tantas obras, *A cabala do dinheiro*. Para mim, o livro que virou peça, *A alma imoral* (escrito por ele), diz muito sobre abundância na vida. Manter a tradição e trair a alma, para mim, é pobre. Ser precursor, primeiro, pioneiro, dá trabalho, mas enriquece intangíveis. Os que cito no texto foram, a seus modos, corajosos pioneiros de protótipos nas suas vidas.

Satish Kumar
O Satish é um indiano de corpo vivido e alma fresca. Fundou o Schumacher College, no sul da Inglaterra, onde "regenera" adultos e os faz lembrar de suas essências. O livro que cito acima chama-se *Solo, alma, sociedade*. O Satish, felizmente, tem vindo muito ao Brasil.

Charles Eisenstein
Matemático e filósofo, transformou-se em um inquieto intelectual da contracultura. Além do *Sacred Economics*, citado aqui, publicou *O mundo mais*

bonito que nossos corações sabem ser possível, onde fala de coisas profundas e nos convida a uma pausa e ao pensar.

Joan Antoni Melé

Nasceu em Barcelona e trabalhou por anos no Triodos Bank. É hoje um coautor do Banco Ético. Publicou recentemente no Brasil o livro *Dinheiro e consciência: a quem meu dinheiro serve*, em um compilado de mais de seiscentos *workshops* e conferências onde provoca uma reflexão profunda, e ao mesmo tempo simples, sobre o impacto das nossas decisões no cenário econômico mundial.

Julia Cameron

Com vasta biografia, de formação e vivências pessoais, a Julia publicou há alguns anos o atual *best-seller The Artist's Way*, recentemente traduzido para o português como *O caminho do artista*. Em uma jornada de doze semanas, propõe que possamos navegar por sensos essenciais e, ao fazê-lo, curar nossas crianças internas (ou artistas) para desenharmos novas possibilidades, mais livres e abundantes, na vida. Um dos sensos é o de abundância. Necessário!

Laura Gutman

Argentina, investigadora da conduta humana e escritora, fez sucesso no Brasil e em outros países publicando *A maternidade e o encontro com a própria sombra*. No livro aqui citado, e mais recente, *A biografia humana*, ela propõe uma nova metodologia a serviço da indagação pessoal. Fala, de certa forma, e a seu modo, da cura da criança interna. Bebe em muitas fontes, dentre as quais, a antroposofia e as constelações sistêmicas.

Rudolf Steiner

Pai da antroposofia, na etimologia, "sabedoria do ser humano", trouxe ao mundo possibilidades e um olhar profundo sobre os ciclos e setênios. Seu trabalho sobre a biografia humana é, para mim, uma grande contribuição para a humanidade. Tem vasta obra publicada e, hoje, muitos anos após sua morte, segue atual e transformador.

Bert Hellinger

Alemão com grande vivência, morou por anos, como educador, na África do Sul, onde esboçou sua constelação sistêmica. Percebeu que existem leis que regem as relações universais e ao declará-las criou uma filosofia/metodologia de cura profunda e reveladora. A lei da equiparação (as trocas precisam ser equilibradas) diz muito sobre prosperidade e "justiça".

Christian Felber

Nasceu em Salzburgo, em 1972, estudou filosofia romântica, ciências políticas, sociologia e psicologia. Tornou-se destacado crítico da globalização, iniciou o "banco democrático", é professor e conferencista internacional. No seu livro *La economía del bien común* (ainda não disponível no Brasil), propõe um modelo econômico que supere a dicotomia entre capitalismo e comunismo para maximizar o bem-estar na nossa sociedade.

COSTURAS DE TEORIAS E BIOGRAFIAS

Este texto/série foi um divisor de águas na minha vida. Chegou assim, meio inesperado, e trouxe consigo um convite para que eu voltasse a levar a sério a coisa da escrita. Culpa do Adriano Silva, do Draft. As minhas "costuras"/aulas/palestras surgiram porque a primeira que desenhei com ele "deu muito errado". Este texto também surgiu assim "meio errado", virando algo que não viria a ser (era para ser texto, virou série, ousadia da editora do Draft na época, a Phydia de Athayde). Através deste texto/série, conheci gente e possibilidades e ampliei, meio sem querer, a vida de um monte de gente, inclusive a minha. Obrigada pelo empurrão, querido Adriano.

"Aprendi tanto que seria um crime não compartilhar: eis as quatro teorias que me transformaram"

Publicado na plataforma Draft, em 21 de julho de 2017.

Andréa Fortes, da Sarau, conta como o "resgate do artista", a antroposofia, as constelações sistêmicas e a teoria integral transformaram sua vida, para melhor, nos últimos anos. Para ler e mergulhar.

Nunca gostei de falar em primeira pessoa. O fazia, com doze anos, através das minhas poesias, modestamente publicadas no jornal da minha cidade, no interior gaúcho. Me tornei vulnerável pela primeira vez ao abrir um *blog*, onde publiquei inquietações por uns bons dois anos. Mas falar de mim, assim, mesmo, o fiz pela primeira vez aqui no Draft, há quase três anos, recém-saída da experiência com o livro *The Artist's Way*. Ali, contei da minha infância e vivências como nunca tinha feito.

Descobri, tempos depois, que vulnerabilidade é uma fortaleza. Tem um TED sobre isto, da Brené Brown. Ainda assim, é um exercício e tanto. Escolhi começar este texto pela minha biografia porque o fato de eu ter me transformado ao longo da última década, tenho certeza, transformou também algumas pessoas ao meu redor.

Cheguei em São Paulo em 2007. Em seguida, veio a crise de 2008. Faz dez anos que estou nesta terra, "fazendo América na capital", como dizem no Rio Grande do Sul, e, mais uma vez, parece que estamos diante de uma nova crise. De Brasil, de mundo, de humanidades.

As crises sempre foram companheiras na minha vida e, tempos depois de ter passado por elas, consigo olhá-las com carinho e agradecimento.

Mas, como não vivemos em retrospectiva, quando estamos no olho do furacão nem sempre dá para ter essa visão tão ampla e evoluída. Uma das minhas crises foi a de decidir se valeria ou não a pena vir para São Paulo construir um novo capítulo da minha vida profissional. O Cloger, na época um cliente querido e amigo, me disse que se eu viesse e tudo desse errado, na pior das hipóteses, voltaria com mais bagagem para casa. Tinha razão.

Dez anos depois e, olhando em retrospectiva, consigo ver o quanto cresci por aqui. Conheci gente demais, aprendi um monte. Com as pessoas e amizades que costurei, com as teorias que aprendi (e tenho colocado em prática) e, também, com outras tantas pessoas com que não necessariamente tive contato físico, mas que, acredite, mudaram a minha vida. A minha história acabou se misturando – e se ampliando – conforme conheci a história de grandes homens e mulheres. Quero compartilhar isso com você.

Este texto, que era para ser simples, acabou sendo imenso e veio em capítulos (estão todos organizados a seguir). Começa com o meu resgate do artista (ou da minha criança interna), através do qual me aproximei da Julia Cameron e da jornada do *The Artist's Way*. Em seguida, pela doutora Sônia Fornazari (e por outros tantos anjos que apareceram no mesmo período), cheguei às constelações familiares (hoje, sistêmicas) do alemão Bert Hellinger. E foi também por um alemão, falecido no começo do século passado, o Rudolf Steiner, que me "reencontrei" na antroposofia. Minha filha, nascida em São Paulo, estuda em uma escola Waldorf, que vem da antroposofia.

Finalmente, em uma formação recente, descobri que é possível fazer grandes amigos aos quarenta anos.

Foi nela que tive acesso ao Ken Wilber, autor da teoria integral. Em um ato de ousadia (a partir de convite do Adriano Silva, *publisher* do Draft), juntei todas essas teorias em uma "aula" e, ao estudar a biografia de cada um destes autores, acabei descobrindo muita coisa da minha própria vida. Aprendi tanto neste período, cresci tanto, que acho um verdadeiro crime não compartilhar. Te convido para embarcar comigo nesta viagem.

Costuras de vida parte 1 – como tudo se conecta

Este ano faz exatamente dez anos que cheguei em São Paulo. Digo cheguei, chegando mesmo, "de mala e cuia", como falamos no Rio Grande do Sul. Porque antes de vir para valer, com endereço e tal, eu já passava bastante por estes lados. Mas não me passava pela cabeça a ideia de fixar residência aqui.

Também em 2007 eu terminei meu mestrado, com uma viagem, em outubro, com toda a turma, para a Europa. Me tornei "mestre" em Porto Alegre, pela UFRGS (Universidade Federal do Rio Grande do Sul), desta vez em administração (minha formação inicial também foi lá, em comunicação social). O mestrado tinha ênfase em gestão. Me dei conta, anos depois, que foi uma gestão em um sentido bem amplo, parafraseando Nilton Bonder, rabino que tanto gosto.

O mestrado, a turma, as andanças, os amigos, as experiências e as conexões que fiz logo em seguida me mostraram, na prática, este "grande gesto" que é a vida.

Fomos, juntos, para Paris e Barcelona, em escolas de *business* que eu não imaginava conhecer. Fizemos visitas técnicas, tomamos vinho, passeamos, conversamos e nos conhecemos muito como colegas e como seres humanos. Foi um resgate biográfico para todos nós. Foi também neste emblemático ano que eu e o meu sócio, Paulo Bittencourt, fomos convidados por José Carlos Teixeira Moreira para fazermos o IMM na Escola de Marketing Industrial. O Industrial Marketing Management (rebatizado de Innovation Marketing Management tempos depois) era (e segue sendo) um programa para altos executivos nessa escola tão inusitada na Granja Viana, nos arredores de São Paulo. Um lugar que há mais de vinte anos fala sobre empresas válidas, aquelas que a sociedade aplaude porque existem. O José Carlos sempre foi uma pessoa especial e fundamental nas nossas vidas. Uma espécie de padrinho que nos provocou a virmos para São Paulo assim que nos conheceu.

Hoje, dou aula na EMI. Começou com aulas de comunicação, virou aula de costuras de relações. Neste curso, o IMM, em 2007, chegamos meio de paraquedas e convivemos com grandes colegas. Grandes em suas trajetórias como executivos e protagonistas em suas empresas. Maiores ainda quando os conhecemos de perto. Alguns deles, professores na época ou colegas, tornaram-se amigos e, hoje, dez anos depois, seguem costurando inquietações da vida com a gente.

Para completar este ano emblemático de 2007, foi também neste período que o Paulo "esbarrou" no Adriano Silva, na Vila Olímpia, aqui em São Paulo. O Adriano tinha sido veterano do Paulo na faculdade (também na UFRGS, também na comunicação, uns anos antes de eu entrar). Eu sabia, pelo Paulo, que o Adriano era um grande cara, que "tinha feito América" por aí, em andanças pelo Japão, pelo Rio e por São Paulo, e que escrevia muito bem. Eu gostava de acompanhar os textos dele porque me considero, desde os doze anos, aprendiz de escritora. O que ele escreveu, chamado "Ode à mulher de 30", me tocou demais quando o li e eu tinha uma curiosidade de ligar o nome à pessoa. Foi o que aconteceu. O Adriano retornava a São Paulo e iniciava uma nova jornada, como empreendedor. No mesmo período em que nascia um novo projeto para o Adriano, nascia a Sarau na nossa vida. E nossas empresas ficavam na mesma rua, a Gomes de Carvalho. Conversamos, nos inquietamos e nos aproximamos. Em setembro, "inauguramos" oficialmente a Sarau, com coquetel e tudo e, no ano seguinte, vivemos na pele a crise, recém-chegados na maior cidade do país. Sobrevivemos.

Foi a mesma crise de 2008 que me deu a oportunidade, nos meses seguintes, de circular por São Paulo e de conhecer gente. Com cafés e a necessidade de fazer conexões, fui descobrindo pessoas, possibilidades, teorias e um espaço bem autoral. Descobri a cidade também através das pessoas. Foi neste ano que eu conheci o Marco, um moço da fronteira do Rio Grande do Sul, que, morando aqui há algum tempo, me apresentou a capital. Três anos depois, em 2011, nos casamos.

Nesta mesma época, fui pra Índia e para o Butão. Peguei carona na viagem de uma amiga (minha *coach*, na época) e acabei mergulhando na minha história nesse curto período sabático, quase inesperado. Conheci os conceitos de FIB (Felicidade Interna Bruta), jantei com o primeiro-ministro do Butão, na casa dele, subi montanhas, conversei com monges e experimentei estar comigo mesma de uma forma bem profunda. Para uma pessoa de formação católica, eu vinha descobrindo, há tempos, novas possibilidades de conexão com a alma. Comecei a espiar o budismo e a me perguntar mais sobre todas as inquietações que carrego em mim desde pequena (eu era uma aluna bem questionadora no colégio).

Em outubro do mesmo 2011, fiz uma formação chamada *Art of Hosting*. Estava casada há poucos meses e, naquele momento, grávida. Foi o Paulo, meu sócio, que me provocou. Disse que não tinha entendido exatamente do que se tratava, mas que desconfiava que o tal curso tinha a ver comigo. Eu morava em São Paulo e o "encontro" seria em Porto Alegre. Uma volta às raízes. Fui. E lá abriram-se mais possibilidades.

De novo, pelo grupo, forte, marcante, pessoas com quem até hoje tenho conexões profundas e transformadoras. Mas também pelo jeito da condução, pelo entendimento de que essa tal "arte de anfitriar", de mediar grupos e conversas era algo muito ancestral em mim. Eu estava em casa. Foi ali que tive contato, pela primeira vez, com alguns conceitos. Como o do mundo em rede, os do tal Schumacher College, no sul da Inglaterra. Foi lá que eu participei de reuniões e conversas circulares. E entendi que este era um bom jeito de conduzir grupos, como fazíamos, na minha infância, as rodas de conversa ao redor do fogo na fazenda.

Logo depois do curso, perdi o bebê. Tinha recém completado três meses de gestação. Aprendi a viver a perda e o recomeço. Meses depois, engravidei de novo e, com a Carolina na barriga, me abri para outras pessoas e universos. Foi grávida que, em 2012, conheci o Marcelo Cardoso, ex-VP da Natura (naquela época ele ainda estava lá), em um curso na Escola de Marketing Industrial, chamado "Inquietações existenciais". O Marcelo e a Delmar (esposa dele e companheira de jornada), nos viraram do avesso, no melhor sentido da palavra. Já tinha ouvido falar em constelações familiares, mas lá, grávida, vivi na prática uma delas. Neste mesmo ano, barriga enorme, Carolina quase chegando, costurei, com o Paulo e a Carol Piccin, que tinha conhecido no tal *Art of Hosting*, um encontro, em São Paulo, mais tarde batizado de "Mentes inquietas". Quarenta e duas pessoas que nunca tinham se visto aceitaram um chamado às cegas para um encontro num fim de mês para falarem sobre inquietudes. Comecei a costurar um chamado naquele dia. O Adriano Silva foi. O Rodrigo Vieira da Cunha, meu ex-colega de colégio em Cachoeira, interior do Rio Grande do Sul, que eu reencontrei em São Paulo muitos anos depois, foi. O Tomás de Lara, que me ensinou muito sobre o mundo em rede (e que me apresentou o Oswaldo Oliveira), foi. Executivos conhecidos (aqueles que foram colegas no IMM) foram. E algo surgiu ali.

No dia 3 de novembro de 2012, Carolina chegou e virou de vez a minha vida. No melhor e pior sentido da palavra.

Graças à Laura Gutman, autora argentina que o próprio Marcelo Cardoso me apresentou (ele e mais alguns amigos que não se conheciam), eu cheguei em *A maternidade e o encontro com a própria sombra*, um livro necessário e curativo, que me ajudou a resgatar a menina que vivia em mim. Ter parido fez nascer em mim novas "Andréas". E uma necessidade gigante de aproximar pessoas, testar teorias, conhecer gente, histórias, biografias e misturar tudo isso de um jeito bem meu.

Quando eu ainda estava grávida da Carolina, o Marcello Lacroix, que anfitriou o *Art of Hosting* em Porto Alegre, meses antes, me convidou para conhecer a Florentine, uma holandesa inquieta que trazia consigo teorias e costuras bacanas. Foi em um encontro que ela me apresentou o livro *The Artist's Way*, da Julia Cameron. Tempos depois, Carolina com alguns poucos meses em casa, fiz parte de uma turma que a Flor criou, baseada no livro, na casa dela. A jornada de doze semanas do resgate do meu artista foi uma das experiências mais profundas que vivi.

Foi também com a Carolina bem pequena que me aproximei ainda mais da minha médica antroposófica, a doutora Sônia Fornazari. Além da antroposofia, que já me provocava, ela reforçou em mim a vontade de saber mais sobre constelações sistêmicas, do alemão Bert Hellinger. Fiz, com ela, uma formação de um ano e meio. Queria "ajudar" os outros. Acabei me ajudando.

Um pouquinho depois disso tudo (e enquanto minha vida pessoal passava por muitas revoluções), recebi do mesmo Marcelo Cardoso o convite para conhecer uma formação que ele trazia para o Brasil: Consultoria e facilitação integral, pelo Meta Integral Brasil. Falei pra ele que não sabia direito o que era a tal teoria integral, mas que iria ao encontro, ainda que não tivesse interesse nem disponibilidade para uma formação deste porte e com esta entrega naquele momento (seria uma formação também de um ano e meio). Algo aconteceu naquele encontro e eu abri coisas da minha vida para pessoas que nunca tinha visto. Me deu uma vontadezinha de ir, de ser, mais uma vez, parte de uma turma inédita e pioneira de algo que me causava um misto de curiosidade e desconforto.

Não é que eu fui? Como bônus, os encontros de imersão, a cada dois meses, em média, eram em uma fazenda incrível. Eu, que fui criada no campo, vi minha menina nutrida naquele lugar. Era uma fazenda de agrofloresta. Regeneração na veia. Fui, mais uma vez, buscando novos instrumentos para minha vida corporativa. Saí transformada como pessoa. No primeiro módulo, em agosto de 2015, encontrei uma turma linda e forte e que, de certa forma, já estava muito integrada entre si. Alguns tantos tinham trabalhado juntos e a maioria sabia muito da tal teoria integral. Eu só conhecia o Marcelo. Eu não sabia muito bem o que fazia ali, mas gostava, no fundo, de saber que não sabia quase nada daquilo.

Foi ali que tive o primeiro estalo mais forte da separação (um mês depois, eu me divorciei). Foi ali que me reconectei com muita coisa minha. Tive que fazer "aula particular" para alcançar o nível da turma naquela teoria (logo eu, que me julgava "tão esperta"). Tive que juntar alguns cacos. E tive, uns dias depois, a oportunidade de ir para o Schumacher College, no sul da Inglaterra (a tal escola que alguns dos meus colegas do *Art of Hosting*, em 2011, tinham ido e comentado). Eu vinha ensaiando essa ida para o Schumacher há tempos. Não dava, não dava. Deu. Fiz um curso chamado "Liderança para a transição". E também conheci gente nova e bacana por lá. E conheci o Satish Kumar, um indiano incrível. Foi no Schumacher, dias depois de ter estado imersa em uma fazenda de regeneração, que me regenerei e enxerguei muita coisa. Uma cura que veio do resgate da minha raiz.

Um pouquinho depois do primeiro módulo da formação em teoria integral (e uns dias depois da volta do Schumacher College), me separei do pai da minha filha. Carolina completaria três anos em uma semana.

Foi no terceiro módulo do curso, em fevereiro de 2016, que o Adriano Silva me escreveu. Eu me sinto um tiquinho coautora do Draft, que ele criara uns tempos antes e, como já disse, cheguei a escrever sobre a minha biografia e a da Sarau por lá. Ele comentou, em uma mensagem de texto que li no intervalo do curso, deitada na rede, que queria que eu fizesse uma aula para a Academia Draft, que acabara de sair do papel. Fiquei super-honrada e, ao mesmo tempo, triste. Não conseguiria escrever nem uma linha naquele momento. Muito menos dar uma aula. Comentei com ele que precisava de um tempo para me "regenerar". Ele entendeu e disse que me aguardaria. Em junho, fiz um rascunho de uma aula que chamei de "Regeneração". O Adriano gostou, coisa e tal, mas crítico como é (eu gosto disto), disse que achava que não era ainda o tom. Guardei o "papel de pão" em uma gaveta e deixei tudo decantar, meio contrariada. Fiz, cutucada por minha terapeuta, uma série de "aulas" preparatórias para a tal aula de verdade e aproveitei o período de julho para criar uma série de resgate dos meus estudos pós-nascimento da Carolina. Fiz, na sala da Sarau em São Paulo, uma aula baseada no *The Artist's Way*, da Julia Cameron. E fiz outra, para relembrar as constelações sistêmicas, do Bert Hellinger. Fiz também uma sobre a antroposofia e o Rudolf Steiner (e coloquei pitadas de Satish Kumar, do Schumacher College). Finalmente, fiz uma conversa sobre o que estava vivendo na formação de teoria integral. E fui atrás da biografia do Ken Wilber, o cara que criou essa trama toda da minha última formação. Nessas quatro aulas convidei amigos. Eles foram e me ajudaram a relembrar o conteúdo e a resgatar tudo aquilo que eu, teoricamente, tinha aprendido para colocar a serviço dos outros. Me dei conta de que minha aula na Academia seria, sim, sobre regeneração. Eu me regenerei nesses anos de formação com as teorias, as pessoas e suas histórias.

A aula, que seria em outubro, não saiu do jeito previsto. Chamei-a de "Costura de relações". Finalmente, encontrei um termo que me representava na vida. "Quem tu és, Andréa Fortes?". "Sou uma 'costureira de relações'", passei a contar. A aula ficou bonita. Costurei, ao final, biografias. Da Julia Cameron, do Bert Hellinger, do Rudolf Steiner, do Satish Kumar e do Ken Wilber. Entendi o quanto conhecer profundamente suas vidas me ajudou a entender a minha própria.

Como disse, a aula não saiu do jeito planejado. E o inesperado foi tão bom! Desde então, já fiz dezenas de turmas da tal costura. Em São Paulo, em Porto Alegre, no EBAC (Escola Britânica de Artes Criativas, dentro do São Paulo Tech Week) e na Escola de Marketing Industrial, aquela em que fiz o IMM há dez anos. Eu me transformei nestes anos de São Paulo. E foram o José Carlos, padrinho, o Paulo, sócio, os colegas de turmas, os clientes da Sarau, os "alunos" e coautores de minhas costuras e as histórias destes teóricos tão práticos que estudei que me ajudaram nesta transformação.

Neste fevereiro, agora em 2017, reencontrei o Adriano Silva. Tomamos um café, para não perder o hábito, em um lugar gostoso de São Paulo. Ele me provocou, de novo. Desta vez, a contar para vocês um pouco desta jornada toda e um tanto das histórias destes grandes homens e mulheres que me ajudaram nos últimos tempos. Se você quiser saber tudo o que eu aprendi com a Julia, o Bert, o Satish, o Steiner e o Ken Wilber, continue aqui.

Costuras de vida parte 2 – Julia Cameron e o Caminho do Artista

"Conheci" a Julia Cameron há exatos cinco anos quando, grávida da Carolina, no finzinho da gestação, fui provocada pelo Marcello Lacroix para ir a um evento em um café novo aqui em São Paulo. O Marcello tinha, no ano anterior, conduzido um curso, em Porto Alegre, chamado *Art of Hosting*. Foi lá que conheci muitos dos *makers*, inquietos e amorosos que transformaram minha vida. E foi também lá que resgatei alguns conceitos da tal "arte de anfitriar" que tinha aprendido desde cedo com a minha mãe. Não dava para recusar um convite vindo de uma fonte como a do Marcello. Além disso, para uma pessoa ativa como eu, os últimos dias de gestação eram desconfortáveis. Uma entrega ao descontrole do tempo que eu não estava acostumada. Seria uma delícia circular em um outro ambiente e, por tabela, conhecer novas pessoas.

Convidei a Maria Diva, amiga querida e corajosa, e fomos. Lá eu conheci a Florentine, uma holandesa forte que sorri com os olhos. Ela é casada com um gaúcho de nome Henrique e estava, há algum tempo, tocada por um livro chamado *The Artist's Way*. Queria nos contar, naquela noite, algumas das coisas que a tinham tocado na leitura e jornada do livro. Foi, aos poucos, fazendo exercícios conosco, desenhando perguntas e tirando, de cada um de nós, histórias. Éramos umas dez pessoas. Com exceção da Maria Diva, eu não conhecia ninguém. Tinha uma atriz bonita, ativa e falante no grupo. Dela eu lembro bem. No fim do encontro, em uma mesa colorida, com canetinhas e papéis de muitas formas, saí com uma espécie de autobiografia nas mãos. Eu a tenho até hoje.

Tempos depois, Carolina já entre nós, e eu com uma vontade enorme de fazer algo diferente e provocativo, a Flor desenhou de próprio punho uma jornada de doze semanas, baseada no livro da Julia. A proposta era a de resgatar o artista em cada um de nós. Anos antes, a minha segunda terapeuta mais holística, ainda em Porto Alegre, Evanir, falava no resgate da criança interna. O que o *The Artist's Way* propunha era algo muito parecido. Só que ela, a autora, fala e falava que o artista é, de certa forma, a criança criativa que vive em cada um de nós e que cresce abafada pelo adulto e suas rotinas. Baseada no livro, que propõe doze semanas de autoconhecimento, a Flor criou, na mesa da sala da própria casa, uma jornada para um pequeno grupo. Foram doze semanas intensas de autodescoberta. Quando fez o curso, ela estava grávida e sedenta por gestar algo novo e criativo. Entendo bem o que esses hormônios fazem com as mulheres nesta fase.

Para uma estudiosa como eu, acostumada a buscar respostas racionais para as leis da vida, a jornada que a Julia propunha era algo inesperado, curioso e sedutor. Tive uma infância cercada pela natureza e por estímulos criativos. Fazer aquele trabalho todo na casa da Flor, com bolo feito por ela, chazinho, cercada por canetas coloridas e mimos, estava deixando minha menina interna inebriada. Ao mesmo tempo, em meio a esta euforia toda, fui acessando, dia a dia, sombras e dores infantis. A Julia usa metáforas, nos conta histórias, faz perguntas "bobas" e, quando a gente vê, acessa algo do fundo do baú.

A trajetória do curso foi uma das experiências mais marcantes que vivi na minha vida, não por acaso logo depois da Carolina ter chegado ao mundo. O livro me abriu caminhos e possibilidades. E uma vontadezinha de entender mais a jornada dela, autora, como pessoa, até chegar nesta teoria toda.

Quando desenhei a aula para a Academia Draft, em meados de 2016, resolvi revisitar algumas das formações que tinha feito logo depois da minha gestação. "Redescobrir" e dar colo para minha criança artista interna através da jornada do livro da Julia Cameron tinha sido, sem sombra de dúvidas, uma das experiências mais marcantes desse período todo. Fiz então uma aula, em julho, baseada no livro e ainda tocada pela experiência que tinha vivido com a Flor uns anos antes. Revisitar os papéis foi um alento.

No livro, durante a jornada, a Julia trabalha alguns sensos essenciais na nossa vida: de autonomia, poder, autoproteção, integridade, compaixão, fé, conexão e abundância, entre outros. Ensina a fazer, ao menos durante as doze semanas, as *Morning Pages*, três páginas matinais escritas necessariamente a mão assim que acordamos. Você escreve três folhas inteiras, sem pensar, e guarda. Coloca data e, tempos depois, relê o que o seu subconsciente contou. Garanto que surpreende. Eu tenho usado as *Morning Pages* com "liberdade poética". Como nem sempre consigo escrever de manhã cedo, eu as uso, por exemplo, para abrir um workshop, quando percebo que as pessoas estão dispersas. Dou três folhas para cada um e peço que preencham o espaço até o fim, sem pensar. Quando terminam, "voltam" inteiros.

Um cliente meu (mais que um cliente, um coautor de inquietações na vida) tornou as *Morning Pages* um hábito. Escreve religiosamente todo dia, quase como um diário. Vez ou outra compartilha comigo parte do que colocou no papel. A mesma Julia dos sensos e das *Morning Pages* nos convida, também, a fazer uma vez por semana um passeio com o nosso artista (*The Artist Date*). Uma vez na semana você se arruma para sair consigo. Ninguém mais, além de você e seu artista, está convidado. Parece loucura, mas é uma cura. Um resgate da vontade de estar consigo.

O que mais a Julia propõe? Que você escreva sobre:

- Cinco vidas imaginárias;
- Cinco dons que gostaria de ter;
- Cinco cursos que adoraria fazer;
- Os inimigos da sua autoestima na infância;
- Os heróis na sua vida.

E pede que escreva uma carta para você mesmo aos oito anos e, outra, aos oitenta. São tantas atividades e possibilidades que o livro e a jornada se tornam um parque de diversões para a alma.

Gostei tanto de relembrar os escritos do curso, de revisitar o livro através da aula, de testar as atividades com pessoas em quem eu confiava – e que se entregaram a um processo às cegas –, que fiquei genuinamente curiosa para saber mais sobre a história da Julia. Como esta mulher chegou a esta teoria? Que caminho percorreu? Ela conseguiu resgatar o próprio artista? Como o fez?

Eu nunca a vi, mas, desde que "a conheci" através de sua obra, sempre a senti tão próxima! O que sei sobre a Julia? O seguinte: nasceu em 4 de março de 1948, é professora, escritora, artista, poeta, novelista, *filmmaker*, compositora e jornalista. Nasceu no subúrbio de Chicago e começou sua carreira no *Washington Post*, indo, logo a seguir, para a *Rolling Stone*. Foi a segunda esposa do Scorsese, com quem tem uma filha. Escreveu com ele três filmes. Se envolveu com álcool até que, quase no fundo do poço, se curou com arteterapia. Por causa disso, passou a ensinar desbloqueios criativos e começou, então, um caminho de espiritualidade e criatividade.

Ela não teve uma biografia linear. Foram tantas coisas! Mexeu com muitas possibilidades! E foi quando chegou quase ao fundo do poço que ela desenhou esta teoria que hoje nos transforma. A raiz da jornada do *The Artist's Way* foi a própria jornada de autoconhecimento e cura da Julia.

Ainda não estive com ela. Mal sei onde ela vive hoje, mas sei que segue produzindo. Tem um livro para pais, *The Artist's Way for Parents* e um para "*business*". Em outro, ainda, fala sobre recomeços de vida após os cinquenta anos. A Julia mexeu comigo, com a minha vida. Sem saber, ela foi uma heroína na minha biografia. Pretendo um dia (muito em breve, espero) contar isso pessoalmente para ela. Nas cartas que a Julia propõe que escrevamos durante a jornada, ela pede que façamos uma para os inimigos da autoestima e que os perdoemos, sem necessariamente mostrar a eles. Nas que escrevemos para os heróis, ela sugere que contemos às pessoas que foram importantes nas nossas vidas – Julia, uma hora dessas eu vou tomar um café contigo, aí eu te agradeço e conto o quanto tu transformaste a minha vida e as minhas aulas. Obrigada.

Costuras de vida parte 3 – Bert Hellinger e as constelações

Quando, há cinco anos, grávida da Carolina, fiz uma formação chamada "Inquietações existenciais" em uma escola para executivos, já imaginava que algo inusitado estava por acontecer. Os encontros, aos sábados, eram um pouco "fora da grade" da Escola de Marketing Industrial, ainda que eu não ouse dizer que a EMI caiba "em uma grade". Quem conduziu os encontros foi o Marcelo Cardoso, na época, VP da Natura, e a Delmar, esposa e companheira de jornada. Meses antes, quando o meu sócio, Paulo, o conheceu, ele comentou que eu ia gostar do "jeito" do Marcelo. Não deu outra. Os encontros foram fortes, provocativos e transformadores. Lá, constelamos. Eu sabia que a minha médica antroposófica, a doutora Sônia Fornazari, era também consteladora. Mas sabia pouco da tal teoria, tampouco, da prática que pude vivenciar logo em seguida. Tempos depois, filha nos braços e ideias borbulhando, soube pela mesma doutora Sônia que ela faria um grupo de estudos sobre o tema constelações familiares. Ela acompanha os movimentos do Bert Hellinger desde que chegaram ao Brasil e, naquela época, não havia uma formação "oficial" do tema por aqui (hoje tem).

Durante pouco mais de um ano, entre 2014 e 2015, nos reunimos em um pequeno grupo para estudar e vivenciar as tais constelações.

Para quem nunca ouviu falar, vou tentar contar um pouco do que entendi do assunto: "constelação" não foi, necessariamente, a melhor palavra para descrever o que seria esta teoria/filosofia. Como foi criada na Alemanha, a tradução para o português de certa forma tirou a força da palavra. Traduzir do alemão não é mesmo uma coisa fácil. Um bom termo seria "dar um lugar" aos excluídos. Não tem a ver com as estrelas do céu ou com astrologia.

O criador, Bert Hellinger, chegou a esta espécie de terapia há alguns bons anos, depois de ter vivenciado muitas coisas na própria vida. A constelação trata de fenômenos da vida. E algo fenomenológico não dá para explicar. Quando uma lâmpada acende, ela acende. Quando o sol aquece, ele aquece. São fenômenos que sentimos e vivenciamos todo dia e dos quais não temos, necessariamente, conhecimento teórico. No caso das constelações, é como se pudéssemos, depois de passar pela vivência, criar uma nova foto de algum fato, na família, na empresa, na vida. Muita gente tenta explicar racionalmente do que se trata (quadrante direito superior da teoria integral, que vou explicar em um outro texto, logo mais).

Mas há coisas que precisam ser apenas sentidas. Grandes artistas, com sua intuição apurada, retratavam verdadeiras constelações antes mesmo da teoria ter sido nomeada. A mexicana Frida Kahlo trazia em seus quadros imagens das gerações de uma família, em uma lógica de precedência e de pertencimento. As árvores da vida, árvores genealógicas, também ilustram bem tudo isto.

Fui participar do grupo de estudos sobre constelações com a pretensão de ampliar a minha bagagem profissional e a de "curar" as pessoas. Acabei me curando. Descobri, por exemplo, que tenho traços de codependência, esta coisa de querer sempre ajudar os outros, esquecendo, eventualmente, de mim mesma. Em uma outra formação, alguns poucos anos depois, em facilitação integral, também conduzida pelo Marcelo Cardoso (texto logo a seguir), constelávamos quase toda noite.

Hoje a palavra ganhou um outro acompanhamento (passou de constelações familiares para constelações sistêmicas) e a teoria, mais sutilezas. A entrada da Sophie na vida do Bert, há alguns anos, trouxe novas cores aos saberes deste grande homem. Não é algo a ser explicado, mas sentido. Ainda assim, vou procurar esboçar aqui alguns dos meus aprendizados com o tema e algumas leis que gerem as constelações, do jeito que eu costumo contar nas minhas aulas de costuras. Nas minhas palavras, de um jeito bem simples, ok?

- Pertencemos. Somos parte de uma família, de uma história. Quantas pessoas tiveram que atravessar oceanos, quantas morreram, quantas participaram de guerras para que estivéssemos aqui? Por outro lado, quanto amor foi necessário para que, apesar das adversidades, nascêssemos e chegássemos aonde chegamos? Se tivemos força para nascer, temos força para tudo na vida;

• Há uma ordem. Os pais são maiores que os filhos. Eles vieram primeiro. Nunca iremos pagar a eles o valor da vida que nos deram. Para fazer valer, façamos valer então as vidas e as ampliemos. Estaremos, desta forma, honrando todos os que vieram antes. Em uma empresa familiar, vale o mesmo. Quem chegou e desbravou merece ser honrado e sempre lembrado;

• Todos querem pertencer. Quando excluímos alguém, algo acontece (a constelação "dá um lugar", principalmente aos excluídos, esquecidos). Aquele tio desaparecido, a criança abortada, alguém de quem não falamos, eles precisam ser reconhecidos e honrados, segundo Bert. Assim, nos curamos.

Há leis naturais (diria que ancestrais) que regem as relações humanas. Aqui:

• Precisamos equilibrar as trocas. Quando damos mais do que podemos, nos esvaziamos e tiramos a força do outro. Todos somos capazes de dar conta dos nossos destinos. Emprestar dinheiro a alguém e não cobrar, por exemplo, tira a dignidade daquela pessoa. Esta doação pode ser energética, em um relacionamento de casal ou em outras relações;

• Reconheça o que é, sem lastimar. Muitas vezes não entendemos os nossos destinos ou sentimos pelo destino do outro. É o que é. Há um motivo. Há algo maior regendo isso tudo. Entender isto, acalma.

Tá, mas como acontece, na prática, uma constelação?

A prática pode ser individual (utilizando bonecos de Playmobil, por exemplo, que representem determinada família ou situação) ou em grupo. Como um grande teatro, pessoas se voluntariam para vivenciar a situação do outro e, entregues ao "campo fenomenológico" que se forma, movimentam-se. Cada tema pode demorar minutos ou horas.

Como Bert Hellinger chegou a isso tudo?

Assim como a Julia Cameron (autora do livro *The Artist's Way*), o Rudolf Steiner (pai da antroposofia) e o Ken Wilber (da teoria integral), Bert não teve uma biografia, digamos, tradicional. Costurou, ao longo de uma vida, uma série de vivências e estudos que "aparentemente não combinavam", do *front* de guerra a grandes aprendizados como educador em tribos africanas. A base das constelações vem muito de suas vivências práticas e observações sobre a ancestralidade humana na África.

O que eu sei sobre o Bert Hellinger? O seguinte: nasceu em Leimen, Alemanha, em 18 de dezembro de 1925. Aos dez anos, foi seminarista em uma ordem católica não alinhada ao nazismo, aos dezessete anos se alistou no exército e combateu com os nazistas no *front*, sendo preso na Bélgica. Aos vinte anos, com o fim da guerra, tornou-se padre. Formou-se em teologia e filosofia, foi enviado como missionário católico com os Zulus, na África do Sul, onde atuou por dezesseis anos como diretor de várias escolas. Em 1954 obteve o título de bacharel de artes da Universidade da África do Sul e, um ano depois, graduou-se em educação universitária. No final dos anos 1960 abandonou o clero e voltou à Alemanha, onde passou a estudar Gestalt-terapia. Mudou-se para Viena para estudar psicanálise, ali, conheceu sua primeira esposa, Herta, uma psicoterapeuta. Em 1973, mudou-se para a Califórnia para estudar terapia primal com Arthur Janov. Lá, se interessou pela análise transacional. Hellinger se divorciou de Herta e, tempos depois, casou-se com Marie Sophie, com quem mantém cursos, oficinas e seminários em vários países. Já escreveu mais de oitenta livros, traduzidos para 27 idiomas, dentre eles, árabe, mongol e chinês.

Hoje, o Bert Hellinger está com 91 anos e, junto com a Sophie, tem vindo muito ao Brasil. Lançaram recentemente uma formação em direito sistêmico, que busca uma conciliação nos processos judiciais. E estão trabalhando fortemente com a pedagogia sistêmica, com frentes no Brasil e no México (me lembra muito os conceitos da antroposofia). Tem construído uma bela biografia e, através dela, mexido na biografia das pessoas. Falo por mim.

Citar constelação, até bem pouco tempo, era "coisa de bruxa", assunto estranho e que "não combinava" com assuntos corporativos ou certos grupos. Eu tinha a bagagem, tinha sentido na pele as mexidas das constelações, mas não falava do assunto em alguns fóruns. Hoje, empresas grandes e conhecidas usam as constelações em processos de RH. Em maio de 2017, o programa *Fantástico*, da TV Globo, fez uma reportagem sobre o assunto. No meio de uma crise enorme de Brasil e mundo, um tema com este em destaque! É, parece que crises trazem, sim, uma cura e uma abertura.

Costuras de vida parte 4 – Rudolf Steiner e a antroposofia, mais Satish Kumar

Para começar esta conversa de um jeito ainda mais globalizado, cito uma frase do filósofo francês Jean Bartoli, amigo e inspirador, que diz que o mundo está precisando de um "resgate daquilo que é essencial". Concordo com ele e acho que os nomes citados acima sabem bem disto.

Foi Rudolf Steiner quem trouxe ao mundo os conceitos de antroposofia, na etimologia, "sabedoria sobre o ser humano". Deixou um legado, cuidadosamente documentado após sua morte, com contribuições nas áreas de pedagogia, medicina, agricultura biodinâmica, arquitetura, economia, artes, farmacologia, ciências políticas, entre outros. Sua obra está compilada em mais de trezentos volumes. No começo do século passado, ele falava sobre ciclos, histórias e biografias humanas.

Foi Steiner quem fundou a Escola Waldorf, hoje mundialmente difundida. Foi ele quem nos trouxe o conceito de setênios. Nos desenvolvemos, como seres humanos, em ciclos de sete anos. A crise dos sete anos de um casal não é fruto de imaginação. Nos reinventamos, sim, em setênios. Entender e respeitar os ciclos (primavera, verão, outono, inverno, dia, noite) é entender e respeitar a própria vida. O Steiner tornou-se mais presente na minha vida nos últimos anos.

Não tive dúvidas de que colocaria minha filha em uma Escola Waldorf, mesmo tendo consciência de que nenhuma filosofia educacional é perfeita, ainda mais uma vinda da Alemanha e aplicada no Brasil, quase um século depois. Marco, pai da minha Carolina, concordou. Nunca divergimos sobre este tema. Fui criada em uma fazenda até os cinco anos e, depois, toda a minha infância, de uma forma totalmente antroposófica. Só que, na época, eu não sabia que isso tudo tinha nome. Precisei ir para o Schumacher College, adulta, para relembrar conceitos tão fundamentais adormecidos com a minha criança interna.

Steiner morreu em 1925 e, em seguida, a antroposofia já teve seus primeiros representantes no Brasil, ainda muito teóricos. Foi na década de 1930. A expressão realmente prática surgiu na primeira escola Waldorf em São Paulo, em 1956. Desde então, cresce e se amplia. A medicina antroposófica começa a ganhar espaço e, ao lado da homeopatia e de outras possibilidades de cura, também amplia olhares e vivências. A mesma médica que me apresentou com profundidade as teorias de constelações sistêmicas do também alemão Bert Hellinger, doutora Sônia Fornazari, é minha médica antroposófica. Em uma consulta, olha a biografia do paciente como um todo. Não fica no sintoma, no corpo. Em Porto Alegre, tenho um médico antroposófico, o doutor Paulo Volkmann, que é referência no assunto. Vai duas vezes por ano para a Alemanha trazer novidades.

Ano passado, em uma visita a amigos no interior de São Paulo, estive com outro alemão, o Josef David Yaari, que vem trazendo olhares ampliados da biografia através dos nonênios (três ciclos de três), e não mais setênios. Com isso, o "auge" da curva de uma vida seria aos 54, e não mais aos 42 anos. Ganhamos tempo, felizmente. Há uma importante médica que vive hoje em Florianópolis, a doutora Gudrun Burkhard, que trabalha bem o conceito de biografia humana. E existem muitos centros de estudos do tema espalhados pelo Brasil. Diz a doutora Gudrun: "Em cada homem há um menino que quer brincar, que quer amar, que quer falar e ser escutado. Se você souber fazê-lo acordar, seu amor desabrochará; se, ao contrário, você só o criticar, tudo irá paralisar". E também: "Em cada mulher há uma menina que quer brincar, que quer chorar, que quer ser abraçada, que quer ser beijada. Deite-a em seu colo, afague seus cabelos, enxugue suas lágrimas, brinque, abrace e beije. E nela despertará a mulher que caminha junto, lado a lado".

Ainda não conheço a antroposofia com a profundidade que gostaria, mas entendo que, em suas diferentes áreas, tem uma sabedoria imensa por trás, de respeitar ciclos. Uma criança, segundo a antroposofia, tem boa parte de sua formação até os três anos de idade. Depois, até os sete. É como se, depois dos sete primeiros anos, a alma estivesse formada. Diferentes autores, em diferentes áreas, falam sobre a mesma coisa. É como se todos fôssemos uma criança de sete anos que, com o passar dos anos, ganhou apenas corpo. Mas ela segue lá, viva, louca para ganhar colo e ser incluída (misturamos, aqui, o conceito do "resgate do artista", da Julia Cameron, e as constelações sistêmicas, do Bert Hellinger, com o conceito de pertencimento).

No fundo, todos buscamos o grande colo da grande mãe, que pode ser literalmente a nossa ou outra ainda maior, Gaia.

Não estudei em escola antroposófica, mas tive uma vivência muito próxima disso na minha infância no interior do Rio Grande do Sul. Estimulados pela minha mãe, eu e meus irmãos fazíamos trabalhos manuais, estávamos muito próximos da terra, plantávamos muito do que ia para a mesa. Quando fiz o *Art of Hosting*, em Porto Alegre, em 2011, fiquei sabendo da existência de uma escola no sul da Inglaterra, chamada Schumacher College. Desde então, passei a estudar sobre o local e tive muitos amigos que foram.

Em 2015, finalmente chegou a hora de eu conhecer o tal lugar e viver suas possibilidades. Fui em um setembro frio, em uma turma de brasileiros, em um programa chamado Liderança para a Transição. Foi lá que "relembrei" conceitos de Gaia (Terra, a deusa-mãe). Foi lá que revivi coisas da minha infância na fazenda. Em uma das aulas, todas muito práticas, caminhamos um dia inteiro com o professor Stephan Harding que, com uma régua em punho, nos mostrou, na prática, o quanto somos pequenos diante da imensidão dos tempos da humanidade. Os anos de industrialização, a sociedade na qual vivemos hoje, são milímetros de história de uma grande história maior.

O Schumacher (masculino porque é um *college*) foi fundado pelo Satish Kumar, um indiano de porte pequeno e sorriso largo. Satish está perto de oitenta anos e seu menino de sete segue muito vivo. Ele mexeu comigo de um jeito bem forte. Esteve no Brasil algumas outras vezes e eu, sempre que posso, o acompanho. Fala deste "resgate da essência" tão necessário. E fala de simplicidades da vida que perdemos pelo caminho.

Fico imaginando como seria um encontro do Steiner com o Satish. Como falariam sobre a crise do Brasil, sobre humanidades. De certa forma, eu acredito que eles se falem, de outro jeito. Porque, em essência, dizem do mesmo. Falam a partir da alma. Minha próxima formação será em biografia. Retrospectiva biográfica. Como boa contadora de histórias, vou começar escrevendo a minha, revivendo ciclos importantes e me preparando para os próximos. Sigo próxima do Satish e acredito cada vez mais no radical da palavra "hum", que ele tanto gosta. Tem a ver com humanidade, humildade, húmus e, por que não, com humor. Sigo também acreditando que estamos, na dor, muito próximos do resgate de algo essencial que perdemos pelo caminho e que esta nova crise de "ser humano" é necessária para uma verdadeira cura. *Danke*, Steiner. *Namastê*, Satish.

Costuras de vida parte 5 – Ken Wilber e a teoria integral

Já contei por aqui que conheci o Marcelo Cardoso em meados de 2012, na Escola de Marketing Industrial. Foi numa formação chamada Inquietações Existenciais, onde eu, grávida, encontrei muito de mim. Aquilo foi só uma faísca para muito do que viria a estudar anos mais tarde, também através de um chamado do Marcelo. Em 2015, ele me convidou para um café da manhã com a apresentação de uma certificação para facilitação em teoria integral. Falei que não tinha planos para uma formação longa naquele momento porque pensava, inclusive, em ter um segundo filho. Meses mais tarde, acabei gestando um divórcio e vendo nascer um monte de possibilidades na minha vida.

A formação começou em julho, em uma fazenda, desenhada sob medida para uma turma de vinte e poucas pessoas, todas com bastante proximidade com o Marcelo. Fomos pioneiros nos conceitos aqui no Brasil, "cobaias" no melhor sentido da palavra. Gosto de ser a primeira turma. Nos entregamos de corpo e alma aos aprendizados. Eu tinha ouvido falar alguma coisa sobre a tal teoria integral, de Ken Wilber, e tinha, inclusive, participado de um encontro sobre o tema no Instituto Evoluir, em São Paulo. Mas vivência na área, vivência mesmo, zero.

Por outro lado, boa parte da turma já tinha trabalhado com o Marcelo e tinham, na sua maioria, experiência no tema. Eu não conhecia ninguém, além do Marcelo, e sabia muito pouco. Como alento, me agradava que as imersões fossem em uma fazenda. Ao menos minha criança interna estaria saciada com o ambiente. Sem contar, claro, que havia uma moeda de confiança muito forte presente. Navegamos, ao longo de cinco rodadas de encontros, por temas profundos como níveis e estágios de consciência, linhas, estados, tipos e quadrantes.

Estes são a base da teoria integral, que segue sendo ampliada por Ken Wilber até hoje. As últimas investidas dele falam em uma espiritualidade integral, mas nem sequer chegamos a este estágio da conversa. É muita coisa, muita teoria e uma prática que, quando começa a ser incorporada, entra no DNA da gente.

O programa propunha três perspectivas de desenvolvimento, em primeira, segunda e terceira pessoas. O "eu", "nós", "eles" esteve presente em todos os módulos, em uma dança reveladora. Foi lá, durante o curso, que entendi, por exemplo, o quanto temos legitimidade quando falamos a partir do que sentimos ("eu sinto", "eu acho", "eu vivi desta forma"). Não ficava muito à vontade para usar a primeira pessoa e, provocada pelo Marcelo, comecei a falar mais sobre sentimentos.

Eu, Andréa Fortes, gaúcha, 41 anos, estou aqui para contar a vocês como vivi e experimentei teorias que transformaram a minha vida ("eu", em primeira pessoa). Vim para falar sobre o resgate do artista (*The Artist's Way*), sobre as constelações sistêmicas, sobre a antroposofia e sobre a teoria integral ("ele", "*it*", terceira pessoa). Tudo isso para que você, leitor, saiba mais sobre o que eu e o meu grupo vivemos e para que possa, tomara, ter vivências tão fortes como as que tivemos ("nós", primeira pessoa no plural) com ao menos alguma destas pistas que vou deixar por aqui.

O desenho do curso propõe uma divisão 60/20/20, sendo 60% transformação pessoal, 20% consultoria e 20% facilitação, em um grau "3" de facilitação, onde o facilitador interage com o grupo com tal intensidade que faz parte da transformação, sem se misturar com ele. Para mim, os 60% foram 80, ainda que os 20/20 tenham sido muito fortes.

Não dá para resumir Ken Wilber e sua teoria integral em poucas palavras. Seria um grande pecado e uma pretensão sem tamanho. Mas, falando em primeira pessoa, tomo a liberdade de contar alguns dos ensinamentos que ele literalmente "integrou" ao longo de sua jornada. Lembre-se de que é sob a minha perspectiva e, portanto, bastante parcial, ok?

Quando o Ken fala em teoria integral é porque, na prática, foi o que ele fez. Depois de ter lido e estudado muitas teorias ao longo de muitos anos (muitos e muitos mesmo), depois de ter se transformado com a convivência da esposa, Treya, que faleceu cedo, depois de ter lido horrores, ele, que é um cabeção, fez um grande e simples desenho com quatro quadrantes. Nos superiores, o indivíduo. Nos inferiores, o grupo. À esquerda, aspectos subjetivos. À direita, objetivos, comprováveis. Na prática, o bom, belo e verdadeiro ou, mais uma vez, primeira, segunda e terceira pessoas.

Retomando um pouco do que conversei sobre minha experiência anterior no Schumacher College, nós, principalmente no Ocidente, ficamos muito focados no quadrante direito superior (o que dá para ver, cheirar, pegar, "provar", botar no gráfico). Nos últimos duzentos anos, então, nem se fala. Se não tiver como comprovar, não existe. O Oriente nunca deixou de olhar para a subjetividade. Vivemos como se os pouquíssimos anos de nossa régua de "modernidade" fosse a única verdade. E não é. Wilber comenta que somente quando integrarmos os quatro quadrantes teremos uma visão de verdade de uma situação. Faz muito sentido.

Uma segunda pista que adoro (e que uso muito na minha vida) é a questão dos níveis de consciência. Esta teoria não foi criada por ele, mas ele a incorporou e ampliou. Grosso modo, vivemos sempre em algum nível de consciência. A humanidade desenvolveu-se a partir desses níveis.

Debaixo para cima, ancestralmente somos "bege", ou seja, trabalhamos apenas com instintos. Uma criança recém-nascida ou um adulto com Alzheimer estariam neste nível (individual). Em um segundo estágio, passamos para um nível de consciência "púrpura" (coletivo). É o nível onde temos questões religiosas, superstições, crenças, amuletos. Acima, o "vermelho" (novamente, individual). Um vermelho de guerra, sobrevivência. Um ponto acima, um nível "azul" (coletivo, de novo). Um azul de burocracia, hierarquia, ordem, regras. Igrejas, escolas e exército, bem como instituições públicas, estão representadas nesta cor (um departamento financeiro, com planilhas, também). Mais um nível e chegamos à cor "laranja", onde boa parte das empresas vive hoje. Um mundo competitivo (individual), onde departamentos e pessoas buscam atingir metas. Mais um? Chegamos ao "verde", o mundo que fala em sustentabilidade, em Gaia, cuidados ambientais (coletivo).

Qual a crítica a este primeiro nível de consciência? Cada vez que nos colocamos em um "novo patamar", cada vez que "subimos de nível", é como se desdenhássemos do anterior. Uma empresa, tipicamente laranja (a maior parte das empresas hoje está no nível laranja), pode cair na tentação de desfazer da importância dos processos e sistemas do azul. Um grupo que se comporta como verde, fala mal do sistema das empresas, laranja. Acontece que os níveis de consciência são como camadas ou andares de um prédio. Implodir o anterior simplesmente derrubaria a história toda.

Ken Wilber propõe que possamos construir um novo nível de conversa e que, ao integrarmos tudo, possamos criar novas cores e saberes. O *"teal"*, aquele azul esverdeado do planeta Terra visto de fora, e o "amarelo" da energia renovável do sol. Somos capazes de integrar e de navegarmos para este novo mundo?

Tem um livro, ainda só em inglês, chamado *Reinventing Organizations* que conta como, aos poucos, algumas empresas estão criando algumas iniciativas de cor *teal* no mundo corporativo. Ao longo da formação também estudamos os tipos (masculino e feminino, a sabedoria milenar do Eneagrama), linhas e estados.

O que mais vivenciei e descobri com a turma e as vivências?

Dá para se fazer novos amigos aos quarenta. Quando nos entregamos para um processo, curamos coisas que nem imaginávamos que doíam. E, também, que ser a primeira turma é algo vulnerável e delicado, mas é também transformador, principalmente em um Brasil tão carente de necessidades e possibilidades. Sigo conectada à turma (ficamos muito unidos) e à teoria (usando muito na prática). Baseada na teoria integral, desenhei novos projetos na minha vida pessoal e profissional (existem duas vidas, separadas?).

Descobri, analisando a biografia do Ken Wilber, que ele sempre foi um ser inquieto e transdisciplinar e que grandes crises muitas vezes são gatilhos para aprendizados. A história dele não foi diferente.

Ken Wilber nasceu em 1949 (nos EUA), é psicólogo, filósofo, cientista, místico e contador de histórias. Integrador do conhecimento, tem mais de vinte livros traduzidos para mais de trinta idiomas. Considerado o "Einstein" da consciência, propôs a integração de todas as áreas do conhecimento (ciência, arte, filosofia, espiritualidade). Sua esposa, Treya, teve um câncer na lua de mel. Ficaram casados de 1983 a 1989, sendo que na maior parte do tempo ele esteve com ela. Ele escreveu o livro *Graça e coragem* baseado nesta história. Ken Wilber convive com uma doença degenerativa rara e incurável. Depois de uma longa crise que durou anos e que o impossibilitou de produzir seus brilhantes artigos e livros, ele retornou as atividades plenamente em 2013, concluindo, recentemente, seu livro sobre budismo e a Trilogia do Kosmos.

Costuras de vida parte 6 – Costurando tudo

Como Julia Cameron, Bert Hellinger, Rudolf Steiner, Satish Kumar e Ken Wilber conversam em mim?
Quando vim para São Paulo, há dez anos, mal sabia atravessar a rua.
Decorava o mapa, físico, e tentava entender se o destino que teria que ir ficava "acima", "abaixo", "à esquerda" ou "à direita" do Parque do Ibirapuera. Me encontrei por aqui, nos mapas e fora deles, muito pelas vivências que tive com tantas pessoas que conheci. Foi através das pessoas e também da minha entrega aos convites que vieram através delas, que cheguei ao resgate do meu artista, constelei, entendi mais de antroposofia e biografia humana e aprendi um pouco sobre a tal teoria integral.
Integrei em mim tudo isto e, hoje, transformada, começo a passar parte do que vivi. Tenho o texto como ferramenta e uma vontade enorme de

compartilhar tanta coisa boa que vivi. O meu "padrinho", José Carlos Teixeira Moreira, que conheci em São Paulo e que muito me incentivou a vir para estas bandas, um dia comentou que muitas vezes transformamos a vida das pessoas e nem nos damos conta. Que sejamos, ao final deste processo, alguém que tenha valido a pena ter conhecido.

COSTURAS BIOGRÁFICAS

(Eu hoje)

Eu "pari" este texto beirando os 43 anos e farejando novas possibilidades de vida na minha vida. Uns dias antes, terminei de revisar o texto que será publicado no livro *Histórias inspiradoras de mulheres reais*, da Rede Héstia. Forte! Consegui entender, faz pouco, que há uma Andréa protagonista de si, "virgem" porque "não cabe" e que pode – e deve – ser muito mais que a "Andréa da Sarau" ou a "mãe da Carolina". Sinto que começo a sair do casulo e a me ampliar como profissional e pessoa (não necessariamente nesta ordem) e te apresento, ainda com cheiro de tinta fresca, o texto que "diz de mim" hoje. Porque fiz este texto para me reapresentar, desta vez de forma bem autoral, fui convidada por algumas pessoas a ajudá-las a escrever algo parecido (para elas e com elas), dando origem, como um "efeito colateral", ao "produto" Costuras biográficas. Como sempre, nada foi planejado deste jeito e tenho me deixado levar lindamente por estas "costuras" e possibilidades cheias de desafios e de poesia.

A Andréa pela Andréa

Sou **Andréa Fortes**, tenho 43 anos (completei em 20 de março de 2019) e empreendo desde sempre. Sou gaúcha e vim para São Paulo "fazer América na capital" quando tirei da casca, junto do meu sócio, Paulo Bittencourt, a **Sarau Filosofia Empresarial**. Me formei em comunicação social na Federal do Rio Grande do Sul porque eu gostava de escrever – e também porque gostava de gente. Escrevia desde os doze anos no jornal da minha cidade natal. Escrever me faz sentir viva. Depois, fiz o *"by the book"* tradicional de pós em marketing e mestrado em gestão (prefiro enxergar, hoje, **"gestão" como um grande gesto**, parafraseando o Nilton Bonder que tanto gosto), dentre outras tantas vivências "tradicionais". O fato é que, enquanto esta carreira de estudos "normais" seguia, com muita vivência prática nas minhas empresas (dez anos de Mais Comunicação e, hoje, doze de Sarau, com consultoria) e com meus clientes executivos generosos me possibilitando crescer com eles e suas equipes, fui bebendo em outras fontes, que me ampliaram. Hoje, quando me perguntam quem eu sou e o que eu faço, uso consultora, palestrante, escritora, mediadora de grupos. Mas gosto mesmo é de dizer que sou uma "costureira de relações".

Sou também formada em **teoria integral** e em **constelações sistêmicas**, estudo **antroposofia**, o **resgate do artista interno** (processos criativos) e devoro teorias e possibilidades em viagens, reais e literárias, que sempre me abrem possibilidades. Ter ido ao **Butão** quando o país tinha sido recém-aberto, onde conheci o primeiro-ministro (que me recebeu na própria casa) e os conceitos do FIB (Felicidade Interna Bruta), ter estado no **Schumacher College** com o indiano Satish Kumar, me formando "líder para a transição" e, recentemente, ter revivido o caminho dos sacerdotes que recomeçaram a civilização no **Egito**, margeando o Nilo e a minha própria vida em cada ritual, com um grupo de 92 pessoas desconhecidas do mundo, me dão – e seguirão dando –, fios para novas costuras possíveis, com pessoas e grupos. **É o diverso que me alimenta**. Sou esta mulher executiva que sabe mexer com a **alquimia do fogo**, mas que, quando precisa, **mergulha fundo**. Levo goles e **frescor** às minhas conversas e encontros, mas sei **aterrar** e **ancorar** com **raízes profundas** e pragmáticas quando é a hora. Vim te trazer fios para serem tecidos, te apresentar potes cheios de possibilidades para que possas, aos poucos, beber goles desta fonte que, tenho certeza, corre sério risco de secar se não for nutrida ou compartilhada. Te apresento, com esta costura, a Andréa, outras costuras, os goles e um mar de possibilidades, mais fundo. Coloco, com isto, perto da minha rede, rica, diversa, generosa. Um menu de possibilidades que se confunde com a minha própria biografia e que pode ser ampliado a qualquer momento.

Costuras de vida

Inspirada na jornada que passei para saber mais de mim até agora, trago aqui, como fechamento do livro e, ao mesmo tempo, como um começo de possibilidades, um convite para que olhes para as tuas costuras de vida. Selecionei algumas perguntas bem profundas, que tenho experimentado com alguns amigos queridos para que, com café na mão e coragem, possas experimentar responder. Sem pressa, com calma na alma, mas também sem pensar demais, te deixo com elas como companhia e agradecimento por teres chegado até aqui. Certamente elas mudarão, serão cortadas, ampliadas, mexidas e remexidas. Mas quis te entregar a receita assim, original, com todo o meu carinho e respeito pela tua história. Até breve e obrigada.

- Quem eu sou?
- Como os outros me veem?
- Quem eu queria ser quando crescesse?
- Quais foram as pessoas que marcaram minha vida?
- Quais as minhas grandes memórias de infância?
- Quais são os cinco dons que eu gostaria de ter?
- Quais são os cinco cursos que eu amaria fazer?
- Quem são as cinco pessoas com quem eu falaria antes de morrer (quaisquer). Por quê?
- Tive momentos de dor? Quais eu lembro? Que lições deixaram?
- O que me faz sorrir?
- O que me nutre, amplia?
- Que valores não podem não valer para mim?
- Tenho um livro que diz de mim? Qual? Por quê?
- Meu currículo "formal" resumido...?
- E o "informal"?

- Se eu tivesse que ensinar uma só coisa para um filho, seria...?
- O que eu sonho para o mundo?
- Qual o meu impacto no mundo?
- Qual o meu melhor papel?
- Quais foram os meus momentos de *serendipities*? (Acontecimentos inesperados que foram chave de viradas positivas na vida.)
- E os "cisnes negros"? O que aprendi com eles? (Acontecimentos inesperados, geralmente grandes, não necessariamente bons, que nos fazem crescer.)
- Se eu fosse me descrever em uma frase, diria...?
- Quais são as três pessoas que têm propriedade para falar de mim como alma?
- Quais foram os meus aprendizados que não estavam nos livros?
- O que eu gostaria de fazer no próximo ano?
- Como eu gostaria de ser lembrado?

Contato com a autora:
afortes@editoraevora.com.br

Este livro foi impresso pela BMF Gráfica em papel *Polen Soft* 70 g.